シリーズ沖縄史を読み解く

3

グスクと按司

日本の中世前期と琉球古代

上

Kurima Yasuo
来間泰男

日本経済評論社

はじめに

本書の表題

本書は、「シリーズ沖縄史を読み解く」の第3巻、『グスクと按司《あじ》』と題し、沖縄の原始時代からの脱却過程と、そこから琉球王国が成立する直前までを扱う。まだ文字資料のない時代である。この時代はかつて「按司時代」とされ、近年では「グスク時代」とされている。また、この時期の日本史も同時に読み解いていく。その日本史は「中世前期」といわれる時期にほぼ対応している。私の沖縄史の時代区分を本文で示すが、私はこの時代を「琉球古代」と名づけることにした。この用語は初めてのものである。したがって、本書の副題は「日本の中世前期と琉球古代」である。なお、前巻『〈流求国〉と〈南島〉』では『舜天・英祖とグスク』と予告していた（三五八頁）が、以上のように訂正する。

本書で明らかにしたこと

本書で明らかにし、あるいは積極的な主張を行なったのは、以下の諸点である。①日本史において武士が登場する経過と契機。武士とは何か。②沖縄史には（のちの時代になってもそうだが）武士は現われないということ。沖縄史のこの時代に現われる「按司」を武士だと考えている歴史家が多いが、それは武士とは何かをきちんと踏まえた議論ではなく、ただ「戦い」があり、按司はその当事者であろうという程度の、軽い思い込みによるだけなのである。③そうなれば、按司の根城といわれてきた「グスク」についても反省が必要になる。

グスクには多様なものがあるとの認識は広く共有されているが、それがのちには「城砦《じょうさい》」「城塞《じょうさい》」となり、戦いのための施設になっていったといわれている。しかし、武士のいない沖縄で、そのような戦いを想定することはむつかしい。それは「力と財のある者の象徴的な建造物」であったのだろう、と推定した。④この時代は、中国・朝鮮・日本の動きと、それらとの交流・交易だけでなく、東南アジアの動きも観察しておく必要があり、その歴史を整理した。⑤その理解ともかかわって、沖縄への稲作の伝来の謎を解く鍵が解明できた。それは一一世紀以降に、中国から直接伝わってきたであろう。⑥いよいよ琉球王国の成立に向かって時代は進む。それを従来のように、沖縄社会の内からの成熟の延長線上に描くか、それとも「根拠の薄い愛郷心」を捨てて、考古学の成果を踏まえた客観的資料に基づいて、外からの影響をしっかり捉えて描くか。私は後者を採る。⑦沖縄史の時代区分を論じて、「琉球古代」「琉球中世」「琉球近世」と称することを提案した、など。

本書の叙述方法

私は「非歴史家」であるから、直接原史料に当たって分析することはしないし、ただ歴史家たちの研究成果を読み解こうとするだけである。したがって、引用が多くなる。これまでの巻では、そのまま引用するケースが多かったが、この巻からはそれを自分の言葉に翻訳する割合をより多くしたいと考えている。歴史家たちの文章は、一般読者向けと思われるものでも、かなり読み解きが困難である。私はそれを読み解いて、やさしい文章に置き換えて、読者との橋渡しをしたいと念じている。

本シリーズの展望

「シリーズ」はまだ続くが、明治変革期の「琉球処分前後」までやり遂げたいと構想している。巻数の予告は難しいが、おおむね「琉球王国の成立」（一四世紀～一五世紀前半）、「成立後の琉球王国／琉球中世」（一五世紀後半～一六世紀）、「薩摩藩支配下の琉球王国／琉球近世前期」（一七世紀）、「同／琉球近世後期」（一八世紀）、「琉球処分前後」（一九世紀）に、それぞれ一冊ずつ割り当てることになろう。そのとおりにいけば全八巻となる。

私の歴史観

私はマルクス経済学を学んできて、それを大学で講義してきた者である。そして、それを基準に現実の経済（ないし農業経済）を観察してきた。その一部として、経済史（ないし農業史）も学んできた。マルクス経済学には「史的唯物論」（唯物史観）というバックグラウンドがある。私もその影響を受けてきた。しかし私は、史的唯物論からはしだいに遠くなってきた。七二歳の今から振り返れば、ほぼ中間の三〇歳台の半ば頃のことである。それには、「社会主義」の国だと言われてきたソ連、東ヨーロッパ諸国（「自主管理」を掲げたユーゴスラビアを含む）、中国、ベトナム、北朝鮮などの実状が理解できてきたことが大きかった。また、理論面での硬直したあり方に疑問が募ってきた。

もちろん、同じく史的唯物論と言っても、理解の仕方は多様であるともいえる。それでも、その歴史理解論の基本とは決別した。特に、原始共同体―奴隷制―封建制―資本主義―（社会主義）と、世の中が流れていくことを「歴史的必然」などと考えることは今はしない。日本は、一部の西ヨーロッパ諸国とともに、この図式が比較的に妥当するものではあろう。それでも、そのことをもって、「世界史の普遍的な法則」などと考えることができないことは、歴史学界でも今や共通理解になっているものと思う。

史的唯物論にはもう一つ、「土台―上部構造」論が含まれている。つまり、社会のあり方の基礎をなすものが「経済構造」（これを土台という）であるとし、「政治や人びとの思想など」（これを上部構造という）は、経済構造の影響のもとで性格が決まってくる、というものである。これは、経済学の立場からはなかなか魅力的なものである。経済学を選んでよかった、と思わせる議論である。この方については、今も捨てがたいものがある。もちろん、「土台還元論」などと批判されたような、硬直的な立場を私はとらない。政治や思想の側からの、いわゆる「反作用」もあるのであり、それが主要な形をとる場面もあるのである。

ここで私は、私の歴史観を語ろうとしているのだが、「歴史を読み解いて」きて、「やはりこうしかなりえなかったのだ」と思える局面がある。それを「経済構造」とその変化が社会を突き動かしてきたといえば、やや難しく聞こえるが、人びとの暮しのあり方、生産と流通と消費のあり方が、またそれを基礎にした租税徴収・負担のあり方が、社会を突き動かしてきたといえば、分かってもらえるのではなかろうか。私は歴史を、努めて虚心坦懐に、史実に依りながら読み解いているつもりである。もちろん、歴史家たちの研究の成果を通してのことだが。私の歴史観とは、このようなものである。それに次の一点を加えておきたい。

近年は「海域史」という考え方も盛んになっているが、それも、先ほどの「流通」を拡大した観点で取り入れつつ、ただし経済問題に限ることなく、いわば対外関係・交流・接触とやや広くとらえて、私も意識しているつもりである。

このようなことから、歴史家たちとは異なって、このシリーズは、固有名詞をできるだけ少なくして、社会のあり方とその変化をつかもうとしているのであり、そのために経済（生産・流通・消費）・租税・対外関係が軸として位置づけられているのである。

ここでマルクス経済学についての私の考えを整理してみたい。私は、マルクスの『資本論』は実によくできた本だと思う。きわめて論理的に構成されている。一三〇年も前の著作であるのに、資本主義の分析としてこれ以上のものはない。「価値法則」の展開として描きだした資本主義像は、まさに本質を突いている。それは、資本主義に未来はないことを証明している。人びとは、マルクスが社会主義者であったことから、マルクス経済学を承認することは、同時に社会主義者であることだと考えがちである。私もかつてその立場であった。しかしマルクスは、資本主義を批判して社会主義を理想としたが、その理想を「歴史的必然」だと証明することには成功していない。それはもともとできない相談であった。

私は、マルクスの資本主義批判の論理と結果に賛同している。だから大学で四〇年間も「経済原論」（マルクス経済学）の講義を担当してきた。その私は、しかし、「その次に社会主義社会が来る」とは考えない。資本主義に未来はないが、社会主義社会というものは、構想どまりで具体像を描き得ないものである。レーニンも、社会主義をめざした革命を主導したものの、社会主義社会を作る出発点にさえ立てなかった。権力を取ってみてはじめて、社会主義という社会、社会主義経済を基礎にした社会がどのようなものであるか、初めて考えたような節があるのである。

このことは、社会主義の問題に限らない。帝国主義の植民地支配から脱却して、独立を勝ち取った国々も同じ問題に直面した。独立とは権力を取ることであり、政治を自由に運営するものである。植民地支配から脱却したいというのは、当然の要求である。しかし、経済は自由に運営できるものではない。それはマルクスが論証したように、「価値法則」によって一人歩きするものである。アダム・スミスの表現では「見えざる手」によって動くということになる。

沖縄においても、アメリカ軍の占領支配下にあったため、それからの脱却を目指して、「日本復帰」という政治目標を掲げ、それを実現したが、経済の運営には苦労している。そこで、いままた「琉球独立論」が頭をもたげてきて、マスコミの論調にも反映され始めている。永く少数派であったが、マスコミの出方次第では多数派になる可能性もある。これに対して私は、「反対はしないが、賛成もしない」という立場である。もっと言えば、沖縄社会が日本社会と異なる性格をもっていることを認めるが、そのかぎり、文化的・思念的には賛成するが、だからといって政治的・経済的に独立することには反対である。そして、独立論者の皆さんに対して、「権力を取って、自ら政治を行なって、何を得ようとしているのですか」「特に、経済の運営はどうするのですか」と問うている（「沖縄独立論者の皆さんに捧げる」、琉球弧の自立・独立論争誌『うるまネシア』第一〇号、二〇〇九年）。「独立琉球国」の経済も資本主義経済であることから逃れられることはあり得ないし、やはり展望はないのである。

歴史論の問題としてもう一つ。歴史は未来への展望を開き、示すために研究するものであるという考え方が、やはり史的唯物論の立場から主張されてきた。私は、展望を描くために歴史を読み解いているのではない。現実の社会のありようを知りたいのである。はっきり言って、私には未来の展望は描けない。読者の皆さんが、このシリーズにそれを求めることはお断りである。

それでも、このような私の、このようなシリーズに、どんな意味があるかといえば、それは現実の社会、とりわけ日本と沖縄の社会の「構造的な姿」を解明することをめざしていることにある、としておこう。「お国自慢」的な歴史を排除して、現実に根づかない未来論議を排除して、冷静に判断することをめざしているのである。昨今、沖縄では小中学生に、沖縄史を教えようという取り組みがみられる。私も賛成だが、それは、郷土（の歴史）に誇りを持たせるためであってはなるまい。良くも悪しくも、郷土（の歴史）の現実を知らしめるためであるべきであろう。それには、これまでの歴史家たちの「沖縄は琉球王国という独自の国家を成立させ、広くアジア各地と交易して栄えた」（前半は正しい）という歴史叙述に反省を加える必要がある。だから、このような「沖縄史を読み解く」というシリーズが必要なのである。

シリーズ2の要点と補足

「シリーズ2」は『〈流求国〉と〈南島〉』と題したが、中国（隋）から侵攻を受けても、また古代日本の律令国家から支配の手を伸ばそうとしても、まだ沖縄は原始社会だった。『隋書』の「流求国伝」は沖縄に侵攻したことを記述したものと考えられるものの、そこに記述されていることがらを、当時の沖縄を描いたものとして、沖縄史の理解につなげることは難しい。その中のあれこれを任意にとり上げて、沖縄史の理解につなげることをしてはなるまい。また、古代日本が九州より南の島々の「経営」に乗り出したことは事実であるが、それは種子島《たねがしま》・屋久《やく》島が中心で、吐噶喇《とから》列島や奄美《あまみ》諸島にも多少の関係がつけられたりしているが、沖縄諸島にまでは達していなかったと考えた。「南島」という地理的な名称と、「南島」という歴史的な名称とは区別すべきである。

なお、次のことを補足しておきたい。「シリーズ1」で、沖縄には旧石器時代はなかった、と素人らしく大胆な記述をしたが、その後当時の人骨が新たに石垣島で発見された。そうではあるが、やはり旧石器を伴っていなかった。そしてまた、わずかに一個の小さな岩石の加工品らしきものが本島南部で発掘されたが、それが沖縄に産しない岩石であったことで、初めての旧石器だと言われているが、これによって文化を語ることはやはり困難と言えよう。

凡例

ここで私の文章の書き方や引用の仕方について、説明しておきたい。私は「歴史を読み解いている」のであるから、先学の著作に依拠しており、引用が多くなる。文字どおり引用する場合は、「　」でくくってある。読み解いた部分でも、原文が分かるように「　」でくくった部分を含めてある。引用文の中にさらに「　」がある場合は、〈　〉に変えた。どの本のどのページにあるかもいちいち示しておいた。また、原文に振り仮名がついているときは、それをそのまま示したが、それだけでなく、固有名詞や歴史用語で読みづらいものには仮名を加えた。『広辞苑』（岩波書店）や『日本歴史大事典』（小学館）によって語句の解説を加えたりもしている。数字の表記は、原文に「十世紀」「四十三年十一月十五日」のようにあっても、地の文と一致させるため、「一〇世紀」「四三年一一月一五日」と表記した。

目次　グスクと按司―日本の中世前期と琉球古代―　上

下巻／目次

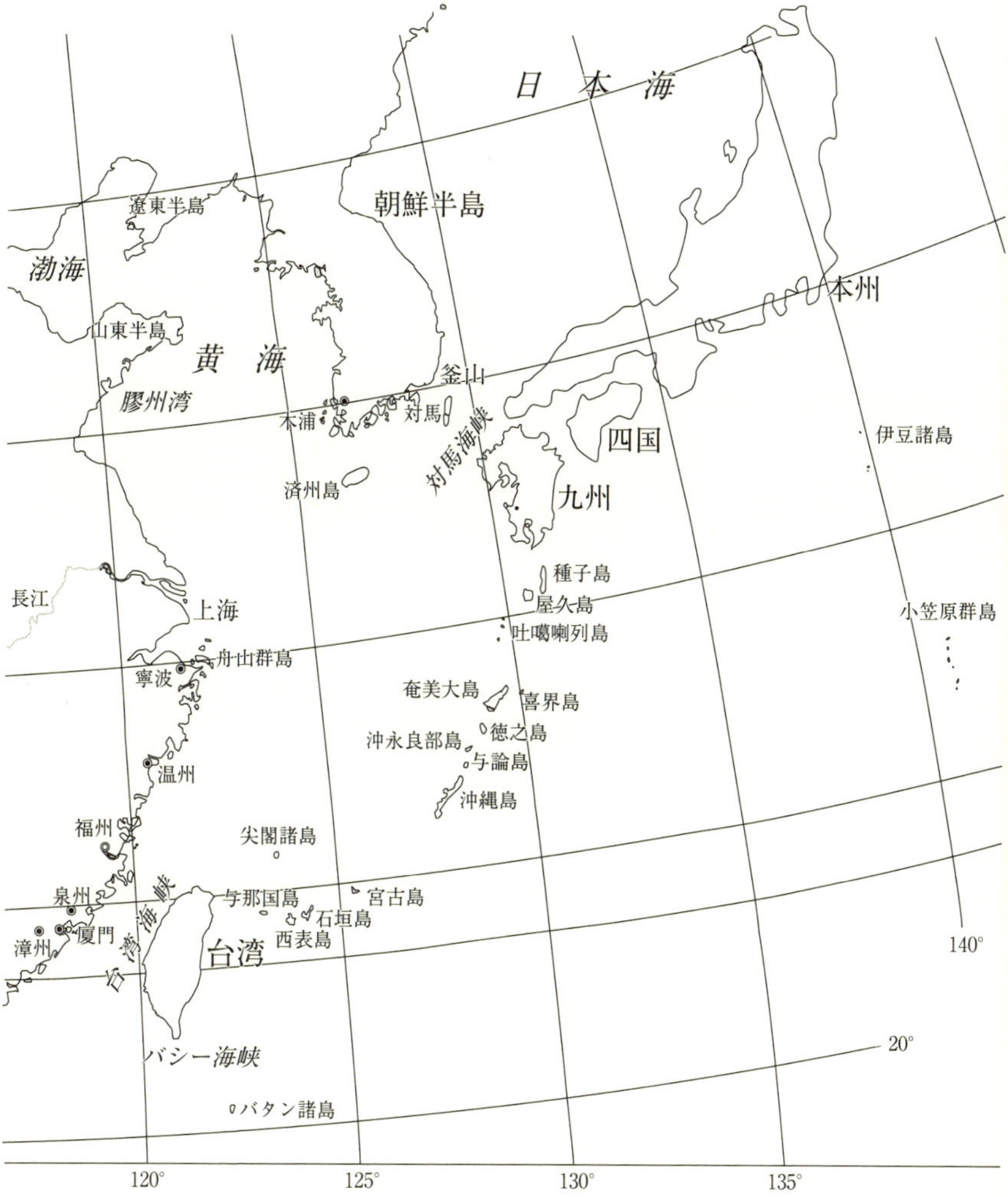

日本海
朝鮮半島
遼東半島
渤海
山東半島
黄海
膠州湾
釜山
木浦
対馬
対馬海峡
済州島
本州
四国
九州
伊豆諸島
種子島
屋久島
吐噶喇列島
小笠原群島
長江
上海
舟山群島
寧波
奄美大島
喜界島
徳之島
沖永良部島
与論島
沖縄島
温州
福州
尖閣諸島
泉州
漳州
厦門
台湾海峡
与那国島
宮古島
石垣島
西表島
台湾
バシー海峡
バタン諸島
140°
20°
120°
125°
130°
135°

序章　日本史の「中世前期」と「琉球古代」

第一節　「古代」から「中世」へ

1　「中世」認識転換期の模索

「古代」から「中世」への転換点をどこに求めるか。それは、鎌倉幕府の成立に求められてきたが、今では、平安時代の後半とされるようになってきた。

黒田俊雄《くろだとしお》「中世史序説」（岩波書店・岩波講座『日本歴史5　中世1』一九七五年）は、その転換期・模索期の作品である。その「はじめに」で、次のように述べている。「この講座の〈中世〉の各巻で取扱われるのは、治承《じしょう》・寿永《じゅえい》の乱［いわゆる源平の合戦―来間］のあと鎌倉幕府が成立したときから、南北朝・室町時代をへて、戦国時代の末期まで（織田信長《おだのぶなが》の中央進出以前）の範囲である」。これを「最も一般的に行なわれているしかた」だとしている。とはいえ、この「中世」の規定を肯定したり、絶対視しているのではない。それどころか、「この常識的な区分に多くの問題があることは明らかであ」ることを明言している。

明治末に「近代歴史学」が成立したときから、歴史を三つに区分するなかで、「中世」という概念は立てられており、それが西欧史の「中世」概念と呼応しあい、定着していったのであるが、その西欧においても、「中世」には多様な意味（三区分法の中間段階／社会・文化的な視点からの「暗黒時代」観／封建制の時代）が含まれており、日本の「中世」はそれらのどれを基準に論じられているかを問題にする意識が生まれ、一方で中国史研究における「中世」をめぐる議論は以前から続けられていたし、そのような「中世」概念を各国・各民族の歴史に設定しようとすると、それぞれに「特有な」あるいは「独特な」ものが浮かびあがってくることになり、ひるがえって日本史の「中世」概念の規定のあり方が模索されてゆくのである。結局それは「日本なりの中世」の設定にゆきつくことになる。

黒田は、「戦後の諸学説」を、石母田正《いしもだしょう》に代表される「領主制理論」、松本新八郎《まつもとしんぱちろう》に代表される「南北朝封建革命説」、安良城盛昭《あらきもりあき》に代表される「〈中世〉＝家父長的奴隷制論」、そして黒田自身による「荘園制＝封建制論」をあげて、それら「それぞれの〈中世〉像にかなり著しい差がある」とし、「いまさら驚かされるほどである」と述べている。そのうえで課題を提起しつつ、「いまや遠からずして、昨今までの教科書的通説の中世史像が大幅に改訂を迫られるときがくるのではなかろうか」、「かつてのように、西欧との近似性に注目していわば他から与えられた単系的な〈世界史の基本法則〉のなかに位置づけることを目標とした時代は、もはや過ぎた」、とまとめている。

かくして平安時代のとらえ方も、「中世」概念とかかわって、次のように変換を余儀なくされてくることになる。「平安時代の四世紀間にも及ぶ期間にはいく段かの画期がみられるが、そのうち一〇世紀初頭の延喜《えんぎ》の改革をはじめ承平天慶《じょうへいてんぎょう》の乱、安和《あんな》の変、一一世紀中ごろの土地制度＝収取体系の変化、院政の成立、保元《ほうげん》の乱などは、中世への移行に関連する重要な出来事とみなされている。それは、その時点からなんらかの意味において中世的な要素が現われるというだけでなく、そこから中世が開始されるのではないかという形でさえ論議されているものである」（一―三四ページ）。

2　転換後の「中世開始期」論

黒田論文から三〇年以上を経過した今日、多くの論者が「中世」の始まりを、平安時代後半に設定するようになっている。それをいくつか紹介する。

佐々木潤之介《ささききじゅんのすけ》・佐藤信《さとうまこと》・中島三千男《なかじまみちお》・藤田覚《ふじたさとる》・外園豊基《そとぞのとよちか》・渡辺隆喜《わたなべたかき》編『概論　日本歴史』（吉川弘文館、二〇〇〇年）は、次のように述べている。「中世史の時代区分については、政治・経済・社会・文化など、見方によって諸説あるが、ここでは政治史の区分にしたがって、一一世紀末の院政の開始から一六世紀末の戦国大名の時代までを、その範囲とする」（四八頁）。

宮地正人《みやじまさと》編『日本史』（山川出版社・新版世界各国史1、二〇〇八年）は、第三章の末尾に「地方社会の変容と中世への胎動」（加藤友康《かとうともやす》執筆）という見出しを掲げ、院政の開始までを論じている。そして第四章の冒頭「権門の分立と荘園公領制」（村井章介《むらいしょうすけ》執筆）では、小見出しに「院政―〈中世〉

の出発」とある。

平川南《ひらかわみなみ》『日本の原像』（小学館・日本の歴史二・新視点古代史、二〇〇八年）は、次のように述べている。「古代から中世への転換点を把握するためには、むしろ古代国家がそなえていた象徴性と社会基盤の変化に焦点をあてたほうが、より明確になるのではないか。つまり、古代統一国家がその確立に伴い、国家的威容を誇示することを目的として新たに導入・整備した諸制度・施設などに着目すべきであろう。具体的には、政務と儀式の場、および道路・戸籍・貨幣といった**国家の象徴**が、いつどのように変革されたのかを明らかにすることが重要である。また、**社会基盤**というべき技術・信仰、さらには集落などの変革の状況を明確にできるならば、その開始点をもって時代転換の始動と見なすことができる。この両者――国家の象徴と社会基盤――の変革がほぼ合致する時期こそ、古代から中世へのターニング・ポイントと意義づけるにふさわしい」（二九四頁）。

五味文彦《ごみふみひこ》『躍動する中世』（小学館・日本の歴史五・新視点中世史、二〇〇八年）は、次のように述べている。「中世の政治の始まりについては諸説があり、かつては鎌倉幕府の成立に求める見解が強かったが、最近の定説は、摂関《せっかん》を外戚《がいせき》としていない後三条《ごさんじょう》天皇の登場とともに、王権の強化の始まった治暦《じりゃく》四年（一〇六八）とする見解である。たしかに、これに続く院政の展開とともに、中世社会にみられるさまざまな政治の型が出現している」（一〇六頁）。

本郷恵子《ほんごうけいこ》『京・鎌倉　ふたつの王権』（小学館・日本の歴史六・院政から鎌倉時代、二〇〇八年）は、第一章を「中世の成立」とし、後三条天皇の登場、院政の開始を描いている。「この巻が叙述するのは、一一世紀なかばの院政の成立から、一四世紀なかばの鎌倉幕府《かまくらばくふ》の滅亡まで―日本中世の前半期にあたる、約三〇〇年の年月である」（二四頁）。

木村茂光《きむらしげみつ》『中世社会の成り立ち』（吉川弘文館・日本中世の歴史1、二〇〇九年）は、「武家政権―鎌倉幕府の成立＝中世の成立、という常識」が変化して、「院政期から」となってきたとする。それは、①支配層が貴族から武士に替わったことを指標にしようとしても、貴族も武士も時代によって性格が異なっていて、難しいこと、②「中世社会を代表するのは武者（武士）だけではない」、農民や寺院・寺社もある、③「文化や家族のあり方」にも着目すべきである、などを根拠としていて、「これら多くの変化を総合的に理解しようとした時、中世を代表するさまざまな特徴がほぼ出そろってくるのが一一世紀ごろではないか、と考える研究者がふえてきた」という。武士の登場（一一世紀中ごろ）、荘園公領制の成立（一一世紀末〜一二世紀前半）、権門体制の成立（一一世紀末〜一二世紀中ごろ）、中世的な百姓と中世的な村落の形成（一一世紀末〜一二世紀前半）、など、各種の指標が「中世の始期を一一世紀中ごろ」となっており、それは「院政の成立期」であるとしつつ、「このような考えから、本シリーズでは院政期から具体的な叙述を始めることにした」と述べている（一-一二頁）。

岩波書店・新書の「シリーズ日本古代史」（全六巻、二〇一〇-一一年）は、「摂関政治」を最終巻としている。「院政期」は古代ではない、という考えであろう。

3 異論「中世開始＝鎌倉幕府成立」論

しかしながら、異論のあることも紹介しておきたい。本郷和人《ほんごうかずと》『武力による政治の誕生』（講談社・選書メチエ・選書日本中世史1、二〇一〇年）は、「日本中世史シリーズ」の第一巻でありながら、あえて鎌倉幕府を起点として「中世」を語っている。本郷はその末尾に、その考え方を記している。「現状では、高校の歴史教科書などを開いていただければ分かるように、中世の叙述は院政期から始められることが多い」。これは近年の「中世」論を、すでに高校教科書の記載するものとして扱い、それに異を唱えるものである。その批判点は、次のごとくである。すでに「万能」ではなくなって久しい「唯物《ゆいぶつ》史観《しかん》」によって、「生産構造（下部構造）が社会のありよう（上部構造）を定める」とみて、「荘園公領制」「権門体制論」を主張し、「中世の始まり＝院政期」説を主導しているのが「東京大学日本史研究室の石《いし》井《い》進《すすむ》・五味文彦《ごみふみひこ》」であるが、「中世は鎌倉幕府に始まる」と、わたし（本郷）は「考えてみたい」。「社会構造が再構築される際には、列島規模の戦いが必要とされる」。この時代の転換を規定したのは「鎌倉開府」である（二一六―二二〇頁）。

本郷和人は、「中世の始まりと院政というシステム」（五味文彦・佐藤信《さとうまこと》編著『日本古代中世史』放送大学教育振興会・放送大学教材、二〇一一年）でも、「幕府開設をもっと評価し、そこからが中世。〈天皇に従属する武家政権〉ではなく、〈天皇―朝廷〉と対峙する〈将軍―幕府〉を想定したいのだ」と、「私見」を述べている（一五九頁）。

第二節　沖縄史の時代区分の提唱

1　「琉球中世」の意味

日本史の場合、「中世」への移行は次の四つの内容から成り立っている。①荘園の性格変化、すなわち古代荘園から中世荘園への変化、②院政の開始、③イエの成立、④武士の成立である。このうち、①と②と③は「第一章・第一節　一一世紀の日本」で、④は「第二章　武士の成立」で扱うことにしたい。

この場合、「中世」とは「日本中世」であり、それは明示されていなくてもそうであるという認識が不可欠である（第一節1でみた黒田俊雄は「日本なりの中世」としていた）。地域・国ごとに、それぞれの「中世」があるのであり、それは「中世＝封建社会」として、世界史に共通する概念とするかつての議論とは決別し、ヨーロッパには「ヨーロッパ中世」があり、中国には「中国中世」が、日本には「日本中世」があるという理解である。それはそのまま「古代」「近世」についても適用できる。

ここで、**沖縄史**について考えるが、沖縄についていえば、時代を遅らせてみても、これらの、荘園・院政・イエ・武士の、そのすべてが現われず、あるいは成立しなかったということができる。

そこに沖縄史の特異性が認められる。それを私（来間）は「琉球中世」と呼ぶことを提唱したい。「琉球なりの中世」という意味である。ただ、そうはいっても、沖縄史は「日本古代」に対応する時代はなお「原始」だったのであり、「古代」を飛び越して「中世」とするわけにはいかない。そこで、原始から抜け出しはじめた時代を「琉球古代」とし、その後の国家形成期を「琉球中世」とし、この二つをもって「日本中世」に対応させることにしたい。

「中世」という用語は、歴史を現代から振り返って、古代（古い時代）、中世（中間の時代）、近世（近い時代）と三つに区分して、時代的な変遷を描こうとした、ある意味で素朴な時代区分からきている。それを無内容であるとして、古代は奴隷制社会、中世は封建制社会、その後は資本主義社会と位置づけたのはいわゆる史的唯物論であった。その立場から日本史を論ずる場合、近世を設けて、それを後期封建制社会と考えたのである。しかし今や、この理解を元に戻して、「素朴な時代区分」としてこれらを使いたいと思う。

2 新里恵二の時代区分

このことは、かつて新里恵二《しんざとけいじ》が『沖縄史を考える』（勁草書房、一九七〇年）で論じたテーマに関わる。新里は、次のように述べている。「私は、沖縄の歴史には、幕末に至るまで、言葉の厳密な意味での封建制の時代は、なかったのではないかと考えているのです。また通説では、…島津の琉球入り**以前**の時代が、封建社会と考えられていますが、私は、これを古代社会（奴隷制的社会構成）であり、封建制よりは古い段階だと考えているのです」（三二一―三二三頁）。また、封建社会の概念規定を示しつつ、「島津の琉球入り」以後の社会からいくつかの史料をとり上げて、「これは、言葉の厳密な意味での封建社会とはいいにくいと思います。もちろん奴隷制社会だといいきることも困難です」とも述べている（六〇頁）。

新里はまた、共著『沖縄』（岩波書店・新書、一九六三年）の「一九九六年、第一九刷」で「補註」をつけ、次のように述べている。「高良倉吉《たからくらよし》は、幾つかの著書・論文で、一二世紀から島津侵入までの約五百年間を、伊波普猷《いはふゆう》に従って古琉球とよぶとした上で、古琉球は〈古代国家〉ではなく、成熟した〈中世国家〉だとしている。私は、鉄器の使用と穀類農耕の開始から僅か三百年で、鉄製のスキ・クワも無く、鎌は数センチの刃のついた穂づみ用、耕具は小型のヘラのみの社会の上に、中世国家が成立するはずもないと、今も考える。高良は、伊波の古琉球（OLD ROOCHOO）を、ANCIENT（古代）の意味でなく、MEDIVAL（中世）の意味で使っていることになる（新里）」（七四頁）。

新里は、日本史の中世に当たる時代は、沖縄では「奴隷制社会」（古代社会）であり、「封建制社会」（中世社会）ではない、としている。これは、史的唯物論の立場から、沖縄史を描こうとした最初の作品であり、その学史上の意義は大きなものがあった。しかし私（来間）はこの立場をとらない。ただ、新里には、それでもそこに、理論と実際の違いに直面してとまどいつつ、それを統合しようとする悩みのようなものがにじみ出ている、と思う。

そこで、新里恵二・田港朝昭《たみなとともあき》・金城正篤《きんじょうせいとく》（・上原兼善《うえはらけんぜん》）『沖縄県の歴史』（山川出版社・県史シリーズ47、一九七二年）では、「中世」を特立せずに「古代・中世」とし、「原始」と「近世」の間に据えたのであった。その後の沖縄史の通史的な諸本には、古代・中世・近世の用語を使用したものは見られない。

3　高良倉吉の時代区分

高良倉吉は、おそらくは新里の時代区分を意識しつつ、それとは異なる区分を提起した。『琉球の時代―大いなる歴史像を求めて』（筑摩書房・ちくま・ぶっくす、一九八〇年。新版はひるぎ社、一九八九年。さらに筑摩書房・ちくま学芸文庫、二〇一二年）、『琉球王国の構造』（吉川弘文館、一九八七年）、『琉球王国史の課題』（ひるぎ社、一九八九年）、『琉球王国』（岩波書店・新書、一九九三年）などにおいてである。

『琉球の時代』においては、正面から時代区分を論じてはいないが、「付図2　時代対照図」を掲げて、「先史沖縄―古琉球―近世琉球―近代沖縄―戦後沖縄」を示している。そのうちの「古琉球」は、「グスク時代―三山時代―第一尚氏王朝―第二尚氏王朝前期」に区分されており、「グスク時代」の一部は「先史時代」と重なっている。この時のこの図は、一八七九年の「琉球処分」までは「日本」から分裂している様子を示した点に特徴がみられた。「グスク時代」の開始は、一〇～一二世紀と幅を持たせてある。

『琉球王国の構造』の場合、「時代区分の概要」というタイトルもつけて、正面から論じている。

図は「琉球・沖縄と日本の時代対照図」と名づけられている。『琉球王国史の課題』と同じものである。そこでは、一二世紀頃までを「先史時代（旧石器時代と貝塚時代）」とし、「貝塚時代（新石器時代）」と説明している。次に、一二世紀から一六世紀までを大きく「古琉球」としていて、その「古琉球」は「グスク時代」（その後半の一部は「三山」すなわち「三山時代」とされ、その時代がすべてをカバーしていないというニュアンスが読み取れる）、「第一尚氏王朝」「第二尚氏王朝前期」によって構成されている。前著と同様であるが、「グスク時代」の始期が一二世紀にほぼ繰り下げられていて、その一部と「先史時代」との重なりは解消されている。それは「中世」を設けない点で、新里説の影響を感じさせる一方、新里が排した「王朝による時代区分」に回帰している点に特徴がみられる。それでいながら「琉球王国の成立」を重視せず、それを時代区分のメルクマールに使っていない。これを境に沖縄の歴史は大きく展開していくのに、である。その後は、「近世琉球」「近代沖縄」「戦後沖縄」と区分している（『琉球王国の構造』一―五頁）。ここでも、「近代沖縄」までは「日本」の系列と合体していないことが示されている。

『琉球王国』も、『琉球王国の構造』『琉球王国史の課題』の図を引きついでいる。

高良は、このような「時代区分」を提起した理由を次のように述べている。戦後、仲原善忠《なかはらぜんちゅう》・新里恵二・宮城栄昌《みやぎえいしょう》らが、「それぞれの時代区分案を提示している」が、「一九七〇年代以後の琉球・沖縄史研究の多様な展開は、右の先駆者たちの時代区分には満足せず、彼らの区分案を歴史の具体的推移に即し、あらたに再構成する動きが顕著となってきた」。「再構成を促した主な契機」は、次のごとくである。①考古学的調査・研究の進展、②文献資料の収集・分析の飛躍的な前進と、実証的個別研究の量産と、そして地域ごとの研究の進展、③歴史認識の枠組みの組み換えを求める機運の台頭、④「かつての時代区分論争に代表されるような、社会構成史的な規定をいきなり琉球・沖縄史に持ち込むのではなく、琉球・沖縄史の歴史的把握を進めるうえでの単なる作業仮説として、時代区分を用いる傾向が強くなったこと」（『琉球王国史の課題』一四‐一五頁）。

そこで提示されたのは、「作業仮説」であることが強調されており、具体的には例の五区分である。それを提示する「それなりの積極的理由」としては、二つをあげている。「第一に、社会構成史的な時代区分論をはじめとする厳密な時代区分問題を適用するには、琉球・沖縄史の実証的蓄積が乏しく、とくに社会経済史方面の成果が貧弱にすぎることである」。「第二に、右の五区分法は、琉球・沖縄史の特質を反映していることである。というのは、先史時代から古琉球への転換を除けば、琉球・沖縄史の最も顕著な特質の一つは、歴史的局面の変化がもっぱら外部的な政治的・軍事的要因によって他律的に規定されたことにあるからである」（一七頁）。

大方妥当な見解と思われる。ただ一つ、「先史時代から古琉球への転換を除けば」の一言を除いて。というのは、このことは本書『グスクと按司』の主要なテーマに含まれることで、私はこの転換も「他律的」だと理解しているからである。

高良は「琉球とは、そもそものはじめから日本社会の一員だったのではなく、紆余曲折を含みながら、同時にまた長い時間を重ねながら、日本社会の一員として徐々に編成されたものであることがわかる」と述べている（『琉球王国の構造』四頁）。そして、「琉球・沖縄」と「日本」の時代変遷図において、「近代沖縄」以前を分離しているのはおもしろいが、歴史の実態に沿わせるならば、沖縄の「先史時代」も日本の縄文時代までは合体させるべきだし、それ以後、「グスク時代」までも「分離」ではなく「関連」が分かるように作図する必要も出てくる。

「古琉球」と「グスク時代」の関連については、『琉球王国史の課題』で次のように述べている。「先史時代と古琉球の区分期を一二世紀頃と考えるのは、考古学の提示する編年概念〈グスク時代〉の開始期を主な根拠とする」(二五頁)。「古琉球＝琉球王国は、その時代を形成した人々が、たとえ日本文化の系統に属する文化の所有者であったにしても、中世日本の枠内においては理解できない独自な存在と見るべきであろう」(四五頁)。高良はこうして「古琉球の一環としてのグスク時代」という考え方を提起した。すなわち、「私がこれまで理解してきたグスク時代の年代幅(一〇世紀前後～一二、三世紀)は一二世紀から一五世紀初期へと大きく修正せざるをえなくなったのであるが、となると、古琉球とグスク時代の関連をあらたに再構成する課題がおのずから生じてくる。これまでの自説を修正して、私は次に述べるように、古琉球とグスク時代の関連を捉え直すことにした」。「グスク時代は、琉球王国形成の前史としてむしろ古琉球の範囲に含めて把えるべきであると思う」。それは「古琉球を琉球王国形成の前史を含む一連の歴史過程と把握し、その自生的な歴史的展開を重視する立場から」である(六〇頁)。はたして、「琉球王国」は「自生的に」展開し、成立したのであろうか、という問題があるが、それはここでの検討課題ではない。

4 豊見山和行の時代区分

豊見山和行《とみやまかずゆき》「島嶼性からみた琉球史」（入間田宣夫《いるまだのぶお》・豊見山『北の平泉・南の琉球』中央公論新社・日本の中世5、二〇〇二年）も、時代区分に言及している。「現在の琉球史研究において、古代琉球と中世琉球を区分する指標が明確ではない」。一六〇九年に薩摩藩に征服された後、一八七九年に琉球王国が解体されるまでは「近世琉球」とされているが、それ以前は「現在、古琉球という用法が一般的になっている。この時代呼称法は、元来、伊波普猷氏が琉球社会の原型となった時代として呼び慣わしたものを、戦後の琉球・沖縄史研究において、高良倉吉氏が近世琉球に先行する時代として積極的に使用し現在に至っている。／古代・中世と明瞭に区分しにくい琉球史の特質があるため、あえてその区分法は採用されていないともいえよう。筆者も本巻では便宜的に一三世紀頃から一七世紀初頭までを古琉球時代（あるいは古琉球）としておきたい」。それでも、「古琉球社会を均質・均一な社会と見てはならない」といい、「統一国家後」とも述べていて、その前後の差異が指摘されているようでもある。ただその差異を解明する課題を、「村々と王都の関係」に焦点を当てることによって解こうとしているように見える。「港湾を含む首里・那覇一帯の王都が突出し、その他の地域は草深い村落社会であった」とし、「首里王府の、村落・周辺離島支配がどのような特質をもっていたか、という点を解明することによって、古琉球社会を中世と位置づけるか、あるいは琉球独自の時代区分を必要とする社会とみるかが明らかになると思われる。筆者は後述するように、古琉球社会は貢納《こうのう》制的な社会だと考えている。それらを含めた時代区分論が必要だといえるだろう」（一八〇－一八一頁）。

豊見山は、時代区分の線は引けるが、その名称をどうするかの問題として論じているようである。しかしその区分は、「古琉球」の中のどこかで区切るというのではなく、「古琉球」を一つの時代としつつ、それを「中世」と呼ぶか、「琉球独自の時代区分を必要とする社会」と呼ぶかの問題として論じている。この場合、「古琉球」という名称が「琉球独自の時代区分を必要とする社会」の名称の実例となっているのではないか。

なお、私（来間）は「近世琉球」とは称すべきでないと考えている。豊見山が言うように、「日本の近世的原理である石高制やキリシタン禁止令などが琉球社会へも適用された」（一八〇頁）といっても、「米納年貢に基礎を置く石高制に琉球社会は即応することはできなかった」（一七八頁）のであり、それを「近世琉球」とすれば、「日本近世」との差異があいまいにされてしまうからである。このように「近世的構造」でもないのに「近世琉球」と称するのであれば、他方も「中世的構造」ではないが「中世琉球」と称するのが公平というものである。私は「中世琉球」にも「近世琉球」にも反対で、「琉球中世」と「琉球近世」とすべきだと考える。

豊見山はまた自らが編集した『琉球・沖縄史の世界』（吉川弘文館・日本の時代史18、二〇〇三年）の総説部分でも、「一義的でない時代区分論」を論じている（一六－一八頁）。そこでは、仲原善忠・新里恵二・安良城盛昭《あらきもりあき》・高良倉吉の議論を取り上げ、新里については「十分な個別実証の支えのない理論偏重による時代区分」とし、安良城については「日本史で展開した時代区分概念では琉球史は十分把握しえない、という独特の歴史性を認識していたものと思われる」が、「新里の提起した時代区分論への批判を行うことはなかった」とした。また高良の時代区分――「先史時代、古琉球（グスク時代、三山時代）、近世琉球、近代沖縄、戦後沖縄」――については、あるときは「社会状況」により、あるときは「政治的画期」によるなど、「一貫した方法に基づくものではない」と正しく問題点を指摘しているものの、「無理矢理、琉球史を日本史に付属させて理解することによる不自然さを免れている」と、結論的には支持している。そして「琉球・沖縄史を〈日本民族の一分枝〉として認識する日本史の呪縛から解き放つ」ことが必要で、そのためには「隣島の台湾史との比較による方法も必要とされよう」と述べている。なお「古琉球（グスク時代、三山時代）」の部分は、「グスク時代≒三山時代」であり、「古琉球」にはその後の「琉球王国の成立」から「近世琉球」の手前までが含まれるはずである。

17c	18c	19c～
封建社会への傾斜		近代
封建化における上からの道		
近世琉球		近代
第二尚氏王朝後期		
琉球近世		近代

豊見山は結局、高良の「古琉球」を採用したまま、独自の時代区分は提起していない。

5　私の時代区分――「琉球古代」「琉球中世」「琉球近世」

私（来間）は、古代・中世・近世の用語を使ってみたい。しかしそれは、「古代＝奴隷制社会」、「中世＝前期封建社会」、「近世＝後期封建社会」という認識からではない。素朴に、「ず

表序-1　時代区分表の対比

	～11c	12c	13c	14c	15c	16c
新里恵二	原始社会			古代社会		
		政治的社会の成立		部族連合	豪族連合	中央集権
高良倉吉	先史時代	古琉球				
	貝塚時代（新石器）	グスク時代			第一尚氏王朝	第二尚氏王朝前期
				三山		
来間泰男	縄文時代	琉球古代			琉球中世	

っと前―中間―近い時代」という「定義」によるものである。

この立場からは、地域・国ごとに「古代」「中世」「近世」が設定できることになり、例えば「日本中世」と「琉球中世」とは「中世」という用語は共通していても、その社会構造は似て非なるものであることを示すことができることになる。私の構想は、新里恵二『沖縄史を考える』や高良倉吉『琉球王国の構造』のそれと対比すれば、次のようになる（表序-1）。時代の区切り点は、ここでは厳密には図示していない。

私の時代区分をよりくわしく示し、日本史と対比したのが、次の表である（表序-2）。時代の名称は、素朴な三分法である「古代・中世・近世」に、それぞれ「琉球」を冠した。「琉球なりの古代・中世・近世」という意味合いである。私は、近世についてはすでに「琉球近世」と表記している。「琉球近世の租税制度」（日本農業史学会編『農業史研究』第41号、二〇〇七年）、「琉球近世の地割制度再考」（沖縄国際大学経済学部編『沖縄国際大学経済論集』第三巻第一号、二〇〇六年）、「琉球近世における夫役銭の意義」（沖縄国際大学南島文化研究所編『南島文化』第三五号、二〇一三年）などである。その趣旨は、時期としては

表序-2　私の時代区分

世紀	沖縄史			日本史	
	時代の名称	別の名称	事項	時代の名称	事項
～10 世紀	縄文時代	貝塚時代	605 隋，流求国視察 608 侵略	古代	592 飛鳥時代
					710 奈良時代
					794 平安時代
11 世紀	琉球古代（沖縄古代）	グスク時代 按司時代			977 摂関政治
				中世（前期）	1068 院政開始
12 世紀					1179 清盛権力
					1192 鎌倉幕府
13 世紀			1260 英祖即位?		1221 承久の乱
			1296 元軍来襲		1274・81 元寇
14 世紀			1349 察度即位?		1333 建武新政
	琉球中世	琉球王国時代（前期）	1372 察度朝貢	中世（後期）	1350 室町幕府
15 世紀			1429 三山統一		
			1470 第二尚氏		1467 応仁の乱
16 世紀					
				近世	1568 信長入京
17 世紀	琉球近世	琉球王国時代（後期）	1609 薩摩侵攻		1603 徳川幕府
18 世紀					
19 世紀					
	沖縄近代	沖縄県時代	1872 琉球処分	近代	1868 明治維新
20 世紀			1899 土地整理		
	沖縄現代	米軍占領下時代	1945 米軍占領	現代	1945 日本敗戦
21 世紀		復活沖縄県時代	1972 日本復帰		

「日本近世」とほぼ一致するが、その政治・経済・社会構造は似て非なるものであることを印象づけようというものである。

日本史と対比すれば、時期的には「琉球古代」は「中世（前期）」にほぼ対応し、「琉球中世」は「中世（後期）」にほぼ対応し、「琉球近世」は「近世」にほぼ対応する。なお、沖縄県になってからは、「琉球」を「沖縄」に置き換えて、「沖縄近代」「沖縄現代」とする。その意味では「琉球古代」はまだ「琉球」の語が表われていないのであるから、「沖縄古代」の方がいいかもしれない。どの時代をとっても、琉球・沖縄は、同時代の日本とその政治・経済・社会構造は似て非なるものである。

第一章　院政と武士の台頭（平安時代後期）

第一節　一一世紀の日本

1　摂関政治から院政へ

天皇という存在がありながら、そのもとで摂政や関白が政治のあり方を左右した「摂関政治」の時代から、天皇が退位して上皇となり、その多くは出家して法皇と呼ばれるようになる（その居所が「院」で、上皇・法皇それ自体も「院」と呼ばれる）が、その上皇ないし法皇が、天皇に代わって、天皇家の家長の立場から、実質的な政治の中枢となるのが「院政」の時代である。政務をとる院のことを「治天《ちてん》」「治天の君」といった。

遠藤基郎《えんどうもとお》「院政の成立と王権」（『日本史講座　第3巻　中世の形成』東京大学出版会、二〇〇四年）は、「院政期の王権」を定義して、「この時期の王朝政治の最大の特徴は、**上皇・法皇＝院権力**が政治的主導性を保持するという原則が定着した点にこそある」とする。ただし、常に院主導というのではなく、逆転もあったので「天皇・摂関（内覧）・院の三者による共同統治」という見解も出されている、という（六五頁）。

美川圭《みかわけい》『院政―もうひとつの天皇制』（中央公論新社・中公新書、二〇〇六年）は、用語について、次のように説明している。「院政《いんせい》とは、譲位したかつての天皇＝**上皇**《じょうこう》（**院**《いん》とも呼ぶ）が行う政治のことである。ただし、直系の子や孫を天皇の地位につけることができた上皇が、その親権を行使して政治を行うのが院政であって、単なる元天皇が院政を行えるわけではない。弟に譲位した上皇は院政を行うことができないし、まだ父院が存命中の上皇も院政を行うことができない。普通、平安時代後期に登場した白河《しらかわ》、鳥羽《とば》、後白河《ごしらかわ》上皇、そして鎌倉時代前期の後鳥羽《ごとば》上皇による院政が、典型的な院政とされる」（ⅰ頁）。また、「養老律令《ようろうりつりょう》」の中にも「太上天皇」という条文があり、それは「譲位した天皇」のことで、それを「尊び称する呼び方」だと説明し、その読み方については「古くから〈だいじやうてんわう〉あるいは〈だじやうてんわう〉と呼んでいるが、日本風の訓み方はよくわからない」としている（三－四頁）。さらに、「太上天皇の略が**上皇**《じょうこう》であり、…**法王**《ほうおう》とは出家した上皇をさすものである」とも述べている（六頁）。

美川はさらに「摂関政治」から「院政」への移行について、次のように述べている。「**ミウチ**、すなわち天皇、父天皇、国母、外祖父などが協力して政治を行うのが摂関政治である」が、「外戚関係によってミウチの地位を維持した**藤原氏**とは対照的に、外戚となれなかった各**源氏**は、天皇の子孫であるにもかかわらず二代から三代で公卿の地位を失うものが多かった」。しかし、「摂関および外戚の地位が**道長《みちなが》の嫡流《ちゃくりゅう》**に独占され、**その他の藤原氏**が排除されたため」、「女子の入内《じゅだい》」が制限されたことになり、「外戚関係が断絶する危険性が増」してきた。その結果、「ミウチの公卿」が減ってきたのである。「このように、長く摂関政治を支えてきたミウチによる政権中枢の独占はくずれ、公卿たちはもはや、ミウチとしての立場を政治的権威の源泉とはみなさなくなってきていた。それゆえに、新たな外戚家として台頭してきた**村上源氏**や**閑院流藤原氏**が、かつての摂関家のようなかたちで政治の中枢をにぎることはなかったのである」。そこに「醍醐源氏の権大納言 源俊《みなもとのとし》明《あきら》」や、「文章道《もんじょうどう》の家に生まれた学者」である大江匡房《おおえのまさふさ》や、「小野宮《おののみや》流の藤原氏」の藤原通俊《みちとし》・資《すけ》仲《なか》など「院近臣」が、「顧問」となって、「大きな力を発揮するようになる。このことが、政界におけるミウチの比重を下げる結果となったのである」。こうして鳥羽上皇の即位時に、上皇が摂関を任命することとなり、このことが「摂関と外戚との分離を決定づけた」のである（三七‐四四頁）。そして、上皇が「天皇の人事権」を握り、「貴族たちの人事権」を握り、ここに院政は確立した（四六頁）。経過は省略するが、「院御所での会議の国政上の地位は、従来に比較して格段に高いものとなった」のである（五六頁）。

また美川の趣旨を大きくくみ取れば、荘園制が成立し、権門（天皇・摂関・寺社・武家など）がそれぞれの分野を担当し、それが各地の荘園を配下に組みこんでいき、そのことと関わって「院政という政治形態が出現した」ということであろう（七三頁）。

2　白河天皇による院政の開始

五味文彦『躍動する中世』（前出、二〇〇八年）は、「後三条《ごさんじょう》天皇の登場とともに」「中世の政治が始まった」と述べていた（序章2）が、「延久《えんきゅう》の荘園整理令」が出され、これによって「律令国家の再生を図」ろうとした「本来の目的」とは異なって、「逆に新たな動きを加速化した」のであり、そこにこそ「中世の始まり」が認められる、とする。つまり「荘園の整理を実施する過程でとても実行は不可能ということが明らかになり、その結果、荘園の公認へとつながっていった」のである（一〇六―一〇七頁）。

続けて院政の始まりを次のように描いている。「さてこの後三条天皇以後、社会と文化は王権とのかかわりを強めるようになり、後三条の政治を継承した白河《しらかわ》天皇はさらなる王権強化へと走った。承暦《じょうりゃく》元年（一〇七七）に〈国王ノウヂ寺〉として京の東の白河に**法勝寺**《ほっしょうじ》を創建し、京の南の鳥羽《とば》には広大な地を占定《せんてい》して離宮・**鳥羽殿**を造営するなど、巨大なモニュメントによりその権威を飾るとともに、古典文化の復興を企て、『後拾遺和歌集《ごしゅういわかしゅう》』などの勅撰《ちょくせん》和歌集や漢詩集を編ませている。／そのかたわらで、父後三条天皇の遺言を無視して皇位を弟には譲らず、子に継承させて応徳《おうとく》三年（一〇八六）に堀河《ほりかわ》天皇を立てると、上皇（院）となって天皇を守るために政治を始めた。これが**院政**である。それでも堀河天皇の時代にはまだ院が政治に介入することは少なかったが、堀河天皇が嘉承《かしょう》二年（一一〇七）に亡くなると、娘の郁芳門院《いくほうもんいん》の死により出家していたにもかかわらず、

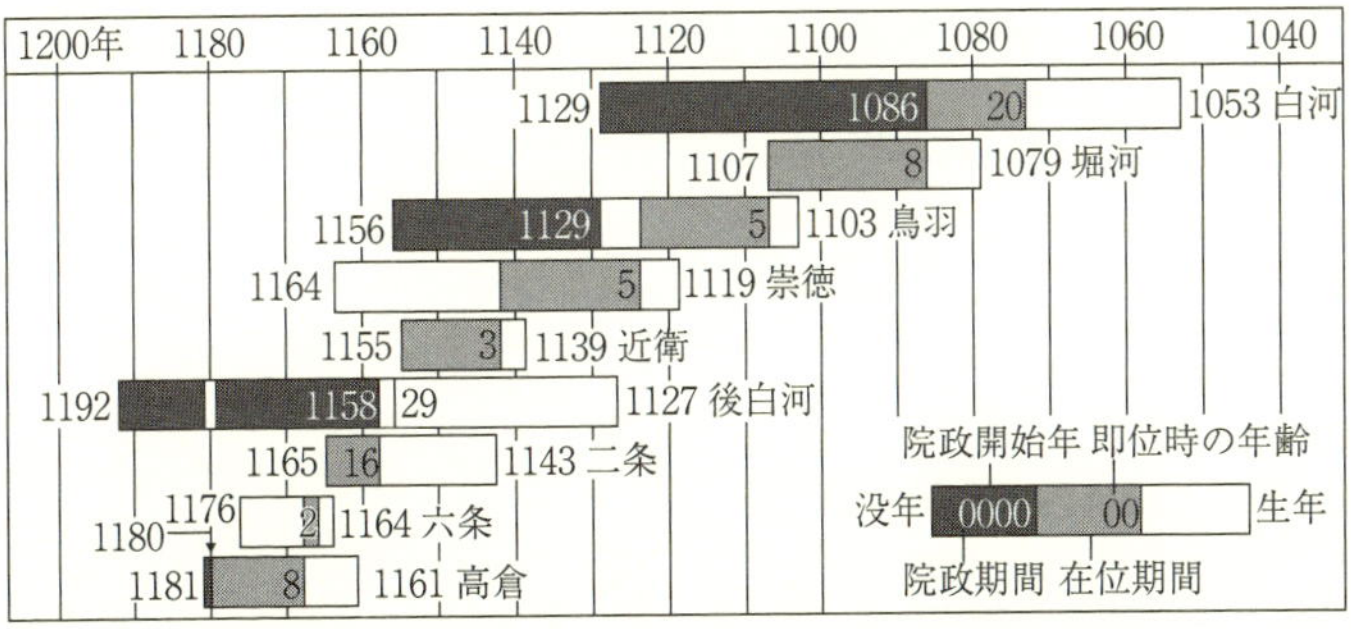

図 1-1 三人の院

白河，鳥羽，後白河各上皇の享年はそれぞれ 77 歳，54 歳，66 歳．早逝する天皇が多いなか，長寿の上皇によって院政は展開された（五味）．
（出所） 五味文彦『躍動する中世』（小学館，2008 年）．

孫の鳥羽天皇を位につけ、ついに本格的な院政を開始したのである」（一〇七–一〇八頁）。

なぜ院政が生まれたか。①「イエの形成に伴って子孫へその地位の継承を図る」ため、②政治の「実権を握る」ため、③「権門・寺社、さらに武士の動きが活発化するなど」の「危機への対応」、④「神仏への傾倒」と「宗教界に君臨する」、等々のためであった（一〇八–一〇九頁）。

院政はどの勢力に支えられていたか。①「文人官僚や中級貴族」、②「院の乳母夫《めのと》や近習《きんじゅう》などの下級武士」、③「武士」、④「僧」などである（一〇九–一一〇頁）。

3 父権に依存した院政の構造

本郷恵子『京・鎌倉 ふたつの王権』（前出、二〇〇八年）は、「藤原氏を外戚《がいせき》としない天皇」である後三《ごさん》条《じょう》天皇が、「三五歳の壮年に達して」誕生し、「外戚などに左右されず、独自の政策を打ち出し」ていくこと、ただし、後三条天皇は「在位四年余にして位を退き、皇太子貞仁《さだひと》が践祚《せんそ》［即位―来間］することになった。白河天皇である。精力的に政務を執ってきた後三条としては、譲位後についても明確なプランがあったはずだが、彼はこのわずか五か月後の延久五年に急逝《きゅうせい》する」、一方、藤原頼通《よりみち》（道長《みちなが》の子）など摂関家の「古い重石《おもし》」が、彼らの高齢死亡によって「除かれる」、「ここに二三歳の白河天皇の体制が始まった」こと、「白河は七歳の善仁《たるひと》［母は源顕房《あきふさ》の娘賢子《けんし》。関白藤原師実《もろざね》の養女―本郷による］に皇太子宣下《せんげ》を行ない、その日のうちに譲位・新帝への践祚という荒業《あらわざ》を実現した。ここに堀河天皇が誕生し、白河は上皇として位置づけられた」こと、などを述べている（三七‐四四頁）。

本郷は、「院政開始の契機」としては、①白河院が、早い段階で後継者を確定したいと願ったこと、②「栄華を極めた摂関家」の「氏長者《うじのちょうじゃ》」が「若輩」となって、威力を失ったこと、③白河院のもとで、息子の堀河天皇がなくなり、孫の鳥羽《とば》天皇を五歳で就任させ、「白河院の血統が、三代にわたって天皇の地位を獲得した」こと、を挙げている（四四‐四六頁）。

そして「院政の構造」の特徴としては、①「院政の根拠が前天皇の権威ではなく、現天皇の直系尊属という**父権**に存していた」、②「政治の方法」がしっかりした決まりに基づくのではなく「柔軟」となり、③「内裏《だいり》での議定《ぎじょう》」から「院御所での議定」に変わり、④そのメンバーにも、「身分の低い者も加わるようになった」、⑤「太政官制度上の役職」が形式化し、ただの「家格の指標」となっていった、すなわち職務とは無関係に、例えば公卿《くぎょう》や参議の家柄を示すだけのものになっていった、などを指摘している。院政は、社会状況が「迅速な決定を必要とする事態」となっていて、それに対応したものであったし、五七年に及ぶ白河院の院政が、鳥羽院に引き継がれ、「すっかり定着することになった」、これにより摂関家の位置は、引き続き「貴族社会のもっとも高位の地位を確保したが、それは院の専制に甘んじることと引き換えであった」(四九-五四頁)。摂関家そのものはしっかりと残っているのだが、それは院政、「院の専制」に従うものに変わっているのである。

4 「領域型荘園」の拡大と「荘園・公領制」

木村茂光《きむらしげみつ》『中世社会の成り立ち』(前出、二〇〇九年)は、「荘園制がはっきり姿を現すのも一一世紀末から一二世紀にかけてである。以前の教科書などでは摂関政治の経済的基盤は荘園であったと説明されることが多かったが、…研究の進展によって、現在においては摂関政治期に荘園制が確立した[と―来間]考える研究者はほとんどいない」という。一〇世紀初頭の「延喜《えんぎ》の荘園整理令」に代表される政策の転換によって、律令体制は変更され、「一定の耕地の経営と納税を有力農民に請け負わせる〈負名《ふみょう》〉制に移行し」ていたので、荘園はあっても、それは「現作田《げんさくでん》(実際に耕作している田地)に限定され、国衙《こくが》による〈免除領田《めんじょりょうでん》制〉のもとで管理された」ので、中世荘園とはいい難いものであった。「しかし、一一世紀前半になると、国衙領の荒廃の進行に対応するため、朝廷は開発を条件に公田領有を認める政策に転換せざるを得なくなった。ここに**開発所領《かいはつしょりょう》としての荘園**形成の糸口が開かれた。…そして、これらの開発所領の寄進などを通じて一一世紀末～一二世紀前半に荘園が飛躍的に増加した」。それも、荘園のほかになお国衙領が並立していたのであり、単なる荘園制ではなく、**「荘園公領制」**というべきものであった。「荘園と国衙領の比率は、六対四、ないし五対五くらい」であった（六―七頁）。

五味文彦『躍動する中世』（前出）の表現では、次のようになる。「荘園的土地所有と国衙的土地所有の下に私的領有を内包する重層的土地所有の体制を荘園公領制と称している」（四三頁）。「荘園的土地所有」（荘園）と「国衙的土地所有」（公領）が並立していて、その下に「私的所有」もあるという。

下向井《しもむかい》龍彦《たつひこ》『武士の成長と院政』（講談社・学術文庫・日本の歴史⑦、二〇〇九年。初出は二〇〇二年）は、次のようにいう。「一一世紀後半以降の史料では、国衙領が荘園と対比させて公領と表されるようになる。近年、一一世紀後半以降の社会の仕組みを、〈荘園公領制《しょうえんこうりょうせい》〉と呼ぶことが定着してきたが、この概念はかつて網野善彦《あみのよしひこ》氏が、荘園と公領からなる社会実態に即して、〈荘園制〉概念に代わる概念として提唱されたものである。私は、荘園公領分離政策に転換した長久荘園整理令以降の社会編成を、荘園公領制と呼ぶことにする」（一九六頁）。

網野善彦以来の「荘園公領制」論であるが、「荘園・公領制」と表記した方が分かりいいと、私（来間）は考える。

木村茂光は、中世荘園を論ずるにあたって、荘園を三つに類型化している。「A　初期荘園」は、「八世紀前半の三世一身法《さんぜいっしんのほう》（七三一年）、墾田永年私財法《こんでんえいねんしざいほう》（七四三年）を契機に成立した荘園である」。これらは、国家の関与のもとに設定されていて、まだ「不輸《ふゆ》の権利」（免税権）はなく、専属の荘民もおらず、九世紀末～一〇世紀初頭までに荒廃・没落していて、中世荘園とは別物である。

「B　免田《めんでん》・寄人《よりうど》型荘園」は、摂関政治期（一〇〜一一世紀中頃）の荘園で、「不輸の権利」を認められた免田と、経営にあたることを認められた特定の公民、すなわち寄人によって構成された荘園であるが、免田と公田が入り組んでいた。「C　**領域型荘園**」は、「一一世紀中頃に出現し、一二世紀に［の―来間］前半に確立した荘園」であり、「一定の領域をもち、その中の耕地だけでなく村落や山野河海《さんやかかい》を含み込んだ荘園」である。このような荘園の成立の影響を受けて、B型荘園も変質していった（一六五―一六六頁）。

5　網野善彦の「荘園公領制」論

網野善彦の議論を、「荘園公領制の形成と構造」（竹内理三編『土地制度史Ⅰ』山川出版社・体系日本史叢書6、一九七三年）によってみておきたい。「一二〜一三世紀の土地制度は、ふつう〝荘園制〟として概括されている。しかし国衙領をも含めた最近の研究成果を前提においてみると、この規定はもはや不充分といわざるをえない。そこで、ここではこの時期の土地制度を便宜上〝**荘園公領制**〟と表現しておきたい。／これはただ単に用語の問題ではない。〝荘園制〟という規定は、本来、私的大土地所有の体系としての土地制度を表現しているが、それだけではかたづかぬ一種の国家的性格を、この時期の土地制度はもっているので、未熟な用語をあえて使うのは、その点を考慮に入れたからにほかならぬ。といっても、荘園を私的土地所有とし、国衙領を国家的土地所有と規定し、そのいずれかに土地制度の基本を求めようとするわけではない。少なくとも一二世紀以降の荘園と公領は、もはや異質な対立するものではなく、本質的には同質といっても過言ではない。したがって、いま私的といい、国家的といった性格は、荘園・公領の双方に、それぞれ貫徹しているとみなくてはならない。またこの見方からすると、荘園を中央貴族・寺社の、国衙領を在地領主の土地所有と規定し、いずれかを基本的、または派生的ととらえることも、一面的ということになる。中世の土地制度はこのどちらを欠いても成り立ちえないものだからである」（一七三頁）。

ここでは、次のことが指摘されている。①一二世紀以降の土地制度を、「荘園公領制」と表現したい。②荘園は「私的土地所有」であり、公領（国衙領）は「国家的土地所有」であるが、その内実に相違はみられず、「同質」なものである。③荘園は「中央貴族・寺社」の土地所有であり、公領（国衙領）は「在地領主」の土地所有であるが、どちらかが「基本」で、他方が「派生的」だともいえない。

6 「荘園公領制」のもとでの「私領」の拡大

五味《ごみ》文彦《ふみひこ》ほか「中世前期の土地所有」（渡辺尚志《わたなべたかし》・五味編『土地所有史』山川出版社・新体系日本史3、二〇〇二年。五味執筆部分）は、荘園公領制を次のように説明している。「中世の土地所有の大枠は、荘園《しょうえん》的な土地所有と国衙《こくが》的な土地所有の複合からなり、それは**荘園公領制**《こうりょうせい》と称されている。この場合の荘園とは、朝廷《ちょうてい》や国衙から官物《かんもつ》・公事《くじ》や雑役《ぞうやく》の免除を認められた土地のことであり、公領（国衙領）とは国衙の直接の管轄下にある、荘園以外の土地をさす。／こうした複合的な所有の秩序が体制的に形成されたのは**延久《えんきゅう》の荘園整理令**を契機にしていたが、この法令は、それまで国衙のレベルで認定していた荘園的土地所有を中央の記録所において審査し、改めて太政官符により認定したものであり、荘園的土地所有はここに安定した。このときの審査は国司《こくし》と荘園領主双方から注文を提出させて行われており、強力に実施されたが、その結果、記録所で認定された荘園は多くはなかった。また寺社や貴族《きぞく》にのみ荘園は認められたため、荘園的土地所有は**権門《けんもん》的土地所有**の性格をおびていたのである」。なお「荘園が権門の経済に占める比重はさほど高くはなかった」。「他方、延久の荘園整理令を契機に諸国の国衙では、郡《ぐん》・郷《ごう》・名《みょう》・保《ほ》・院《いん》・牧《まき》などがそれぞれ国衙と直結する**別名《べつみょう》**の形での官物や公事・雑役を徴収する体制が整えられた（郡郷制の再編）。別名は官物や公事などの徴収の地域単位であり、そのまま所有の単位ではなかったが、これにより国衙は朝廷の命令（宣旨《せんじ》）で国内の田地から一律に徴収する**一国平均役**を課す体制をしき、その課役賦課のための名簿である**大田文《おおたぶみ》**を作成するようになった。基本的には国内の土地はすべて公領であるのが原則であって、荘園は、官物・公事や雑役の徴収の全部、あるいは一部が免除されたものであって、官物や公事の輸送をはじめとして国衙の機構に頼ることも多く、けっして独立性の高いものではなかった。他方で院政《いんせい》期を通じてしだいに公領の別名が自立して、別名の領主の権利が強まり、荘園と公領とは拮抗《きっこう》関係にあった」（二二四－二二五頁）。

　長い引用になったが、ここまでのことを整理しよう。①中世の「荘園公領制」は、「荘園的な土地所有」と「国衙的な土地所有」とから構成されている。②うち「荘園」は、「官物・公事や雑役の徴収の全部、あるいは一部が免除されたものであ」る。そのような特権は「寺社や貴族にのみ…

認められた」ので、これを「権門的土地所有」といってもいいだろう。ただ、その出現期には荘園の経済的比重は大きくなかった。③もう一つの「公領＝国衙領」は、「国内の土地はすべて公領であるのが原則」であるから、「荘園以外の土地」ということになる。④そこに「延久の荘園整理令」が出された。延久元年（一〇六九年）のことである。これを契機に、「荘園」はその地の国衙が「認定」していたものから、「中央の記録所」（記録荘園券契所）が「認定」するものに変化し、荘園的土地所有は安定した。他方の「国衙」は、この整理令を契機に、「郡郷制」の「再編」ともかかわって、郡・郷・名・保・院・牧などを「別名」（公領の別名）として、それぞれの地域単位で「官物や公事・雑役を徴収する」ことになっていった。「別名」にはそれぞれ「領主」がいるが、その「領主」たちの「権利が強まり」、荘園のあり方と区別がつかなくなっていった。

このような、国衙領内部に「下級の所有権」が生まれていったが、これを「**私領**」といった。「公領」に対する「私領」であり、「公領」内の「私領」である。それは「私領主的土地所有」あるいは「地主《じぬし》的土地所有」と呼ばれる。これは受領が交替する際に「国免の荘園」として認められたり、それが「寄進」されて「荘園」になったり、さらに「開発《かいほつ》領主」の所領《しょりょう》に組み込まれたりして、「荘園」の増加につながった（一二五頁）。

院政期に「全国的な立荘ブームが到来」することについては、次項7と8で見ることにする。

7　摂関家による荘園の開発

美川圭『院政』（前出）は、摂関期にも荘園は開発されつつあったが、本格化したのは院政期である、と次のように述べている。「かつて、摂関政治の時期に政権をにぎっていた藤原道長やその子頼通《よりみち》のもとに寄進地系荘園《きしんち》が集まり、院政期になると今度は院政というかたちで政権を奪った王家［上皇や天皇のこと―来間］に荘園が集中すると考えられていた。しかし、武士を代表とする在地領主の所領形成とその寄進を軸に、摂関期以来の荘園制を考える見方は、今や大きく修正されつつある。鎌倉時代に作られた太田文《おおたぶみ》（国別の土地台帳）の分析によって、荘園成立のピークは一二世紀中・後期であるという事実があきらかになったのである。／王家と摂関家のうち、最初に荘園集積に積極的となったのは、摂関家であった。とはいっても、それは朝廷の政治の主導権をもっていた摂関期のことではない。摂関期の摂関家も荘園はもっていたが、家の経済における比率はそれほど高いものではなく、むしろ国家的給付の封戸《ふこ》（収入源として支給された戸）や受領《ずりょう》の奉仕によって支えられていた。そして、その時期に立てられた荘園も不安定で、後三条天皇以後の荘園整理によって、かなりの部分が停止されてしまった」（七四頁）。

その具体像を、摂関家・藤原忠実《ただざね》に即して描いている。まず「受領家司《けいし》の離反」があった。それまで負担していた各種費用を納めなくなったのである。そこで、「忠実は…必死になって荘園の集積による事態打開をはかっている」。「高倉一宮領《たかくらいちのみや》」「冷泉宮領」「堀河中宮領」をその本主《ほんしゅ》（荘園の所有者）の死去を契機に、忠実自ら「管領《かんりょう》」する。「かつて頼通の荘園で、その死後分割されていたものも、すべて手中におさめている」。「頼通の時代に大宰府府官平季基《すえもと》が開発・寄進した**島津《しまづ》荘**は、忠実の時代に大幅に拡大し、やがて薩摩《さつま》・大隅《おおすみ》・日向《ひゅうが》の三ヵ国にまたがる八千町歩の大荘園に成長していった。また、九州東部に散在する**宇佐《うさ》八幡宮領**が摂関家領となったのも、忠実の時代である」。奥州藤原氏初代の清衡《きよひら》からは「**奥州の荘園**」の寄進を受けた。すべて一二世紀の初期のことである。また、荘園が集積された結果、「摂関家の年中行事に必要な物品の大半は六位以下の政所《まんどころ》の下級職員である下家司《しもけいし》の活動と荘園からの調達によるところとなった」(七四−七六頁)。

「しかし、そうした摂関家の権門としての成長は、院との間に軋轢《あつれき》を生じさせることとなる。白河法皇は、必ずしも荘園の形成自体を否定するという考えをもっていたわけではないが、摂関家における荘園の集積・拡大は、忠実の政治的自立につながるものとして警戒するようになった」。忠実の美濃《みの》の荘園で起きた武力行使をとがめて、忠実に奉仕していた武士が佐渡《さど》に配流《はいる》された。「上野《こうずけ》国五千町歩の荘園を摂関家に寄進する動きを、院が禁止した」。「このように、保安《ほうあん》元年(一一二〇)の忠実罷免事件の背景には、こうした権門としての摂関家の成長、荘園の集積・拡大を忌避する白河法皇の意志が存在した。忠実失脚後の大治《だいじ》二年(一一二七)に忠実が集積した堀河中宮領を継承した証菩提院《しょうぼだいいん》領が、白河法皇によって没収される事件もあった。忠実が再び荘園の集積を開始し、安定した摂関家領を確立するのは、白河法皇が亡くなって、忠実が復権する鳥羽院政期のことである」(七七−七九頁)。

8　王家領荘園の形成

美川圭『院政』(前出)は、「王家領荘園の形成」についても、次のように述べている。「王家」

とは天皇家のことである。「白河院政開始後、**御願寺《ごがんじ》領の荘園**が、院近臣をはじめとする院の周囲の人々の力で形成されていった。つまり、白河院政がもっぱら荘園整理令によって、荘園の抑制を行っていたとはいえないのであって、すでに王家領荘園の形成がはじめられていた。そして、鳥羽院政期になると、その動きはいっそう顕著なものとなった」（八二頁）。御願寺の代表は法勝寺《ほっしょうじ》であり、そこには金堂《こんどう》以下の伽藍《がらん》、八角九重塔《はっかくきゅうじゅうのとう》も建造された。「これ以後、この白河と呼ばれる平安京の東に隣接する地域には、**六勝寺**《ろくしょうじ》（法勝寺・尊勝寺《そんしょうじ》・最勝寺《さいしょうじ》・円勝寺《えんしょうじ》・成勝寺《じょうしょうじ》・延勝寺《えんしょうじ》）と呼ばれる〈国王ノ氏寺《うじでら》〉、つまり天皇の御願寺群が造営されていく。この御願寺の創建にあたっては、国家的な給付としての封戸が経済的基盤として設定され、その不足分が荘園で補塡《ほてん》されるべきだというのが、在位中から譲位後まで一貫した白河の方針であった」。封戸が主で、荘園からの収入は従というのである。しかし、実際には荘園がつぎつぎに立てられていったし、荘園の寄進を受けていった。「便補保《びんぽのほ》と呼ばれる事実上の荘園」もあった。「一一世紀末から一二世紀初頭、律令制にもとづく国司からの封戸納入の悪化により、天皇の御願寺でも経済基盤が荘園に移されていったのである」（七九－八〇頁）。

御願寺としては「円光院《えんこういん》」「無量光院《むりょうこういん》」もある。「六条院御堂」も同様のものである。円光院の**越前**《えちぜん》**国牛原**《うしがはら》**荘**は「二百町歩におよぶ広大な領域型荘園」として、無量光院の**山鹿**《やまが》**荘**は「肥後《ひご》国山鹿・玉名《たまな》二郡にまたがる広大な」荘園として、六条院御堂の**鞆田**《ともた》**荘**は「鞆田村から柘植《つげ》郷におよぶ六十町以上の」荘園として立てられた（八〇－八二頁）。

9　荘園の寄進と開発領主

五味文彦『躍動する中世』（前出）は、「開発領主《かいほつ》」について、次のようにいう。「土地を開発すれば、その土地の領主として認定され、田を開いてから三年の間は地利が国司《こくし》から免除される。ただそのあとには租税を納めなければならないので、地利免除の権利を長年にわたって確保するべく、土地を権門《けんもん》（権勢のある貴族や寺社）に寄進したり、その庇護《ひご》下に入ったりして、保護を得ようとした。このように開発を推進した存在を**開発領主**と呼ぶ」。そして、誰が開発するかといえば、三種あるとする。「一口に開発領主といっても、その中身はさまざまであった。**第一**には、朝廷の官職や国衙《こくが》の職を帯び、その権威を利用して土地を開いて権利を確保する存在である」。これには下級官人《かんじん》や在庁官人などがあった。「**第二**には、山野河海《さんやかかい》に挑んで土地を開いてゆくために未開の神と戦う宗教的力を所持し、また文書を扱って土地を経営する技能を有した僧侶である」。「**第三**には、武威に頼って開発を進めた武者である。開発領主というと、すぐにこの武者に限定して考えがちであるが、それは鎌倉幕府の裁判の手続きなどを開設した『沙汰未練書《さたみれんしょ》』に、〈御家人《ごけにん》とは開発領主として幕府の下文《くだしぶみ》を得たもの〉という規定があり、開発領主はすなわち武士であると考えられてきたからである。しかしこの規定は、開発領主となり、幕府から下文によって安堵《あんど》（土地所有権を認めること）された武者が御家人であると理解すべきものであり、開発領主がすべて武者ではなかったのである」（四〇-四二頁）。

10　延久の荘園整理令

なお、五味文彦は、「受領《ずりょう》が地方に下ってゆかなくなる」契機として、「**延久《えんきゅう》の荘園整理令**」をあげている（前項6）。「開発領主の活動とともに、荘園や私領が列島の各地に生まれてきたことから、荘園整理令が国司の要望によって出されていった。そのうちでももっとも大きな影響があったのが、後三条《ごさんじょう》天皇が延久元年（一〇六九）に発した延久の荘園整理令である。開発田や再開発田を、それまでは国司が荘園として認定してきたのを改め、中央で強力に整理することをおもな目的として発された」。国衙が管理する公領（国衙領）とは別に、その管理を受けず、官物《かんもつ》・公事《くじ》や雑役《ぞうやく》が免除されている、中央豪族や寺社の私有地である「荘園を、中央の記録所において審査し直し、改めて太政官符により認定し、または停止したのである」。そして、公領だけでなく、荘園にも一律に課される「**一国平均役**《いっこくへいきんやく》」が登場し、そのための帳簿である「**大田文**《おおたぶみ》」が作成された（四二―四三頁）。

「延久の荘園整理令」については、福島正樹《ふくしままさき》『院政と武士の登場』（吉川弘文館・日本中世の歴史②、二〇〇九年）は、次のように述べている。度重なる火災による内裏《だいり》や大内裏の修復や造営の費用を調達するために、臨時に、「特定の国を選んで」、それを分担させていたが、これを公領と荘園の双方から徴収できる「**一国平均役**」に変更することになっていった。そうなると「どこが公領でどこが荘園なのか、荘園の持ち主（荘園領主）は誰なのかなどが明確になっていなければならない。荘園については、場合によっては荘園領主に徴収を依頼し、一括して国司に納入するという方法をとる必要がある。そこで行われたのが延久元年（一〇六九）二月、三月に出された荘園整理令《しょうえんせいりれい》であり、同年閏《うるう》一〇月にはその実施機関として**記録荘園券契所**、すなわち記録所が太政官庁の朝所《あいたんどころ》に設置されたのである。延喜の荘園整理令以後、荘園整理令はたびたび出されているが、記録所という荘園整理を担当する専任機関が置かれたのは延久の時がはじめてである」。「要するに、延久の荘園整理令の特徴は、太政官に証拠文書を提出させ、それを記録所で審査すること、その〈証拠文書〉には、諸荘園の所在、領主、田畠の総面積の記載が求められたという点で、石井進《いしいすすむ》はこの点が中世の土地台帳である〈**大田文**《おおたぶみ》〉の内容やその作成過程と似ていることから、延久の荘園整理令を契機に、中世荘園体制が形づくられていったと評価している（石井　一九七〇［「院政時代」『講座日本史二』東京大学出版会、一九七〇年］）」。「かつては摂関家の荘園は整理令から除外されていたと理解されていた」が、そうではなかった（二四-二八頁）。

11　院政の経済的基礎としての「荘園公領制」

もう一つ、本郷和人《ほんごうかずと》「中世の始まりと院政というシステム」（前出、『日本古代中世史』）が、「院政と荘園」を論じているものを紹介しよう。「院政期には、知行国の制度が広まった。これは上級貴族に一国の支配権を与えて**知行国主**とするものである。知行国主は子弟や近親者を国司に任じ、目代《もくだい》を派遣して国を支配して、その国からの収益を得分とした。こうなると公領は、あたかも知行国主の私領のようになった。全国の田地、荘園と公領とを私領のように扱うこの状態を、〈荘園公領制〉と呼ぶことがある。知行国を与えられた国守たちは、更に豊かな国の獲得を目指して、競って上皇に経済的な奉仕をし、それが院政の経済的な基盤となった。／院政を支えたもう一つの基盤は、多くの**荘園**であった。摂関家を遥かにしのぐ政治力を確保した上皇のもとには、大量の荘園が寄進されてきた。上皇たちは、これらを近親の女性に与えたり、寺院に寄進したりした。…上皇たちの帰依を受けた大寺院は、地方の寺院を支配下に置きながら、広大な寺領を蓄積し、下級の僧侶を僧兵として組織した」（一五三頁）。

12　イエと家職の成立

川尻秋生《かわじりあきお》は、『揺れ動く貴族社会』（小学館・日本の歴史四・平安時代、二〇〇八年）で、平安時代の特徴として、イエと家職《かしょく》の成立をあげる。また、『平安京遷都』（岩波書店・新書・日本中世史5、二〇一一年）でも、このことに触れている。ここでは後者によって描く。

「古代の氏族は、族長を頂点として親族関係を中心にしてまとまり、**ウジ**という集団を形成していた。しかし、すでに古墳時代後期の群集墳にみられるように、ウジのなかにも族長以外の有力者が現れ、しだいに結束は弱くなっていたようである。そのため、氏寺などを建立し、そのつど再結集をはかってきた。それでも、こうしたウジの変質に歯止めはかからなかった」といい、藤原氏の場合を例にあげて、「九世紀のウジは、変質しながらもまだ結束力を維持していたと言えよう」と述べる。「ところが、一〇世紀になると、ウジのなかに〈イエ〉が生まれてくる。…まだ、中世のイエほど確固としたものではないが、それぞれの流派のなかにイエ意識が芽生えてきたのであった」。「明確なイエが出現するのは、おおむね一〇世紀後半頃である」（一四一－一四二頁）。「イエが成立すると、次に家職《かしょく》が成立する。／律令制下にあっては、特定の氏族が特定の職種を独占することは、基本的にはなかった。特殊な職種については例外もあったが、中央の重要な官職については、逆に独占が忌避された（選叙令《せんじょ》）。…ところが、一〇世紀後半以降、下級氏族では、それぞれのイエが特定の職種を世襲するようになった。家職の出現である」。こうして「個人の能力よりも家柄が重視されるようになった」。「ついで、職務内容の専門化があげられる。この頃になると、さまざまな官職それぞれにおいてノウハウの蓄積が増え、とくに専門的な分野では、門外漢が手出しできないほどに高度化していた。一方、家職として職務を相伝すれば、ノウハウのみならず関係資料も蓄積し、専門的な仕事を早く習得できるのである」。例えば、医道の和気《わけ》氏・丹波《たんば》氏、陰陽道《おんみょうどう》の賀茂《かも》氏（安倍清明《あべのせいめい》もこの流れ）などである。「それぞれのイエが他氏族を圧倒し、職種を独占するようになる時期はまちまちであるが、早ければ一〇世紀末頃、遅ければ一二世紀中頃で、概して専門性が高い職種ほど早く家職が成立する傾向にある。こうした体系は、中世では〈職《しき》〉として確立するが、一〇世紀末以降のイエ成立と家職の世襲化は日本社会のあり方を大きく変えたと言えるだろう」（一四三－一四五頁）。

13 「大開墾の時代」

木村茂光「大開墾時代の開発―その技術と性格」（有斐閣『技術の社会史』第一巻、一九八二年）は、「戸田芳実《とだよしみ》は…平安時代後期の在地領主層による開発を評価し、この時期を〈大開墾の時代〉と把握することを提唱している」と述べている（一五〇頁）。木村は「中世的農業生産の形成」（木村編『日本農業史』吉川弘文館、二〇一〇年）でも、「中世成立期を〈大開墾の時代〉と呼んだのは戸田芳実であった」と述べている（八二頁）。以下では、その実相を前者から紹介する。

それは「田地にとどまらず、畠地の開発や漁場の開発も飛躍的に発展した時期である」。「この時期の開発は、もちろんさまざまな形態をとるが、いちおう、領主的な大規模開発と農民層による小規模開発の二形態で理解されてきている」。「義江彰夫氏の研究によれば、領主的な開発所領の代表である保《ほ》は、全国で一五〇例を越えるが、鎌倉初期＝一三世紀初頭以後に新たに立保されることはないという（「保の形成とその特質」『北大文学部紀要』二二巻一号）。一一世紀中葉～一二世紀が国衙領における開発＝大開墾の時代であったということができよう」。他方の農民的な開発は、小規模であること、村落共同体的な開発であることに特徴が認められるが、「領主的開発が農民的開発に大きく依存して成立していたことはもちろん、この二形態がつねに重層的に存在するとともに、不可避的に対立関係をはらんでいた」という（一五一―一五六頁）。

そこで木村は、「開発が水田開発だけを意味するものではない」ことに注意を促し、「畠地もこの時期に飛躍的に拡大した」ことを指摘する。この畠地は「律令制以来、制度的に収奪の対象として組み込まれることのなかった」ものであるが、早い所で「一一世紀初頭」から、他でも「一一世紀中葉には」対象となっていく、とする。すなわち「検注《けんちゅう》され、地子《じし》を賦課されはじめる」（一五六-一五七頁）。「検注」は「中世、荘園公領制下の土地調査」のこと、「地子」は「江戸時代以前、田畠、家地《やち》などに賦課された収取物の一つ」で「一〇世紀には田地の所有者の取得分が一般的に地子と呼ばれるようになる」（『日本歴史大事典』）。

「未開の山林原野」は、材木の伐採、焼畑、肥料・燃料（薪・炭）の採取などとして利用されてきたが、それを耕地化する動きも生まれてきた。まずは栗・苧《からむし》・桑などを、土地利用としては低度の利用段階に始まり、しだいに「常畠化＝麦・大豆などの雑穀類を栽培する」という段階へと進んでいく。また「川成地《かわなり》」すなわち「氾濫原」が桑原にされていく。「氾濫原に生じた微高地」が耕地にされていく。「一二世紀以降になると、大和国を中心とする先進地帯という限定が必要かもしれないが、中・小河川の堤防上ないしそれに類する微高地などの水田不可能耕地が、一定の集中性をもった畠作地として現出しており、それも耕作率の高い安定耕地として存在していた」。まとめて、「以上、畠地の開発を中心に農民的開発の具体相をみてきたが、もちろん、それが畠地の開発だけだったわけではない。水田の開発も積極的に取り組まれた。…この時期の農民的開発のなかに田地の開発が含まれていたことは言うまでもないが、大開墾時代の特徴という意味では、田地以外の、とくに今まで述べてきたような畠地の開発に注目しておきたいと思う」（一五八-一六七頁）。

飯沼賢司《いいぬまけんじ》は、西谷地晴美《にしやちせいび》との共著「中世的土地所有の形成と環境」（前出、渡辺・五味編『土地所有史』）において、この問題について次のような注釈をつけている。「大開発時代については、戸田《とだ》芳実《よしみ》・稲垣泰彦《いながきやすひこ》などによって唱えられ、その概念を踏襲・発展させたのが、黒田日出男《くろだひでお》（…『日本中世開発史の研究』）や、木村茂光『日本古代・中世畠作史の研究』（校倉書房、一九九二年）である。それに対して、気候変動論の面からこの概念に疑義を唱えているのが、西谷地晴美である。また、鈴木哲雄《すずきてつお》はこれまでの開発史の丹念な検討によって〈大開発時代〉〈大開墾時代〉の考え方に慎重でなければならないことを主張する（…『中世日本の開発と百姓』）。しかし、筆者としては、開発とは環境変化への対応と人間の生活向上への意欲によってなされるものであり、中世成立期は、そのような開発要求が気候変動などを契機に高まったという意味での大開発時代と理解している」（一一二頁）。

第二節　一一世紀の東アジア

1　「五代十国の時代」から「宋」の建国へ

中国大陸では「五代十国の時代」が終わり、九七九年に宋《そう》が統一を果たした。宮沢知之《みやざわともゆき》・杉山正明《すぎやままさあき》「東アジア世界の変容」（尾形勇《おがたいさむ》・岸本美緒《きしもとみお》編『中国史』山川出版社・新版世界各国史3、一九九八年）によれば、次のとおりである。

五代十国の時代は、統一国家である隋、そして唐が滅んでのちの「一〇〇年に近い分裂の時代」である。「**五代**とは、中国の伝統的な正統論で認める五つの王朝のことで、唐朝を継いで華北で興亡した国々をさし、一時華北を支配下におさめた遼《りょう》を含めない。**十国**とはその他の諸王朝で、ふつう前蜀、後蜀、荊南《けいなん》（南平）、閩《びん》、呉、南唐、楚、呉越、南漢、北漢の十国をさす。しかし中国全土が五大王朝および十国ですべて分割されていたのではなく、小国や土着の勢力が独立していた地方があり、また定難軍節度使《ていなんぐんせつどし》（のちの西夏《せいか》）も独立勢力として存在していた」。それぞれが官僚制をもち、領内の農業を振興し、独自の貨幣を発行し、物流も発展した。「このように五代十国の時代は戦乱にあけくれて荒廃した社会ではなく、むしろ経済的文化的発展がみられたのであり、ことに南方での発展は著しかった」。ここで「南方」といっているのは、「江南《こうなん》」すなわち長江（中下流域）以南の地のことで、その江南が「中国における経済先進地としての位置を不動のものとした」のがこの時代だということである（一七六―一八〇頁）。

宋は、中国の主要部を統一したにすぎず、北方からは遼《りょう》が南下してきて、西北方には西夏《せいか》、西方には吐蕃《とばん》が、南方には大理《だいり》が勢力を張っていた。それでも前代のような、地方勢力が割拠している状態（節度使体制）を解体していき、財政を中央政府に一元化し、科挙《かきょ》（文官採用の試験制度）を拡充し、一万数千人の「文官」をかかえ、それとほぼ同数の「武官」もいた。「最終の意思決定はもちろん皇帝であるが、制度上意見の具申は合議に基づくこと」とされていた（一八〇―一八六頁）。

2　宋代における農業の発達と大都市の誕生

このもとで、農業生産力が向上した。「華北畑作（乾地農法）では、粟・麦・豆類を組み合わせる二年三毛作が…一定程度普及したといわれ、華中南にも麦作が拡大した。長江流域以南の江南水稲作農業では、扇状地・河谷平野部に展開する溜池灌漑下の農業がもっとも先進的であった」。その「長江デルタの低湿地では、呉越［十国のうち―来間］以来開発が進み、大量の新田が出現した。長江デルタは海岸部が微高地を形成するため、全体が凹地状になっていて、排水がきわめて困難である。このため開発は、広大なデルタ全域を視野に入れた水利施設（クリーク）が必要であり、農田の形状も周囲を堤防で囲って干拓した囲田《いでん》・圩田《うでん》である」。この「圩《う》」とは「つつみ、堤防」のことである。しかし、排水の困難が克服されたわけではないし、「降雨の多い年には耕作できない農田も大量に存在し、一ヵ所の農田は平均二年に一度の耕作であった」（一八六-一八七頁）。

この中で注目すべき指摘は、続く次の一節である。「そこで政府は一一世紀初め、粗野ではあるが成長期間の短い占城米《せんじょうまい》を頒給したり、勧農使《かんのうし》を派遣して農業の振興につとめた」（一八七頁）。これについては、沖縄への稲作の伝来と関わってくるので、項を改めて第五節6で取り扱う。

さらに宋の時代には、農業生産力が発達し、農業生産物が商品化されていった。大都市が誕生し、商品経済が盛んになり、流通機構が整備されていった。宋は貨幣を大量に発行している。それでも、「都市から離れた農村生活で農民が貨幣を獲得し、支出する機会は意外と少な」かった。農村で「恒常的に貨幣が動くのは、両税の銭納部分を支払い、国家の穀物買い付けで直接間接に獲得するくらいであ」った（一八九-一九一頁）。「**両税**」は、唐の時代に導入されたもので、「諸税を一本化するとともに、貨幣で表示して計算を容易にし、予算を立てて各州に割り当てる」ものであり、「戸を対象に土地所有高に応じて徴収するようになった」ものである。これが「両税」と呼ばれるのは、夏税と秋税の二つに分けて納入されたからである。それは華北の小麦地帯では夏税が、江南の稲作地帯では秋税が徴収されるのであって、「両税は一ヵ所の田畑から二度徴収するものではなかった」（「両税」については、金子修一《かねこしゅういち》「帝国の分裂と再統合」、同上『中国史』、一五五-一五六頁による）。宋の時代の農村では、貨幣はまだ、国家との関係で出し入れがある程度に、ほぼ限定されて流通していたのである。

都市も繁盛した。「都市とくに国都をはじめとする大都市は、商人が集住し商品経済が展開する場としての性格を強めた」。北宋の開封《かいほう》や南宋の臨安《りんあん》の人口は、一〇〇万人、一五〇万人もあったが、「本質的には政治都市」であり、中央政府の官僚や軍人とその家族が大半を占めていた。ともあれ、商品流通が拡大し、それに対応する流通機構が発達した。「全国をかけめぐって運送販売に従事する客商《きゃくしょう》、都市で店舗を構える坐賈《ざこ》（鋪戸《ほこ》）は古来よりいたが、宋代の大都市でとくに成長したのは卸売組織である。邸店《ていてん》は問屋として各種の商人をつなぎ、牙人《がじん》は仲買人としておもに近郊農村から都市への流通を担った。都市にはまた各種の手工業があり、これら都市定住の商人・手工業者は、行《こう》という組織に編成された」。「行」とは、政府が商人・手工業者たちを業種ごとに編成したものであったが、しだいに自由競争の場が広がっていった（一九〇-一九一頁）。

宋代の貨幣、すなわち「**宋銭**」は、日本にも大量に流入してきて、平安後期から鎌倉前期において重要な役割を果たしたが、その宋銭について、宮沢知之・杉山正明は次のように述べている。「宋代には銅銭が大量に鋳造発行され、北宋一五〇年間に三億貫（一貫＝一〇〇〇文）、年平均二〇〇万貫である。この銅銭は四川を除いて全国に通用し、銅銭建て価格をもとに財政政策が展開された。銅銭の全国的な画一性が、宋朝が編成する全国的物流システムの基礎である。一方、発行された貨幣は徴税による回収を通じて、北宋までに開封《かいほう》の国庫だけで一億貫が貯蓄され、地方在庫・海外流出・溶解を考慮すると、社会に流通する額はずっと下がり、一戸当り数貫にすぎない。しかもこれが都市と近郊農村に集中したから、農村全般には浸透しなかった。前述のように、農村では貨幣は徴税をとおして国家と農民のあいだを往復するだけであり、その意味で貨幣の役割は宋政府と農村社会を関係づける媒介物であった」。それでも「財政運用で組織する全国的物流と、国家による社会の統合が、貨幣によってなされたのである」(一九四-一九五頁)。

長沢和俊《ながさわかずとし》『海のシルクロード―四千年の東西交易』(中央公論社・新書、一九八九年)は、宋代の南海交易について、「イスラム商人の進出により、九―一〇世紀の南海路はますます繁栄した。イスラム商人たちは盛んに広州、泉州、明州(寧波《ニンポウ》)、杭州などに来航した」と書いている。しかし、「黄巣の乱〔八七五―八八四年―来間〕後はイスラム教徒の船は直接中国へはやって来なくなった」。つまり、「一〇世紀の中頃には中国船がマレー半島まで進出し、ケダー〔マレー半島西岸―来間〕付近でイスラム船と交会していた」のである。

これについては、第五節で取り扱う。

3 「遼・夏・宋」の鼎立

宮沢知之・杉山正明「東アジア世界の変容」(前出、『中国史』)は、北方民族の動きを、「宋朝とくに関係の深い遼と西夏について」述べている。

「東部モンゴリアの契丹族《きったんぞく》」は、九一六年に国家体制を整え、契丹文字を制定し、「西はタングート・吐谷渾《とよくこん》を、東は東海の盛国である渤海国《ぼっかいこく》を滅ぼして**東丹国**《とうたんこく》をつくり、またたくまに東西に広がる大勢力を築いた」。そして、一〇世紀半ばには「一時華北全域を領有し」、**大遼**の国号を定めた。しかし「華北の支配は失敗に終わり」、その後の「国勢はふるわなかった」が、九八三年に国号を**大契丹**に改め、「国制を整えて以後、国力は充実した」。以後の「三代一〇〇年」の間に、「東は朝鮮半島に成立した高麗を攻めて属国化し、西はタングートと通好し」、そこを「夏国」と称させた。「こうして契丹は中国の北に位置する大帝国となった」(二〇一頁)。

宋は、契丹＝遼と戦ったが、「一〇〇四年、黄河河畔の澶州《せんしゅう》まで契丹が攻め入ったところで、両国のあいだに講和が成立した。**澶淵《せんえん》の盟約**である。その内容は、「宋は契丹に兄として交際し、国境は従来どおりとし、宋から契丹に銀一〇万両・絹二〇万匹の歳幣を贈る、というものである」。宋の国家財政からすれば「ほとんど問題にならない額であった」が、遼にとって「もつ意味は大きいものがあった」。「この盟約以後、両国の関係は平和が続き、国境付近に貿易場が設けられて、経済交流もさかんにおこなわれた」。

「契丹の国家体制は、遊牧民と農耕民にそれぞれ異なる体制をしいたことが特色である」。すなわち、軍政は同一であるが、民政面は「契丹族を中心とする遊牧社会には…部族制度に編成し」、他方の「漢人・高麗人等の農耕民にたいしては…州県制のもとに統治した」。「また法律にも二元制をとりいれ、唐制のほか契丹の慣習を成文化したものを併存させた」。そのことは「路線の違い」を内部に生じて、「諸部族の反乱」も起きるようになり、「一〇六六年、再度国号を**大遼**と改め挽回をはかったが、国勢の衰退はとどめられなかった」(二〇二頁)。

そこに女真《じょしん》の台頭がやってきた。女真は遼の東北方の勢力で、朝鮮半島の北方に位置している。一一一五年に**金国**を建て、宋と結んで遼を攻撃し、遼は一一二五年に滅亡した。「遼は、内に異質の社会を含んだため、国制のうえでも中国的官僚制を導入した二元制をとったが、漢文化に対抗して契丹文字を制定したように民族的意識は高かった。しかし農耕社会がしだいに遊牧社会にはいりこみ、結局は民族存立の基盤を弱めたのである」（二〇三-二〇四頁）。

他方、一〇三八年に、遼の西方には**西夏**（自称は「大夏」）が成立した。「ここに、遼・夏・宋の三大国が長城を挟んで鼎立《ていりつ》する状況がかたまった」。夏は良質で安価な塩の産地で、宋はみずからの塩の専売制を崩したくないために、その輸入を禁じていたため、両者の間にはしばしば争いがあった。「宋遼関係が平和的に継続したのにたいし、宋夏関係は断続的な交戦状態であった」。「宋・遼・夏の三国鼎立の国際状況は、一一世紀末以来、女真族が急速に勢力を拡大したため大きく変化した」（二〇四-二〇六頁）。

伊原《いはら》弘《ひろし》「揺れ動く東アジア」（伊原・梅村《うめむら》坦《ひろし》『宋と中央ユーラシア』中央公論新社・世界の歴史、二〇〇八年。初出は一九九七年）は、澶淵の盟約の意義について、次のように述べている。「緊張緩和の影響は多方面に及んだが、以後の中国社会の安定と隆盛こそ特筆すべきものだった。そして、それを周辺諸国も享受する」（その中国＝宋への影響は別に論ずることにする）。「しかし、一面でこの条約締結は、東アジアにおける伝統的世界観を根底から覆すものだった。それは、中国人が抱いていた唯我独尊的な世界観を打ち砕いたからである」。「緊張緩和の意義は、ほかにもある。条約締結を機に、北方へ中国の経済物資が公式に流れだしたことである。これは何を意味するのか。経済的に遼を圧する宋から流れる経済物資は、当然、宋の銭をともなう。これは、確実に、宋銭が席巻《せっけん》する東アジア世界、すなわち、国際経済システムの出現を意味する」（一九-二〇頁）。ただ、「国際経済システムの出現」ということについては、宋銭が互に貿易の決済手段ではなかったことを考慮に入れると、少し勇み足かなと考える（来間）。

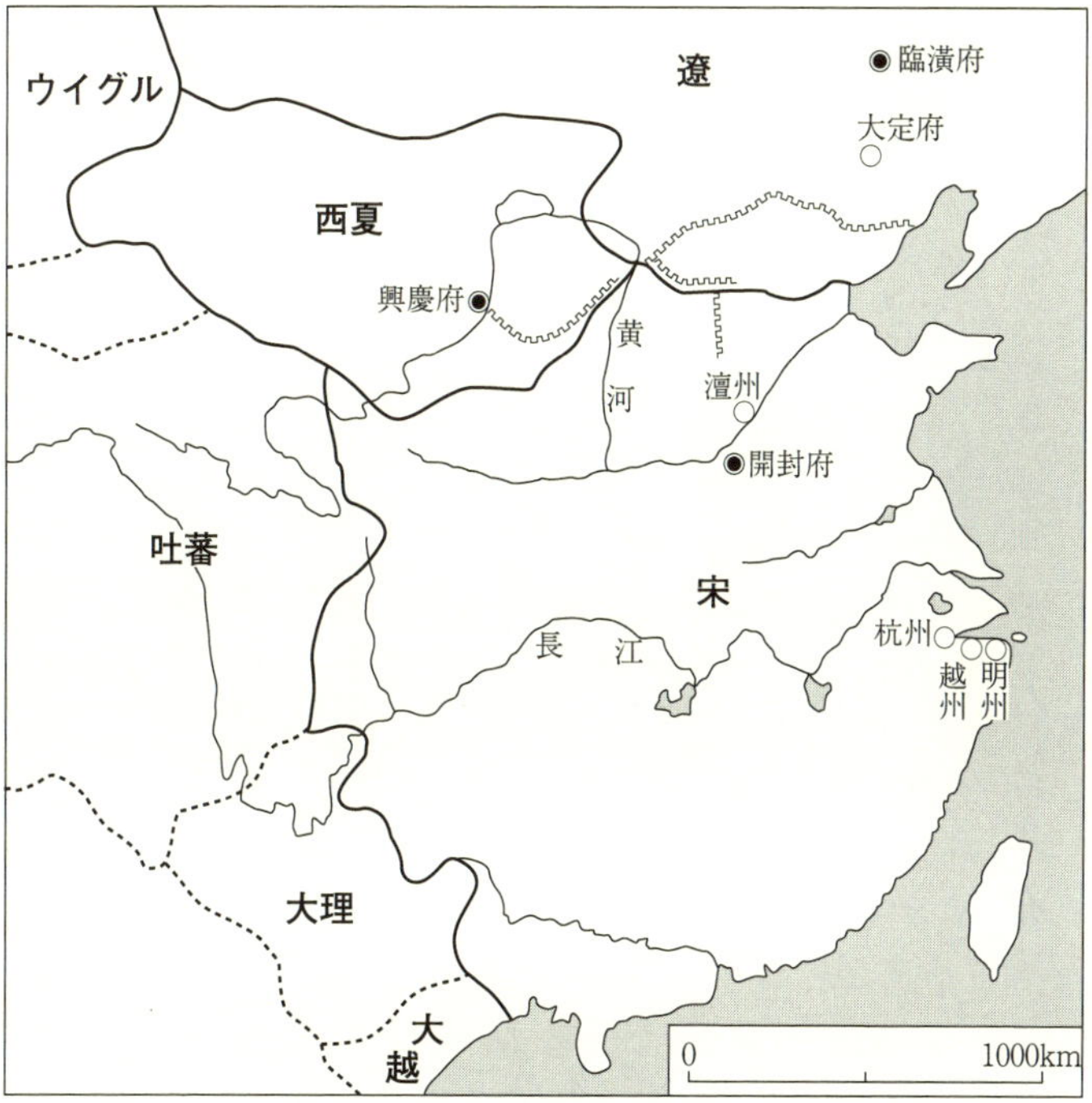

図 1-2　宋遼夏の形勢（1111 年）

（出所）　宮沢知之・杉山正明「東アジア世界の変容」（尾形勇・岸本美緒編『中国史』山川出版社，1998 年）．

一方、西夏の興亡は次のごとくである。宮沢・杉山に戻る。「チベット系タングート族の拓跋氏《たくばつ》」は、「黄河湾曲部のオルドス南部を本拠地にした」。しかし、いったんその地を宋に献上したものの、「オルドス地方で独立し、九九〇年に契丹から夏国王の称号を受けた」。そして勢力を増し、一〇三八年には「国号を大夏とした」。これが「西夏」であるが、それは「宋人がこの国を」そのように「呼んだ」ということである。「ここに、遼・夏・宋の三大国が長城を挟んで鼎立する状況が固まった」。宋と夏とは、和議の局面もあったが、「断続的な交戦状態」が続いた。それは、夏の重要な輸出品の塩（青白塩）が、宋の塩専売体制と矛盾していて、輸出を認められなかったことによる。「三国鼎立」の体制は、女真族の金が勢力を拡大してきたことによって、夏は金と結んで宋を攻撃し（一一二四年）、宋を南に追い落とした。「しかし、一三世紀初め、モンゴルが登場したことにより、夏・金・宋の三国関係はくずれ、一二二七年、チンギスハンの攻撃を受けて西夏はあっけなく滅亡し、金もその後ほどなく滅ぼされた」（二〇四-二〇六頁）。

「宋朝による中国の統一後、しだいに国家の諸制度が定まり、四川で王小波《おうしょうは》・李順《りじゅん》の乱（九九三～九九五）もあったが、社会はおおむね安定した。また対外的にも一〇〇四年に遼とのあいだに澶淵の盟約が結ばれ、以後、平和的関係が維持された。しかし一一世紀なかばごろになると、国家の諸制度や社会に内在するさまざまな問題が表面化し、あらたな対外問題が発生して、宋朝は対応を迫られるようになる」（一九五頁）。

そこで神宗《しんそう》の信任を得た宰相・王安石《おうあんせき》による、「新法」と呼ばれた改革が展開される。一一世紀半ばから、若干の断絶・反動を含みながらも、「あわせて五〇年近く新法がおこなわれた」（一九九頁)。「王安石の新法は、行政・財政・貨幣・金融・教育・科挙・軍制・開発・対外関係など多方面にわたり、しかもそれぞれの政策が孤立したものでなく、全体構想の一部を占めるというように、総合的体系的である」(一九六頁)。財政を再建し、地主の農民に対する経済的支配を弱め、国家による人民支配を強化し、貨幣を有効に活用し、物流をも国家が直接的に組織した、などである(一九八頁)。

4 宋の東南アジア進出

深見純生《ふかみすみお》「海峡の覇者」(池端雪浦《いけはたせつほ》ほか編『東南アジア古代国家の成立と展開』岩波書店・岩波講座・東南アジア史2、二〇〇一年)は、宋の東南アジアへの進出、すなわち東南アジアからの宋への朝貢について、次のように指摘している。①「宋代になって南海方面に関する漢籍資料が増えた背景には、中国人海外交易商人の東南アジア進出があった。それまで中国人が外国船によって東南アジア海域に出ることはあっても、中国船が乗り出してくることはなかった。しかし今や、おそらく西方ムスリム商人に刺激されて造船と航海の技術が進歩して、堅牢で大量の貨物を積載できる中国独自のジャンク船が開発され、これと表裏一体となって中国人海商の進出が始まった」、それは「九世紀末」遅くとも「一〇世紀半ば」のことである(一一六-一一七頁)。②「宋代の海上交易の隆盛には様々な背景が指摘されている。東アジアにおける華中、華南とくに都市の経済的繁栄、西アジアにおけるアッバース朝の繁栄、東南アジア自体も経済的に魅力ある地域になったこと、唐代後半以後陸上ルートが途絶えがちであること、ジャンク船の開発や一二世紀初めには羅針盤が実用化されたなど造船航海技術の発達、また中国政府は自由な内外商船の往来を認めたことなどである。中国では泉州など主要港に提挙市舶司《ていきょしはくし》という役所が配置されて、これが海外交易を統括し、課税した」（一一八－一一九頁）。③「三仏斉」は「マラッカ海峡地域の朝貢諸国の総称あるいはその集合体であり、単一の政体をさすのではない」ことを、前著同様に述べたあと、「三仏斉の地理的な範囲は、…マレー半島の中部以南、およびスマトラの北端からマラッカ海峡側を西部闍婆《ジャワ》までであり、さらにジャワから中国に至るルートも支配しているというので西カリマンタンも含まれていたであろう」としつつ、そこで行動していた勢力は「海賊・国家・商人の三位一体となった」ものであり、「三位一体型の交易権力」であったし、「中国にとってまことに重要な交易相手だった」（一二一－一二三頁）。④「九六〇年中国に宋が成立すると、三仏斉諸国はきそってこれに朝貢した。成立したばかりで、まだ全土を統一していない宋に、間髪を入れずに朝貢しているのは興味深い。唐代に南海交易の中心的港市として栄えた杭州には、五代十国の一つ南漢が都していて、これが宋に降るのは九七一年である。このことは、三仏斉の商業勢力が政治的混乱期の中国にあっても、広州以外の主要な港市でも活発に活動していて、宋の成立を知ってただちにこれに接近する機敏さを示したものと考えられる」（一二三頁）。⑤宋に朝貢した「三仏斉」には多様な国があり、それには「クダのチヨーラ勢力」「ジャンビ」などがある（一二八頁）。

5 「高麗」の建国と宋・契丹・女真人との関係

宋の建国より四〇年ほど早く、朝鮮半島（韓半島）では九三六年に**高麗**《コリョ》《こうらい》が建国されていた。武田《たけだ》幸男《ゆきお》「高麗王朝の興亡と国際情勢」（武田編『朝鮮史』山川出版社・新版世界各国史2、二〇〇〇年）は、次のように描いている。「九世紀の末期ころになると、新羅《シルラ》《しらぎ》の威力はめっきり衰え、半島東南部に孤立するだけになった。つぎつぎに草族《そうぞく》が出没し、反乱が起こるかたわらで、地方各地に豪族があらわれて、それぞれ自律的な政治勢力として活躍し始めた」（一一五頁）。高句麗《コグリョ》《こうくり》地域を**渤海**《バレ》《ぼっかい》に支配されていたことを除いて、朝鮮半島は新羅によってほぼ統一されていた。六八四年、七世紀の末である。しかし、その新羅が九世紀の末期ころになると、内部に「草族」（盗賊、取るに足りない賊徒─広辞苑）や「地方豪族」があらわれて、反乱を起こしたり、不服従を示すようになった。そのなかから「後百済《フペクチェ》《ごくだら》」を建国する甄萱《キョノン》《けんけん》、「後高句麗《フコグリョ》《ごこうくり》」を建国する弓裔《クンイエ》《きゅうえい》、「高麗」を建国する王建《ワンゴン》《おうけん》らが出てきた。ここに、かつての三国時代同様の「**後三国の時代**」が再現された。そのうち渤海が**契丹**《キタイ》《きったん》によって倒され、後百済を倒した高麗が「政治的統一」を達成し、ここにおいて後三国の時代は終結した」。こうして「わずか三年ばかりのうちに、高麗の王建は抜群の求心力を発揮しながら渤海の主力を併合して、統一国家の建設に成功したのであった」（一一七頁）。高麗は、宋建国の前、五代十国の時代にも、五代諸国の冊封を受けていたし、宋の冊封も受け入れた。

そこに新しく契丹が興隆して、かつての渤海の地に進出してきた。それでも当初は高麗にとって脅威ということはなく、国家の基礎固めを進めた。

「一〇世紀の後半になると、契丹の脅威の様相がはっきりしてきた」。まず、同じ地域に住む「**女**《じょ》**真人**《しん》」を攻めた。高麗も北上して女真人を圧迫した。そこに契丹と高麗の「和平」が成立した。契丹は宋との対立を深めていき、高麗は両者の板挟みとなり、あいまいな態度で通そうとしたが、「九九三年、契丹は高麗に八〇万の兵を繰り出して侵入してきた。契丹の第一次侵入である」。そして「高麗はその翌年、宋と断交して契丹に朝貢し、結局ついに九九六年、契丹中心の〈冊封体制〉に参入した。その結果、高麗は清川江《チョンチョンガン》以北、鴨緑江《アムノッカン》《おうりょくこう》以南の地域を確保して、国初以来の北進政策が一段進展したと評価された。／ところが、一〇一〇年から翌年にかけて、高麗は契丹の第二次侵入をこうむった」。王は殺され、都は破壊された。そして「高麗国王の朝貢を条件として撤兵した」。さらに、一〇一八年には「第三次の大規模侵入を実行した」。高麗はよく交戦したが、「しかし、契丹の軍事的圧迫はとどまらず、ついに高麗は契丹に降伏した。一〇二二年に契丹の冊封を受け、契丹中心の〈冊封体制〉に復帰した。それでも高麗は、「契丹と女真人の南進圧迫に対抗」するために、「北方に大規模な〈千里の長城〉」を築いた。「長城の城壁は鴨緑江下流から朝鮮半島を横断し、東海岸の定州《チョンジュ》（定平《チョンピョン》）まで延びてい」た（一二二―一二五頁）。

このようななかにあっても、高麗の国内体制の整備は進められ、中央集権的な政治組織が確立し、文班官僚と武班官僚による「両班《ヤンバン》官僚制」が成立し、軍事組織と地方制度が整備された。儒教とともに仏教も盛んで、「高麗大蔵経《こうらいだいぞうきょう》」の彫板《ちょうはん》が完成したのもこの時代である。この大蔵経は、のちに日本の各種勢力とともに、**琉球**が求めて入手することになる。また、高麗青磁も生まれている（一二八―一三六頁)。

第三節　一一世紀までの東南アジア

1　東南アジアというところ

これまでは東南アジアについてはほとんど触れなかったが、沖縄史の今後の展開と関わってくるものであり、沖縄に「琉球王国」という「国」が成立したことについても、日本史とは異なる筋道を見定める必要があり、そのためにも東南アジアは多くの示唆を提供してくれることから、以前にさかのぼりつつ、「一一世紀までの」それをとり上げることにしたい。そして、「東アジア」「東南アジア」をそれぞれ「節」として立てることにする。

石沢良昭《いしざわよしあき》は、『東南アジア古代国家の成立と展開』（岩波書店・岩波講座・東南アジア史2、二〇〇一年）の「総説」の冒頭で次のように述べている。「東南アジアに住む人たちは、昔から重層した諸信仰を持ち、独自の言語や方言を交わしながら、少数民族の社会から始まって国家連合に至るまで、様々な社会や色々な政治制度を創り出してきた。しかしながら気象条件や自然環境などの枠組みから、森・水田・海というそれぞれの風土が異なっているにもかかわらず、そこには地域差を越えた深い統一性や同質性が見られる。東南アジアでは海洋と河川が各地をつなぎ結びつける役割を果たし、同質性を育んできた。昔からアウトリガー（丸木型舟）に乗って各地を往来し、やがて地域間の交易活動を生み出し、それが**港市国家**の形成にまで発展した。結果として、生活様式から精神価値体系まで多くの共通性が見られる。ヒンドゥー教・イスラーム教・キリスト教の袖の下から、村で篤信されている**精霊信仰**が顔を出し、日常生活は農耕を基盤とした植物文明に彩られている。**女性**は家事・育児・農作業に携わり、比較的高い社会的地位が認められる」（二頁）。

このような、「**東アジア世界や南アジア世界とは一味違う**〈**東南アジア文明世界**〉」（同頁）という認識は、同じ日本という国家の中にありながら、「東アジア世界」的な日本本土とは同一視できない要素を多く抱えている沖縄の、内なる「東南アジア世界」の理解ともかかわっていて、東南アジアは、沖縄にとって「他人事《ひとごと》」ではない何かを、自らの問題として訴えかけてくる。

石沢は、さらに次のことを指摘している。①「一〇―一五世紀の東南アジアでは、中国商人が各地に住み着き、主要な港市には**中国人町**が成立していた。これに伴い、断片的情報がほとんどであったそれまでの〈南海諸国〉に関する中国人の記録は、質量ともに大幅に向上し」た、それには「琉球王国の外交文書集『歴代宝案』も含まれる」（二頁）。②「近年の東南アジア古代史研究の発展に対して、〈歴史考古学〉が果たした役割は大きく、中でも特筆すべきは、**都城《とじょう》** **遺跡**の発掘と保存・研究、港市趾《あと》や沈船から発見される域外産・域内産双方の**貿易陶磁器**の研究である」（三頁）。

このような事象は、沖縄史を考える上でも、多くの示唆を与えよう。

2　港市と港市国家

ここで出てきた「港市《こうし》」「港市国家」という概念について整理しておこう。桃木至朗《ももきしろう》『歴史世界としての東南アジア』（山川出版社・世界史リブレット、一九九六年、四二頁）は、「社会経済構造の研究といえば基本的に農業社会の研究、というほかの地域の常識が通用しない、東南アジア交易国家の独自性が強く主張されはじめ、貿易港を意味する〈**港市**〉の語がしだいに普及した」。一九九〇年代に入ってのことである。一般には、「社会経済構造」を研究するなら「農業社会」を研究することになるのであるが、このような「常識」は「東南アジア交易国家」の場合は通用せず、むしろ「港市」＝「貿易港」を研究せねばならない、という意味合いである。

池端雪浦・深見純生「東南アジアの島嶼部世界」（池端雪浦編『東南アジア史』II・島嶼部、山川出版社、一九九九年、うち序章）は、次のように説明する。「港市には大別して二つのタイプがあった」。大半は「後背地、すなわち内陸部や周辺海域を擁して、そこで産出される産物の積み出し港として機能した港市」であるが、もうひとつ、「後背地をもたず、域内交易であれ国際交易であれ、もっぱら中継交易に従事した港市」もあった。多数派の港市は「通常、海岸近くの河口部や河川下流部に建設された。港市の支配者は後背地の胡椒をはじめとする商品作物の生産を組織し、商品の流通を統制して、産物を港市に集貨し、それを外来の商人と交易することによって、あるいは国際交易中継基地へもたらすことによって、文化的威信や宗教的威信を獲得した。こうした富や文化的あるいは宗教的威信を基盤にして、王権が樹立された」（一三－一四頁）。これを「港市国家」という。「港市」と「港市国家」については、石沢良昭・生田滋《いくたしげる》『東南アジアの伝統と発展』（中央公論新社・文庫・世界の歴史⑬、二〇〇九年。初出は一九九八年）における生田滋の記述も紹介しておきたい。まず「東南アジアの各地では中国文明、インド文明との接触が始まる前に、すでに首長国のような、いわば国家形成の前段階が始まっていた。東南アジア群島部で最初に国家の形成が始まったのは、コロマンデル海岸［インド南東部のベンガル湾岸―来間］から中国に達する国際貿易ルートが通過するマレー半島の中部であった」（八九頁）。

インドからは金を求めてマレー半島にやってきた。マレー半島側では鉄器や鉄材、綿織物、ガラス器その他の工芸品を求めた。首長国のチーフである「首長としては、こうした取引を円滑に行なわせるための場を提供し、トラブルが起こらないようにしなければならない。そのために市場が設けられるのである。こうして港と市場を持つ集落が形成される。これが東南アジア群島部における都市の原型であって、こうした機能を持つ都市を〈**港市**〉という」（八九－九〇頁）。来航する商人たちはこれらの首長と結び、定住するものも現われる。商人たちの文化が伝播してくる。「その結果、かれらの助けを得て、物質的な富と武力と精神的な支配力でほかの首長にぬきんでた首長、つまり国王が生まれ、国王をとりまく人びとが〈王国〉を形成するようになるのである。このように港市に形成された王国を**港市国家**という」（九二頁）。その港市国家が形成された時期は紀元一～二世紀のことであるという。

3　アジア地域間交易と国家形成

桃木至朗『歴史世界としての東南アジア』（前出）は、次のことを指摘している。

①「日本の弥生時代と同じ」ころに、「雲南、北部ベトナム（ドンソン文化）、東北タイ、中部ベトナムなど各地で、**鉄器と稲作**が定着した」（一一頁）。

②「西暦紀元前後は、ユーラシアにおける古代国家の繁栄、それらを結ぶ〈**シルクロード**〉の開通の時代でもある」。また「モンスーンを利用する帆船航海も開始され、〈**海のシルクロード**〉にそって、各地に〈**港市**〉が成立する。このルートがインド以西と東アジアを結ぼうとするとき、東南アジアが注目された。最初は中継点として、まもなく香料《こうりょう》・香木《こうぼく》、象牙《ぞうげ》・犀角《さいかく》などの珍奇な熱帯産品や、金、宝石、真珠などの産地としても」（一一頁）。

③「おそらく、金属器・稲作文化の基盤に海上交易の富と文化的刺激がプラスされて、東南アジアに国家形成の動きが生じた」。扶南《ふなん》、林邑《りんゆう》、南詔《なんしょう》、大理《だいり》などである。「日本古代の国家形成が中国の文化・制度の導入によって完成したように、東南アジアの諸国家では、**インド文化**を受け入れて自己を確立させた」。「大陸部では林邑が、七世紀までにチャンパー（七世紀～一八三二）というインド式の国名を用いるようになる。六世紀末に南ラオス・東北タイからあらわれて扶南を圧倒したクメール人のカンブジャ（カンボジア。中国史料では真臘《しんろう》）、中部タイのモン族の小国家など、いずれもインド的色彩が強かった」。また「島嶼部では、金属器の使用、国家形成とも大陸部より

やや遅れたようだが」、同様にインド文化の影響が見える。「七世紀にはベンガル湾と南シナ海を結ぶ東西航路の幹線が、マレー半島中部を横断してタイ湾をぬけるルートから、マラッカ海峡をぬけるルートに変わる。おそらくこれをきっかけとして」、シュリーヴィジャヤ（中国史料では室利仏逝）、シャイレンドラ（訶陵）など「島嶼部にも強大な権力が出現する」（一一‐一五頁）。

④「八〜九世紀ごろから、中国にもさかんに来航したような**ムスリム（イスラーム）商人**の活動をきっかけに、アジア海上交易が活発化する。黄河中流域にあった中国経済の重心が長江（揚子江）下流域に移り、**中国人**のジャンク船［中国およびその周辺特有の船―広辞苑］による海上交易、華僑ネットワークの形成が開始されたことも、その発展を加速した」。さらに「唐朝（六一八〜九〇七）衰退後の混乱が宋朝（九六〇〜一二七九）によって収拾されると、中国の貿易はますます発展する。これを先頭に、東・南シナ海でもインド洋でも海上交易のネットワークが発展し、陸のシルクロードをしのぐようになる。少量の高級品、いわゆる奢侈品《しゃしひん》交易にまじって、中国の陶磁器・銅銭、ジャワや大陸部各地の米など、値段が安くかさばる商品が登場する」（一五‐一六頁）。

石沢良昭（前出）も、「アジア地域間交易」の展開を、次のように説明する。「ダウ船［ペルシア湾からインド洋にかけて広く用いられる帆船。低い大きな三角帆を持つ―広辞苑］を操る**ムスリム商人**の東方進出に端を発し、唐代（六一八―九〇七年）の後半から宋代（九六〇―一二七九年）以降の、**中国商人**のジャンク船による海上進出が拍車をかけた〈**アジア間交易**〉の活発化は、一五世紀以降の旧世界を覆った〈交易の時代〉へとつながるものであった。南中国―マラッカ海峡―南インド・セイロン島の諸港市を結ぶ東西貿易のメインルートが張りめぐらされた。その交易ネットワークは、第1巻「『原史東南アジア世界』―来間」で取り上げた時代「一〇世紀前後まで―来間」では、いまだ国家形成を見なかった東インドネシア、フィリピン群島にも及び、**琉球列島**や日本列島北方「北海道・北東北―来間」と同様、初期国家ないし歴史圏の形成が実際に形を成してきた」（五頁）。

ここで石沢が「交易の時代」としているのは、アンソニー・リードが「一五世紀から一七世紀を特に交易全盛期」としたことを指している。原著は「The Age of Commerce」となっているが、平野《ひらの》秀秋《ひであき》・田中優子《たなかゆうこ》の日本語訳では「大航海時代」となっている（『大航海時代の東南アジア』法政大学出版局・叢書ウニベルシタス、上下巻、二〇〇二年。上巻の初出は一九九七年）。

さらに、次のことが重要である。「ムスリム商人の交易ネットワークと中国商人ネットワークとは、全く別々なもの、対立するものではなかった。というのは、九―一〇世紀に東は**九州博多の鴻《こう》臚館《ろかん》**遺跡から、西はエジプトのフスタートまで、海域の各地で点々と発見される陶磁器群が出ているからである。そこには①浙江《せっこう》・越州《えっしゅう》窯《よう》の青磁《せいじ》、②定《てい》窯など華北系白磁《はくじ》、③湖南《こなん》・長沙《ちょうさ》窯の褐彩《かっさい》磁《じ》という、中国陶磁器の〈初期貿易陶磁器三点セット〉に共伴しており、ペルシア湾岸産の〈イスラーム青釉陶《せいゆうとう》〉など、イスラーム陶器が見出される」（①②③は来間）。このような「中国陶磁器の三点セットとイスラーム陶器の組み合わせ」という共通性は、フィリピンから、ブルネイ、マルク諸島、ジャワ、マラッカ海峡までの広がりをもっていた（六頁）。

4　マンダラ国家と三層構造論

「国家」成立の様相を見る前に、マンダラ国家論と三層構造論を取り上げることにしたい。桃木至朗『歴史世界としての東南アジア』（前出）は、既成の「国家論」では理解しがたい、東南アジアの「国家」をどう理解するかをめぐる、論争史をたどりながら、「マンダラ」論を紹介している。「前近代史研究に（タンバイヤとともに）より直接的なインパクトを与えたのは、米コーネル大学のウォルタースが一九八二年に『東南アジアから見た歴史・文化・地域』で提唱した〈マンダラ〉論だった」。彼は「東南アジア一般の王権の不安定性を強調する」。東南アジアの社会は「双系制社会を基盤とするために社会的地位が血筋だけでは決められず、たえず実力で競争することになる。したがって、系譜観念がないわけではないが、特定の家系内で世襲するという意味での〈王朝〉はできにくい。現在における有能な行動をつうじて特別な〈霊魂の質〉の持ち主であることを示し、その物質的・精神的利益にあずかろうとする人びとを取り巻きに引き込みつづけることでしか支配はできない。このあり方において、〈ビッグマン〉〈あっぱれな勇者〉などの概念であらわされる未開社会の指導者像と、東南アジア〈国家〉の支配とは連続する。支配は基本的に一代限りで、勢力範囲も伸縮を繰り返す。官僚制など組織の助けも領域支配の観念も弱いなかで、特別な〈霊魂の質〉にヒンドゥー教の神格などを結びつけて無限の支配力を主張することで、なんとか地方勢力を支配しているマンダラが、いくつも並立したがいに重なり合っている。これがウォルタースの描く東南アジア像だ」（六二-六三頁）。

だから、桃木自身は、「チャンパー王国とかシャイレンドラ朝などと〈朝〉や〈王国〉をつけることをなるべく避け、政権（マンダラ）の名前はチャンパー、シャイレンドラなど固有名だけで呼ぼうとしている」という（六三-六四頁）。

ウォルタースはまた、外来文化の受け入れ方についても、「インド文化の組織的移植」などとはとらえず、「部分的・選択的」に受け入れているのであり、それを「自己流に改造して」いると述べていて、桃木はこの点にも賛同している（六四頁）。

もう一つは、オランダの人類学者ハーヘステイン『サークルズ・オブ・キングス』（一九八九年）において提起した議論である。桃木はそれを「東南アジア各〈国〉が、村落―地方中心―超地方的中心の三層構造をもっており、地方中心、超地方的中心のどちらも国家たりうるが、どちらも未開社会ないし初期国家の特徴を残していることが論議の出発点となる」と紹介している。「地方中心は村落社会を社会経済的に一定程度支配するが、超地方的中心は地方中心に服属をよぎなくさせるような分業関係がないので、在地社会を支配できない。それでも強者は超地方的中心を築こうとして、ヒンドゥーや上座部仏教の王権正当化概念を利用し、宗教儀礼や宗教建築、寄進をおこなう」。「興味深いのは著者が説く成功と破綻のダイナミズム」である。「王は内部の競争者や前王より強いカリスマ、他のマンダラの王より強いカリスマを示そうとして、儀礼や宗教建築の競争をエスカレートさせる。それが王のコントロールする資源の限界をこえたとき、破綻《はたん》が起こる」（六五頁）。

桃木は、これらの説を紹介して、それらによって東南アジア社会の理解が進んだと指摘しつつも、理論に支配されるのではなく（これは来間の表現）、「モデルや理論・史観」それ自体は歴史理解に役立てながら、しかも「対象とする時代や地域の歴史像をよりよく解明することだ」と述べている（六六頁）。

5　東南アジアの「歴史圏」と時代区分

桜井由紀雄は、『原史東南アジア世界』（岩波書店・岩波講座・東南アジア史1、二〇〇一年）の「総説　東南アジアの原史」で、東南アジアにおける「歴史圏」について、次のように述べている。「東南アジアの伝統的な政治圏は、**政治的・文化的中心都市**があり、その中心都市を模範とし文化的に従属する**周辺地域**があり、またその中心からの文化的影響が水の波紋が広がるように拡散し、ついには消えてしまう、境がはっきりしない、中心と周辺の関係によってのみ成り立つ圏的な空間である。この圏的空間は、以下のメルクマールによって規定される」。その六項目を簡略にすれば、①共通する自然環境要素、②それに対応した共通の生活文化要素と文化価値、③流通のネットワーク、④言語集団、⑤文化・文明構造の共有、⑥以上の文化・文明複合を象徴して体現する中心的な都市が存在し、その都市が提供する文化文明複合を模範として享受する諸地域政体が集合した圏、となる。「この圏は、その成立において、その発展において、その要素の差において、その崩壊において、常に圏内部の変化と外世界の歴史的な変化によって創出され規定される。ここではこれを歴史圏と呼ぶ」（九-一〇頁）。

桜井は、この観点から、「前植民地東南アジアの歴史区分を以下のように四期に考えている」とし、「第一期　基層的な歴史圏の形成　前一千年紀―後一〇世紀」「第二期　広域歴史圏の形成　一一世紀―一四世紀」「第三期　商業的歴史圏の形成　一五世紀―一七世紀」「第四期　一八世紀―一

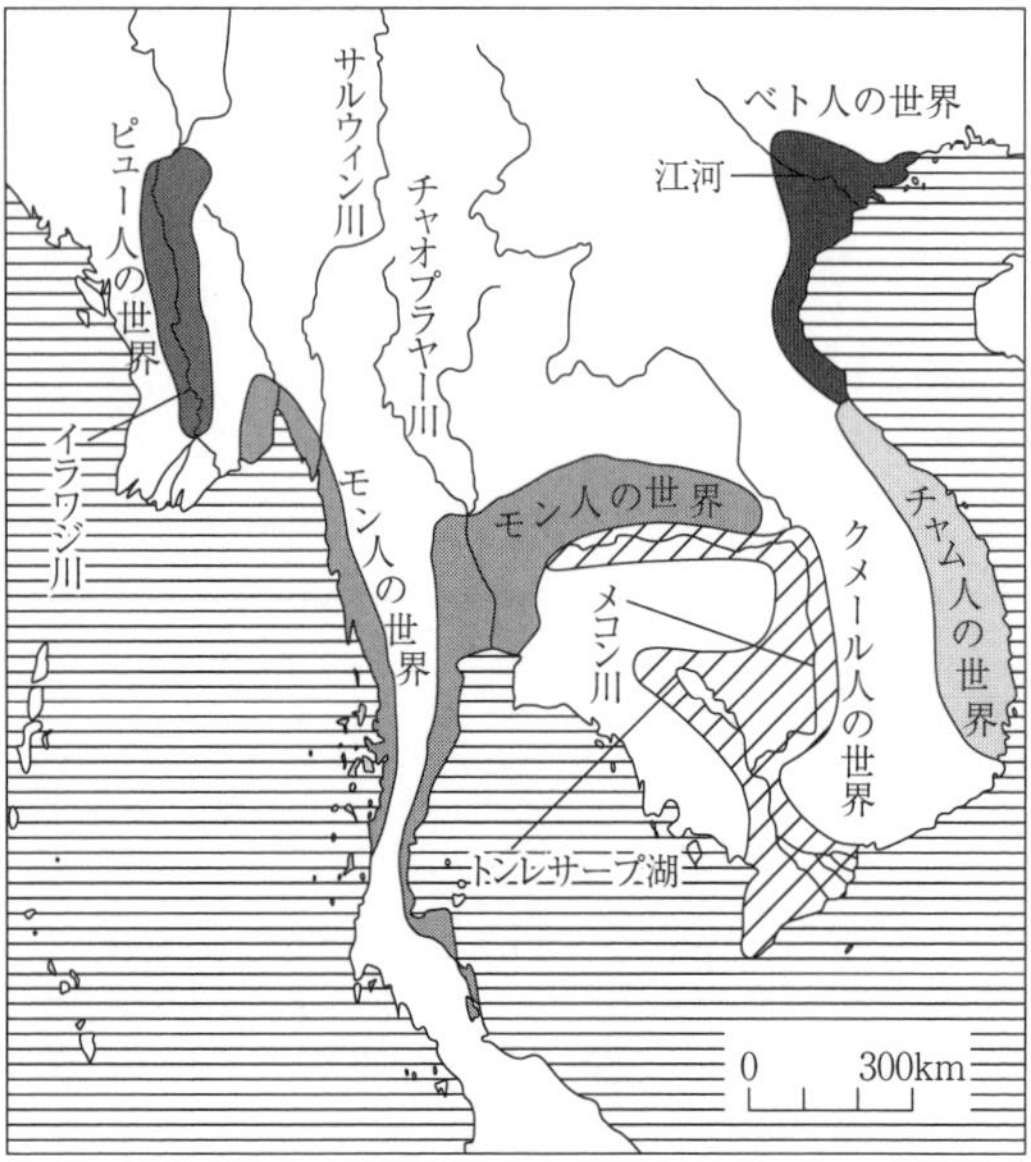

図 1-3　10 世紀までの大陸東南アジア

（出所）　石井米雄・桜井由躬雄「東南アジア大陸部世界」（石井・桜井編『東南アジア史Ⅰ　大陸部』山川出版社, 1999 年）に川と湖の名を加えた.

九世紀はじめ」に区分しており、この岩波講座はこの時期区分に沿って編集されているという（一〇‐一二頁）。この講座は、『原史東南アジア世界』に始まって、『東南アジア古代国家の成立と展開』、『東南アジア近世の成立』となっていて、「中世」を設定しないところに特徴があるようだ。

　また、山川出版社の「世界各国史」に収録されている「東南アジア史」は「大陸部」と「島嶼部」が分冊となっているが、「大陸部」の場合、「先史時代」に続いて、地域別に一四世紀までを描き、「交易の時代」以降と区分している。「島嶼部」の場合、「古代の栄光」の次には「交易の時代と近世国家の成立」とあり、ここにも「中世」が設定されていない。執筆者は双方に重なっており、大枠の理解ではほぼ一致しているということであろう。

6　紅河の世界

「紅河の世界」（桜井由躬雄、前出、『東南アジア史①・大陸部』）は、「ベト人を主要民族とする紅河の世界」（序章、石井・桜井、九頁）すなわち北部ベトナムが中国の強い影響の下に展開したことを、次のように述べている。ここは地形的には「紅河デルタ」を中心に構成されている。

　中国の「雲南《うんなん》の昆明《こんめい》にあった**滇《てん》王国**」と「広州《こうしゅう》にあった**南越王国**」が、ともに「中国中原《ちゅうげん》や江《こう》南《なん》の地に南海の物資を供給していた」。「前一一一年、南越王国は漢の武帝の遠征によって滅ぼされ、旧南越とその南方には九郡がおかれたが、その南端の三郡、日南《にちなん》郡は現在のフエ、九真《きゅうしん》郡はタインホア・ゲアン、交趾《こうし》郡は紅河デルタと考えられる」。いずれも今のベトナム北部に当たる。次に「前一〇九年、滇王国が漢の支配に入った」。こうして北部ベトナム、すなわち「紅河デルタ」の一帯は、漢の支配下におかれた。「港市としての龍編《ロンビエン》と呼ばれた交趾郡都（おそらくはバクニン市南）はその中心とされる」。反乱も起こったが鎮圧され、「この時期から紅河デルタつまり**漢の交趾郡**は、中国の南海の玄関として大きく発展する」。三世紀には一時、中国人による「半独立国」ができたが、三国時代の呉が「回収」した。その後も「交趾郡には反乱が続いていたが、五九〇年、隋はこれを鎮圧し」、龍編（陸路のターミナル）を放棄して、「宋平、つまり今のハノイ「水路のターミナル―来間」に都城が移された」。唐代に入ると、「六二二年に交州《こうしゅう》総管府が設置され、六三一年に交州都護府《とごふ》、六七九（調露元）年、**安南都護府**が設置された」。「この時期、世界の物流の動

図 1-4　10 世紀～13 世紀初頭のベトナム

（出所）　桃木至朗「唐宋変革とベトナム」（池端雪浦ほか編『東南アジア史 2　東南アジア古代国家の成立と展開』岩波書店，2001 年）.

きは大きく陸から海へと動いていく」。その流れの中に島嶼部に成立したシュリーヴィジャヤ＝シャンレンドラの勢力伸長とも関わって、安南都護府は七六七年には襲撃を受ける。また、北西からは南詔《なんしょう》が南下してきて、八六二年には「都護府は陥落する」。「一〇世紀以後、世界最大の市場中国では、長安《ちょうあん》、洛陽《らくよう》などの内陸都市は衰微し、南宋の首都杭州《こうしゅう》に代表される江南諸都市が発展する。同時期にジャンクという大型外洋船が南シナ海、東シナ海に登場する。南シナ海の交易ルートはベトナム中部沿岸から直接、海南島の南を回り、広州、福建の諸都市に進むのが普通になった」（四一-四八頁）。

一〇世紀に入ると、唐朝の崩壊があり、広東《カントン》の劉《りゅう》氏（アラブ人の末裔とされる）が**南漢**を建国した。紅河デルタでは「農村的な権力」が成立していて、南漢の攻撃を跳ね返した呉権《ゴークエン》が「王」を自称した（在位九三九～九四四年）。その後「ふたたび混乱が始まり、九六五年からは十二使君《スークアン》と呼ばれる土着勢力がデルタ各地に割拠してたがいに抗争した」。九六六年、紅河デルタと南シナ海との交易の中心地であった「華閭《ホアル》の地によった丁部領《ディンボリン》（在位九六八～九七九）が、十二使君を個別に破って**大瞿越国**《ダイコベト》を建てた」。「九七三年にいたって、はじめて丁部領の使節が宋に朝貢している」。中国は、国家・国王というよりは「中国の現地人地方官」として対応した。「九七九年、丁部領がその後嗣とともに暗殺されると、交州の回収をめざして、宋軍が侵攻」したが、丁部領の武将黎《レ》桓《ホアン》（在位九八一～一〇〇五）は諸将に奉戴されて、大瞿越軍を統率し、九八一年、中国軍を海陸に打ち破り、華閭に新王朝［**黎王朝**―来間］を開いた」。かれは南北に通交し、あるいは攻略して、「孤立した紅河デルタをして東西交易に参加させよう」とした。しかしそれは叶わなかった（四八-

五〇頁）。
「一〇〇九年、ハノイに近いバクニンの自然堤防上の村の出身で黎朝の将軍であった李公蘊《リーコンウァン》（李《リー》太祖《タイト》、在位一〇〇九～二八）が**李朝**を開き、国名を**大越**《ダイベト》と称した。李公蘊は都を安南都護府であったハノイに定め、昇龍《タンロン》城と名づけた」。「ハノイはその性格を商業的・経済的なものから、農業的・政治的なものに変えた」。しかし、その支配地域はごく一部にとどまり、「十二使君以来の土豪勢力が武装勢力を維持し、地域政体を形成していた」。李朝は、氾濫原の開拓によって農地の開発を進め、「王室直轄田を設置した」。李朝はまた「海の交易にも積極的に参加しようとした」が、「南シナ海に直接面しておらず、また西方、メコンへのルートもない」（五〇-五三頁）。

　軍事面では、次のような動きがみられる。「一一世紀以降、南シナ海の幹線航路は福建《ふっけん》と中部ベトナム沿岸である」。中部ベトナムには、「地域政体」がいくつかあって「李朝には服従しない」。そこで「李朝はしばしば、この地に兵をだし、一二世紀初めに**乂《ゲ》安《アン》府**を設置する」。その南の占城《せんじょう》「チャンパ」もゲアンを繰り返し攻撃してきて、「ゲアンは李朝を通じてまだ帰属の決定しない土地であった」。「李朝はさらに占城への執拗な侵略を繰り返した」。その回数は「前後一〇回にわたっている」。一〇四四年には王が親征して占城王を斬り、一〇六九年にはのちの占城王を捕え、一部地域を割譲させ、諸港を獲得したりしている。「占城遠征はまず、南海産物や奴隷労働力の略奪であって、後世のような領土的な拡張はみられない」（五三-五四頁）。

　また、宋（中国）へは「頻繁な朝貢」をおこなっている。「大越の宋への朝貢は総数七六回あり、占城の六二回とならぶ。これに倍する私貿易があったのだろう」。「一方に、半独立的な地域政体を紅河デルタの内にもつ李朝政権は、地域政体に君臨する権威を確保するために中国仏教を積極的に導入し、太宗は自ら開祖となって竹林《チュックラム》派という禅宗の一派を立てた。李朝の本拠である、バクニン地方とハノイに多数の寺院が建てられ、大量の経典が宋朝から輸入された。在地の地域政体の首長にたいし、外世界の文明の独占者としての優越性の主張である」。この、中国との関係は総括的には、次のようになる。「他の東南アジア諸国と違って、中国の不断の侵略にさらされる大越の対中関係は二面性をもっている。第一に王権は中国の官位を独占的に入手することによって、他の勢力への優位を主張できる。第二に、しかし大越は宋代中国と地続きの国境線をもち、儀礼的服属はしばしば実体的な服属に転化する。中国が中越間貿易を統制しようとしたり領土的野心をもった場合、直接その影響を受ける大越領域の沿海・山地の諸地域政体は大越の王権に中国との非妥協的戦闘を求めることになり、王権はその正当性のために非妥協的に戦わなければならなかった」（五四－五五頁）。

さらに、「特産輸出品をもたない黄河デルタの李朝は、金、象などの山地の輸出産物の獲得のために、さかんにデルタを囲繞《いにょう》する段丘部や産地［山地－来間］に遠征し」たが、その結果、この地域の首長が李朝に「貢献」「貢納」するようになった（五四頁）。

7　南シナ海の世界

「南シナ海の世界」（桜井由躬雄、前出、『東南アジア史①・大陸部』）は、チャム人のチャンパの歴史をたどっているが、これは中国の史料では、時代によって八世紀までは「林邑《りんゆう》」とされ、以後は「占《せん》城《じょう》」とされているものである。位置は、紅河デルタの南、中部ベトナムにあたる。北から順に日《ニャッ》麗《トレ》(ドンホイを含む)、烏麗《ウリック》(フエ、クァンチーを含む。漢の日南郡の中心地)、烏馬抜《アマラーヴァティー》(旧州。ダナン、チャキエウ盆地、ドンズオンを含む)、南に下って宝昆斉《ヴィジャヤ》(新州。チャバン、クイニョンを含む)、カウターラ(ニャチャン、ポ・ナガルを含む)、賓瞳朧《バンドゥランガ》(ファンラン、ファンリを含む)、ファンティエットと、「港市」ないし「地域政体」群が続く。「チャム人の歴史圏はこのような中部沿岸の諸地域政体の連合として成立していた。その連合をもたらしたのは林邑・占城のもつ対中朝貢権であろう。したがって中心域が弱体化して朝貢システムを独占できないときには、これらの諸地域政体は自立してそれぞれが**占城王国**を名乗り、朝貢システムに直接参加して中国市場と直接取引した」(五九-六〇頁)。

紀元前一世紀の漢の日南郡は、ダナンあたりまで支配の手を伸ばしていた。「二世紀前後、南シナ海のモンスーンの周期性が航海にとりいれられ、東西交渉、南海交易が爆発的に発展する」。その「南シナ海沿岸交易の中心」が日南郡の「郡都」(フエ付近)で、ジャワなどの勢力も日南郡を介して「漢に朝貢していた」。ダナン付近も「中国との交易で栄えていた」。その南に「林邑」あるいは「占城」があった(六〇-六二頁)。

林邑はインド化していく。「文字と宗教をともなう**インド文明**が東南アジアの諸都市に導入されるのは、五~六世紀のことである」。この時代には「インド船のネットワークが東南アジアとインド洋に卓越していた」のである。中部ベトナムの北方の海岸都市は「ラオスの高原を通じて大陸東南アジア内陸部からもたらされた産物の中国市場への積出港である」。この中部ベトナムの北方の勢力と、同じく中部ベトナムでも少し南の、南シナ海に目を向ける林邑勢力とは、「長期の戦い」を続けていた。しかし、隋や唐の時代には、林邑は中国側勢力に屈していた（六二―六五頁）。

八世紀以後は、林邑に代わって「**環王国**」が登場する。これは、「扶南にかわって新たにメコン川経由で南シナ海に進出した真臘《しんろう》［カンボジア―来間］と、中国領交州の進出のために弱体化した林邑の連合が成立」したものである。林邑はより南方にシフトしたのである。「七五八年から八七七年にかけて、中国には林邑にかわって環王国が朝貢している」（六五―六七頁）。

九世紀前半には、やや北方へも勢力を拡大する。この南からの攻勢と、北（中国の南詔）からの攻勢を受けて、「八六三年、安南都護府は陥落する」。八七七年には、中国が「占城」と呼ぶ国が「唐朝に入貢した」。この国はそれまでの「ヒンドゥー教をすて、密教（ヴァジュラヤーナ）系の大乗仏教を導入し」、「巨大な寺院」を建てた。「九五一年、占城は北朝の周に最初の使節を送る。さらに九六〇年から九七九年まで、一二回にわたって占城は成立したばかりの宋朝に遣使している。占城は一世紀にわたる交易後退または混乱の時代を破り、海上の時代を開かせる東南アジア港市国家の尖兵の役割をつとめた」。使節にムスリム（イスラーム教徒）の名が見えていて、「占城はインド洋のムスリム・ネットワークと南シナ海の交易網を仲介する機能をはたそうとした」（六七―六八頁）。

一〇世紀に入る。九八二年、北部ベトナムに成立していた黎王朝の黎桓《レホアン》が、占城に侵攻し、「壊滅的な大略奪」をする。王（インドラヴァルマン）は「南方に亡命する」。占城の亡命王は、黎勢力やその後の大越勢力と対立し、九七九年に成立した宋に対して、くりかえし援助を求めている。つまり、アマラーヴァーティー（旧州）からヴィジャヤ（新州）へと中心域が移行したのである。「このころから、占城の交易は事実上、アラブ人や中国人のような外国商人にまかされ、かわって占城王権は…産物収集の機能をはたすようになる」。その産物とは、「象牙《ぞうげ》や沈香《じんこう》など森林生産物」である。沈香は香料であるが、「官は民を督促して山に入れ、香木を伐採させて税として納入させた。納入分以上の収穫は、食物などと交換されて生計のもとになる」。この地域は農業に不向きで、香料と奴隷が輸出品であった（六八-七一頁）。

一一世紀。一〇四四年、大越が占城に侵攻してきて、大略奪をした。新たな王（ジャヤパラメーシュヴァラヴァルマン）が立ち、「大越の侵攻を回避し、国内の諸港市政体を統合し、ついで中国との交渉を復活した」。一〇六九年、大越の次の李王朝が占城の王都ヴイジャヤを破壊し、占城王を捕えた。そうすると、「ふたたび諸地域政体の独立が始まる」。「占城国家は中国との関係維持によってのみ、南シナ海交易の維持と大越南下の牽制《けんせい》をはかることができる。一一世紀、占城は頻繁に対宋朝貢を続け、臣従を誓う」（七一-七二頁）。

桃木志朗「唐宋変革とベトナム」（前出、『東南アジア古代国家の成立と展開』）からは、次の章句を紹介しよう。①「唐代（六一八―九〇七年）の後半から宋代（九六〇―一二七九年）にかけて」の「唐宋変革」の時期には、「中国周辺海域での貿易が急速に発展している。最初の主役は、インド洋交易を支配しシナ海まで進出した**ムスリム商人**ネットワークだったとされる。このムスリムの刺激と、長江（揚子江）下流など沿海部開発の進展に対応して、**中国商人**の海上活動も本格化した」。

②「八七七年、占城《せんじょう》という国が初めて中国に朝貢した。唐末五代の混乱ののちこの国は、九五一年から一一七六年までに、五代の後周《こうしゅう》と宋に対して少なくとも六八回の朝貢の記録を残している。占城はチャンパー王城を意味する占婆《せんぱ》城（チャンパープラまたはチャンパーナガラ）の略である」。③「九世紀後半からの一時期、チャンパーの対中国朝貢・貿易は全面的にムスリム商人によって担われ」ていた。④その「活発な貿易」の実態としては、次の二つのことが「交錯しながら」展開したものであろう、すなわち「第一はムスリム商人や中国商人——宋元代の南中国港市などでは、状況次第でどちらの顔もできるような商人層が形成される——をエージェントとしてチャンパー王権が利用した。第二はムスリム商人や中国商人が商売のためにチャンパーの名義を借用した」、この二つである。⑤王は自らは徴税できず、寺院にそのことを委ねていた。⑥「占城時代のチャンパー」は、「多数の地方勢力のゆるやかな連合という性格」のものであった。

8　メコン川の世界

桜井由躬雄・石井米雄「メコン・サルウィン川の世界」（前出、『東南アジア史①・大陸部』）は、「タイ人の一派であるラーオ人、クメール人、ベト人がそれぞれ上流、中流、下流を住み分けるメコン川の世界」（序章、石井・桜井、九頁）を、次のように描いている。

三世紀中ごろから七世紀初めころまで、「**扶南国**《ふなん》」があったことが中国の史料に記録されている。扶南国の主邑《しゅゆう》はアンコール・ボレイで、外に開けた外港としてオケオがあり、両者は「数条の運河」で結ばれていた。「二世紀における南シナ海交易の発展は、南シナ海からベンガル湾にかけての沿海部に無数の港市を成立させた」。「扶南はその成立初期においては、南シナ海とタイ湾を結ぶ沿海の一港市であった。しかし、扶南はたんに東西交易の仲介地」であっただけでなく、一二〇〇キロにおよぶ「交易のネットワーク」をもち、「商船隊」ももっていた。「扶南の船は長さ一二尋《ひろ》（二一～二四メートル）、幅六尺（一・四五メートル）で、半舷五〇人ずつ一〇〇人がのり、櫂《かい》をもって立ちこぎ、または座りこぎした。扶南はこの船を用いて南シナ海、ベンガル湾―アンダマン海ルートのネットワークを建設している」。「扶南はテナセリムの海岸線とタイ湾を結ぶネットワーク上の港市を管理し、オケオなど扶南本土に結んでいた。扶南はさらに東南アジア［島嶼部を含む―桜井・石井により来間］の産物の集荷地でもあった」。この扶南は、「三世紀の後半以降、…インド文化の導入を深めていく」。そのころの「東南アジアとインドとの国家間接触」を示す中国史料が残っている（七九-八二頁）。

「同時期に扶南は海のネットワークの支配から、その後背地のネットワークの建設に移行する。四～五世紀には直接、中国南朝に遣使朝貢する港市国家群があらわれ、六世紀の梁代には海南一〇〇余国といわれる国家群が成立してくる。海のネットワークの独占が破れた扶南は、その内陸産物の積出港にその形態を変化させる。南北朝期の中国史料は扶南の土産を、金、銀、銅、錫《すず》のほか、沈香、象牙などとし、独自な交易品を生みだす国家とする」。中国史料は扶南を「広大な一つの帝国」と描いているが、そうではなく、「各地に地域政体が分裂していた」のである。「扶南はさかんに中国南朝、隋、唐宮廷に遣使している」が、六世紀半ばから「国際交易上の扶南の凋落が始まる。

…おそらくその凋落はマラッカ海峡が東西交易のメイン・ルートとなり、シュリーヴィジャヤなどスマトラ、闍婆《ジャバ》勢力の勃興により、南海の覇権を失ったことに関係する」（八三-八五頁）。

七世紀に入ると、「**真臘**《しんろう》」が現われる。それは「扶南の属国」であったが、しだいに勢力を増して「扶南を兼併」した。メコン川とトンレ・サープ湖の「二つの水路系を結んだ政治的ネットワーク構造が、国際的には真臘と呼ばれたのであろう」。「八世紀初め、唐の市場が拡大し、林邑や安南都護府が発展するように、カンボジアもふたたび、国際交易のネットワークに参加する」。その中国との関係は、ふたつのグループに分かれており、水路からつながる「水真臘」と、陸路からつながる「陸真臘」である（八七-八八頁）。

これが八世紀後半になって「アンコールを中心に水と陸のネットワークを統一する動きが始まる」。アンコールは、南方はトンレ・サープ湖、北方は広大な平原に接していて、「水と陸を結ぶ狭間にあった」。これを、九世紀末にインドラヴァルマン一世が統一した。アンコールは、多くの地域政体が群立していた状況を変え、それらを支配下に編入して独立性を失わせ、「伝統的な陸と海のネットワークを統合した集権的なネットワークの中心」を形成した。「一〇世紀にはいると、東南アジアを襲った大変動がこのアンコール・ネットワークを混乱させる」。アンコールの北東一〇〇キロの地にもう一つの王朝が出現して、「カンボジア平原に東西二王朝が並立した」。チャムの侵入があり、それを打ち破ったラージェンドラヴァルマン王だが、九六八年の彼の死後は「アンコールの王位は大きく動揺し、内戦が広が」り、諸地域政体がそれぞれに独立した（八八-九一頁）。

「一〇世紀中国に起こったいわゆる唐宋変革以後、**中国**の重心は著しく南に移り、東アジアの市場が陸から海に開放された。あらたに中国沿海部に生まれた都市は、その消費のために大量の熱帯産物、なかでも香料を求めた。九世紀以降、対中交易から撤退して、封鎖的な農業帝国を形成していたアンコールにも大きな変化が生まれてきた。一一世紀以降のアンコール政権は、(1)従来のカンボジア、東北タイ南部に限られた領域をこえ、チャオプラヤー流域、メコン上流部、ベトナム中部沿岸のチャム地域にまでその影響圏を拡大し、これまでの域内の封鎖的・自給的ネットワークをタイ湾、南シナ海など海のネットワークと連絡させる、(2)これに対応して、ネットワークの中心都市アンコールの都市規模が拡大する複数の英雄王が出現し、安定した治世を保つ、という新しい特徴がみられた」(一〇三頁)。

「一二世紀後半のアンコールは、陸と海を結合する可能性を開きながら、結果的にはチャム人の勢力と深い関係にあるメコン系列と、モン人の世界とつながる東北タイ平原系列にふたたび分裂してしまった」。アンコールは、しだいに弱体化していったのである(一〇三―一〇六頁)。

9　サルウィン川の世界

同じく桜井由躬雄・石井米雄「メコン・サルウィン川の世界」は、話を「モンの世界」すなわち「サルウィン川の世界」に進めている。サルウィン川は今のタイとミャンマーの間を流れている。まず「海のシルクロード」に触れる。「インド・スリランカとマレー半島とのあいだには、ベンガル湾海区とアンダマン亜海区を海の回廊として、古くから帆船を利用した交易がおこなわれていた。ただ、マレー半島はこの交易路の中継点にすぎず、その終点は、南シナ海を隔ててはるか東北方に素材する中国の港市であり、その背後に展開する巨大市場にあった。東西両世界を結ぶ陸の回廊を〈シルクロード〉と呼ぶのにならって、この交易路はしばしば〈**海のシルクロード**〉と呼ばれる。／〈海のシルクロード〉には大別して二つの種類があった。ひとつは、マラッカ海峡を利用して終始海路をゆく完全な海の道。もうひとつは、マレー半島の西海岸のどこかでいったん荷物を陸揚げし、狭いところでは幅一〇〇キロに満たない半島を陸路横断して東海岸に達し、そこから中国ゆきの船に荷物を積み替える、という海陸併用ルートである」。後者の横断ルートは「少なくとも一〇本」もあったという。そこには「**半島横断国家**」が成立した。モン人の国家と思われる。「市場には、毎日何万人という商人たちが東西から集まって交易をおこない、取引されない商品はなにひとつなかった」。また、そこは「単に交易の中継地であったばかりでなく、多数のインド人移民がマレー半島に定住し、彼らを通じてインド文化の強い影響下にあった」。三世紀には「メコン川下流域の大国**扶南**《ふなん》」がマレー半島にあった「十数か国を攻撃して、その支配する半島横断路を制圧した」（九四－九六頁）。

北からバンコクに向けて流れているチャオプラヤー川のデルタ一帯で、「四点のモン語刻文」が発見されており、「モンの勢力がこれらの地方におよんでいたことがわかる」。そこには「スリランカ系の上座仏教」が浸透していた。「六四六年に完成された唐僧玄奘《げんじょう》の『大唐西域記』によると、インドの遥か東方に〈室利差咀羅国〉があり、さらにその東には〈堕羅鉢底国〉があった」。この「〈堕羅鉢底国〉の位置は、ほぼ今日のタイ国のチャオプラヤー川下流域であったと考えてよいであろう。／〈堕羅鉢底〉を〈ドゥヴァーラヴァティー〉というサンスクリット語の音写とした仮説は、一九六三年、〈シュリードゥヴァーラヴァティー〉という銘文入の銀メダルが発見されたことにより、その正しさが立証された」。「この国は六世紀末から七世紀初頭にはすでに存在していた」。「国のかたちとしては、近代国家のように権力核が単一ではなく、複数の権力核が併存しており、おのおのの勢力範囲は、支配者の個人的資質に従って大きく伸縮する、いわゆる〈マンダラ型〉国家であったと考えるべきであろう」（九七—九九頁）。

「ドゥヴァーラヴァティー」は、『日本書紀』に、孝徳天皇白雉《はくち》五年（六四五）の「夏四月に、吐《と》火羅《から》国の男四人女二人、舎衛《しゃえ》の女一人、風に被《あ》いて日向に流れ来れり」という記事と、斉明《さいめい》天皇三年（六五七）の「覩貨邏《とから》国の男二人、女四人、筑紫《つくし》に漂ひ泊《よ》れり。言《もう》さく、〈『臣等《やつかれら》、初《はじ》め海見嶋《あまみのしま》に漂ひ泊《よ》れり』とまうす〉という記事に出てくるトカラのことだとされている。このことは、本シリーズ2『〈流求国〉と〈南島〉』の二五九—二六〇頁で紹介した。

「歴史上モン人の活動は、チャオプラヤー川の上・下流域に限られるものではなかった。彼らの活動範囲は、西はビルマのイラワジ・デルタから、東はメコン川流域にまでおよんでいる」（一〇一頁）。

10　イラワジ川の世界

伊東利勝《いとうとしかつ》「イラワジ川の世界」（前出、『東南アジア史Ⅰ・大陸部』）は、今のミャンマー、かつてのビルマの世界を扱っている。イラワジ川はその中間を南北に流れていて、その流域は、乾燥地帯である中央平原地帯と、湿潤地帯である、西部・北部・東部の山地と「下ビルマ」といわれる南部のデルタ地帯によって構成されている。「イラワジ流域は、全体でひとつの経済的完結体として機能することができ、ここに成立する政権は、中央平原地帯と下ビルマを有機的に結合させることにより、はじめて安定的かつ強力な体制を構築することができるのである」（一一一-一一二頁）。

「中国の史書『後漢書』によれば、一世紀から二世紀にかけてイラワジ下流域には撣という国が存在していた」。これは中国に朝貢し、「金印紫綬」を受けていて、「ローマ・アラビア半島地域となんらかのかたちで交流があった」。そのあとに三世紀の中国史書に登場するのは、**ピュー**である。当時の自称は「トゥルチュル」、漢字では驃と書かれた。「六世紀後半から七世紀初めの状況を伝える『隋書』によれば、ピューはこのころ朱江と呼ばれ、イラワジ下流域もしくはテナセリム地域には陀洹という国があった」。この国は「このころタイのチャオプラヤー川流域まで勢力を伸ばし、東にあった真臘と争っていたという。一方、北のほうでは朱江と真臘が通交していた」。「ところがその後、チャオプラヤー川流域にドゥヴァーラヴァティーが成長し、陀洹の勢力を跳ね返す。そしてついには、これを服属させる。陀洹は滅び、イラワジ下流域の一部はドゥヴァーラヴァティーの勢力下に組み込まれた。しかし八世紀の情勢を伝える『新唐書』は、ピューの範囲として、東は陸真臘、西は東天竺、東南はドゥヴァーラヴァティー、南は海とする」。「当時タイェーキッタヤーがピューの中心で、属国が一八、城鎮が九、部落が二九八あったという」。一〇世紀まで続いた。「ピューは水稲作、畑作それに牧畜を有機的に組み合わせ、自律性の高い経済システムをつくりあげていたものと考えられる」。「ピューは貨幣を使用していた」。銀貨である。この銀貨の広がりから「ピューを中心とする交易圏が、ベトナム北・中部および東南アジア大陸部に成立していたとみることができる」。貨幣が結んでいたのである。「六世紀後半、こうした交易ルートの真ん中にドゥヴァーラヴァティーが勃興し、これがネットワーク全体を支配するようになっていく」。当時の日本で「トカラ」と記録されたドゥヴァーラヴァティーが、日本にやってきたのも不思議ではないのである。「ネットワーク全体をひとつの経済圏とみた場合、その中心はあくまでもピューであった。それは当時ピューが、東南アジア大陸部最大の綿布生産地であったことによる」。「ピューは、もちろん中国との関係も深かった」。しかしピューは、黄河流域の南にあった南詔から八三二年に攻撃され、また勃興するドゥヴァーラヴァティーによってもその交易が侵された。「ピューはこうして急速に没落に向かう」（一一二―一二〇頁）。九世紀半ばのことである。

11　島嶼部

深見純生「古代の栄光」（前出、池端雪浦編『東南アジア史⑪・島嶼部』）は、次のように述べている。少し時代をさかのぼる。

五世紀に「インド化した社会」になったこと（次々項13）を承けて、「七世紀につぎの画期がおとずれた。半島横断路にかわってマラッカ海峡がメインルートになった」。「半島」とは、タイの南方に細長く伸びて、マレーシアに至るマレー半島のことで、以前はビルマ方面からタイやベトナム方面に至るには、その陸上の狭隘部を越えていた（これが「半島横断路」）のが、船で南側のマラッカ海峡を通るようになったということである。これは「ペルシア船やアラブ船の中国来航がふえ」たこととも関連している。そこに「**室利仏逝**《しつりぶっせい》（シュリーヴィジャヤ）国」が台頭してきた。それはスマトラ島のパレンバンを首都とし、強力な海軍力をもち、周辺地域を支配した。インド仏教も伝わっていたが、「借り着」のままであった（二八–三一頁）。八世紀半ばまでのことである。

「八世紀後半から九世紀後半までの一世紀余」には、「シュリーヴィジャヤ国」にかわって、ジャワの「**シャイレーンドラ朝**」の時代に移っていった。漢籍（中国の資料）で「闍婆《じゃば》」と書かれたジャワの意味するところは、当初はマレー半島までを含む広い範囲を指していたが、宋代からはジャワ島のみに限られるようになった。このほか「崑崙《こんろん》」という語もあって、これも中国から見た「南海方面を漠然とさしたらしい」。これも九世紀半ばにジャワで勢力を失った（三一–三四頁）。

「一〇世紀になるとマラッカ海峡地域は、漢籍では**三仏斉**《さんぶっせい》としてあらわれる」。「三仏斉は単一の国家や帝国ではなく、…マラッカ海峡海域の交易国家の総称」であろう。「九六〇年、中国に宋が成立すると、三仏斉諸国はただちに朝貢使を派遣した。その後の三〇年間、三仏斉が中国の南海交易を独占するかのごとき勢いであった」。それは、外国船に対して時に武力で制裁を加えるような、「海賊型中継交易国家」であった。「ところがまもなく、ジャワがこの交易独占に挑戦してきた」。ジャワ（**クディリ朝**）と三仏斉の競合・競争時代である。クディリは、一〇世紀ころにジャワ島の中部から、東部に拠点を移したが、「一〇一六年にいったん崩壊した」（三四–三七頁）。

一一世紀になると、南インドの**チョーラ朝**が三仏斉と親密な関係となっていた、「ところがチョーラは一〇二五年、マラッカ海峡方面に大遠征軍を送り、**クダ**でその王を捕え、海峡の各地を征服した。漢籍に〈三仏斉注輦《ちゅうれん》国〉と記されているのは、この海峡地域におけるチョーラ勢力のことである」。「チョーラはちょうど一〇八〇年ころから海峡の独占支配力を失い、一〇九〇年には、復活したクダのシャイレーンドラ勢力と友好関係を回復した。チョーラはまたカンボジアとの友好関係を一二世紀前半まで維持した」（三七–三八頁）。クダはカターハ、カラフともいい、シュリーヴィジャヤ、そしてシャイレーンドラと変遷した地域の勢力である（三七頁）。

他方、「カリマンタンからフィリピン方面の、南シナ海ネットワークの南と北の中心だった」のは、宋代においては「**渤泥**《ぼつでい》（ブルネイ）」と「**麻逸**《まいつ》（ミンドロか）」であった。のち「ブルネイの勢力がフィリピン方面に伸長したらしく、麻逸がブルネイの配下に組みこまれた」（三八–三九頁）。ブルネイは、カリマンタン島（ボルネオ島）の北西部である。

そして「マラッカ海峡では、マレー半島をおさえた**単馬令**《たんまれい》が三仏斉とならぶ中心勢力に発展した」。単馬令は、ターンブラリンガ、現在のナコン・シータマラートで、タイのほぼ南端にあたり、「一二世紀から台頭が著しい」。「宋代の三仏斉の朝貢記録は一一七八年が最後だが、一一九六年に単馬令の朝貢が記録されている」（三九頁）。

12　中部ジャワ時代（七世紀～一〇世紀前半）

深見純生「古代の栄光」（前出）は、「ジャワ（ジャワ島の中部と東部）とバリ」に話を進める。

ここは「熱帯モンスーン林火山島」であり、「稲作農業の好適地であり、稲作を基本的生業とする農業社会と、その農業余剰の収奪に基づく農業国家が成立した。それはおそらく、少なくとも日本と同程度の古さがある」。しかし、考古学的な研究成果が乏しく、よく分からない。以下はジャワのことである。

「七世紀になると、われわれは現地の文字資料つまり刻文が使えるようになる。それによると、「ジャワにおける王権形成の過程」は、次のようになる。「社会の基本的な単位はワヌア＝〈ムラ〉であり、ラーマ＝〈父〉つまり長老たちが慣習に基づいて運営した。普通の村民はアナク・ワヌアといった。稲作農業とくに灌漑の発達により、同一水系のワヌアのあいだの利害の調整と協力が必要だった。そうした状況から生まれてきた、それらワヌアのラーマたちのなかの第一人者をラカイ（＝〈兄〉か）といい、その勢力範囲をワタク＝〈クニ〉といった。この社会の進歩とともに、やがてラカイは、ラーマたちの第一人者から権力者へと変質し、直接生産に従事しないラカイと、これを補佐する人々がクラトン［王宮—深見による］を形成するようになった。またこうしたラカイ相互間に勢力争いも生じた」。小権力者（ラカイ）の中には「インド化」したものがあり、それは資料を残しているが、そうならなかったラカイもいただろう。ラカイたちは、生産物と労働を租税として受け取る権利があり、カミの館（チャンディ＝寺院）の建造と維持のために力を尽くし、自らは「カミに近いもの」になっていった（四七-五〇頁）。

「島嶼部世界でとくに高度な文化を発展させたジャワの古代史は、歴史のおもな舞台が中部ジャワにあった、一〇世紀前半までの**中部ジャワ時代**と、その後の**東部ジャワ時代**とに大きく区分される」。…中部ジャワ時代は約三〇〇年であり、東部ジャワ時代の前半は**クディリ時代**ともいわれ、一二二二年までの約三〇〇年、後半は**シンガサリ＝マジャパヒト時代**のやはり約三〇〇年である」。中部ジャワ時代は「ジャワ的な規模での統一王権の成立過程」であり、まだ成立していなかった。七一七年に、サンジャヤ王が即位して、「ヒンドゥー教、とくにシワ（シヴァ）教を奉じた」。しかし七五〇年には、シャイレーンドラ王家の勢力が強まり、こちらは大乗仏教で、ボロブドール寺院を建てた。この王朝は「海洋東南アジアに大発展した」。これも八三二年に、パラル王朝に服属させられた。その対抗上、シャイレーンドラ王統とサンジャヤ王統が合体したりしたが、また分裂し、シャイレーンドラ王朝は自滅していく。時代が進み、この地域にも統一権力・統一王国が出来つつあった（五一―五四頁）。

「九二八年のワワ王の刻文を最後に、中部ジャワから刻文が姿を消し、チャンディはじめ考古学的な遺構・遺物もまた、これ以後中部ジャワではみられないとされる。つまり九二九〜九四八年の比較的多数のシンドク王の刻文は、すべて東部ジャワのものであり、これ以後の約六世紀のあいだ、政治と文化の中枢は東部ジャワに位置したのである。中部ジャワを統一してようやく半世紀、東部ジャワに統一の波がおよんでまだ三〇年程しかたたないのに、相対的に後進地域であったはずの東部ジャワに、政治と文化の中心が移ったのはなぜか。多数のチャンディを建造し、文学活動も展開され、富み栄えていたはずの中部ジャワが放棄されたのはなぜか」。それには、自然災害説、神の意思説、外敵説、海外交易説、農村疲弊説があると紹介している（五九―六二頁）。こうして、東部ジャワ時代に入っていく。

13 ローマ―インド―東南アジア―中国の道

深見純生「古代の栄光」(前出)は、「イスラム化」以前の「インド化」も含めて、次のように述べている。少し時代をさかのぼる。

「五世紀ころ、おそらくモンスーン航海の確立とともに、東南アジア史にひとつの画期がおとずれた。二~三世紀ころには成立していたであろう多数の萌芽的な権力が、**交易国家**に成長してきたのである」。まず大陸部で、**扶南**《ふなん》(北部ベトナム)、**林邑**《りんゆう》(中南部ベトナム)などが成立し、中国に盛んに朝貢するようになるが、そのような「交易国家が島嶼部に拡散したのであった」。「これらは**〈インド化した国家〉**と呼ばれる」。これらは、「インドの制度や文化の全部をそっくり取り入れたというより、都合のよいものだけを取り入れた。つまり〈インド化〉は、支配者層によるインド文化の選択的摂取のことであり、〈インド化した国家〉とはじつは〈インド文化を摂取した国家〉であった。とすればこの動きは国家形成の副産物とみることができる。すなわち五世紀ころに登場してきたあらたな国家とその支配者が、支配の正当化のためにインド文化を摂取したのであった」(二六―二八頁)。

「インド化」については、桜井由躬雄「総説　東南アジアの原史」(前出)も、「東南アジアは地理的な近接性からインド文明の強烈な影響を受けてきたが、インド文明要素の中の、より文化的な要素が排除された。インドの食生活には必須の生乳や発酵乳を用いるミルク食文化は、アラカン山脈から東には入らなかったし、ヒンドゥー教の広範な導入にも拘わらず、カースト制度は、東南アジア社会に定着することはなかった」と述べている（一六頁）。

長沢和俊『海のシルクロード』（前出）は、よりさかのぼって論じている。「東南アジアとインドの間には紀元前から交通が開け、紀元一—二世紀頃からは多くのインド移民が東南アジアに来住し、インドの文化を伝えた。彼らの進出はインド商人の進出と相応じ、しだいに東南アジア各地に及んだ。彼らは学者や宗教家を伴い、学問・宗教のほか、政治組織も伝え、かれらの支配または指導のもとに、各地に**インド式国家**が誕生した。…マジュムダールの研究［Majumdar, R/C.; Hindu Colonies in the Far East, Calcutta,1944, pp. 17-32—文献指示による］によれば、その範囲はマレー半島、カンボジア、ジャワ、スマトラ、ボルネオ、バリの各地に及んでいた」（六七-六八頁）。「四世紀から六世紀にかけて、いわゆる南北朝時代には、江南に宋、斉、梁、陳の四王朝が栄えた。その頃、華北には北魏や北斉が栄え、江南から西域への道はほとんど閉ざされていたので、南朝の諸王朝は南海貿易に力を入れた」（七六頁）。「南海」とは、中国から見た南方のことである。「この頃、中国と東南アジア、およびインドとを結んで活躍していたのは、…崑崙《コンロン》船であった」。**崑崙国**は、松田寿男と石田幹之助によって、「カンボジア、タイ、マレー半島、ビルマ南部を含む東南アジアのほぼ全域の諸小国の汎称」だとされている。「隋［六世紀—来間］の煬帝《ようだい》は後に西域へも進出を図ったが、南海地方にも使節を派遣した」（七七-七八頁、八五頁）。

「七—八世紀になると、南海貿易はますます盛んになった。しかしその頃の遠洋航海は、いぜんとして崑崙船やバラモン船（インド）、波斯船（イラン）によるもので、中国船の進出は見られなかったようである」（八六頁）。淡海三船《あふみのみふね》の『唐大和上東征伝』により、「鑑真《がんじん》の見た所では、広東港には婆羅門《バラモン》（インド）、波斯（ペルシア）、崑崙（東南アジア）の船がいて、その数は数えきれぬほどであったという。…そして当時の広東には師子国《スリランカ》、大石国《アラビア》、骨唐国《クッタル》、赤蛮、白蛮等の外国人が沢山住んでいたという」。「一般にイスラムの南海貿易は、バグダードを首都とするアッバース朝［七五〇年成立―長沢による］になって急速に発展したといわれるが、実はウマイヤ朝［六六一―七五〇年―長沢による］治下のイラン人は、すでに活発な交易活動をしていたことがわかる」。これは新羅僧・慧超の七二七年の報告に基づいている。まとめて「すでに七世紀の頃から、海のシルクロードは活況を呈していた」という（八六-九〇頁）。「この時代のアッバース朝の経済の源泉は、ペルシア湾からインド洋への海上交易であった」。「アッバース朝の成立以来、陸上にも海上にも、多くのイスラム商人――アラブ系およびイラン系――やユダヤ商人が東方貿易に進出した。西のアッバース朝、東の唐の間をイスラム商人がしきりに活躍した」。この八世紀の中頃に「揚子江河岸の河港揚州」に住んでいた「商胡・ペルシア人」の数は「数千人」にのぼったという。そして「その頃中国は広東や泉州、揚州にそうとう多数の波斯人、アラブ人、ユダヤ人が一種の租界のような町（いわゆる**蕃坊**《ばんぼう》）を作って進出していた」（九五-一〇〇頁）。

深見純生「古代の栄光」（前出）も、「中国の文献によれば、広州など中国南部の港市には八世紀以降、西方ムスリム（イスラーム教徒）商人が多数居住していた。九世紀になるとアラブの文献に東南アジアや中国にかんする記述がみられるようになる」と述べている（四一頁）。

14　東南アジアにおける国家の形成

石沢良昭（『東南アジア古代国家の成立と展開』の「総説」）に戻る。東南アジアには港市国家だけでなく、農業国家も成立し、時には後者が前者を支配するということもあったという。「九・一〇世紀以後の東南アジアにおいては、**港市国家**などの交易に直結した政治勢力だけが大きく伸長したわけではない。各地においてある程度の規模を持った農業の開発が持続的に進められ、それによって人口が増加した。各地に村落がつくられ、それが人口の増加によって大村に成長し、さらには**内陸平原やデルタの国家**に発展して、組織と人口の力を背景に港市や交易ネットワークを逆に支配するという現象がしばしば見られた」（七頁）。

石沢は、この本の執筆者たちが地域を分担して描いている、それぞれの国家形成の様相を要約して提示しているが、ここではそれをさらに要約してみる。

①「**カンボジア**では、九世紀末にアンコール地域の内陸平原での都城の建設が始まる」。「人口三、四十万と推定される巨大都城があ」るので、農業も相当程度に展開していたと考えられる。「広大な稲作地」があり、そこから「獲れる食料を基盤に、アンコール帝国は各地方勢力や農民に対する支配力・動員力を持ち」、東に西に、また北にも進出していった。アンコール・ワットなどの「巨大宗教建築などへの農民の動員（賦役として行なわれたものの）農民側の寺院建築に対する功徳《くどく》＝現世利益《げんせりやく》への奉仕と期待が込められていた」。雨季の半年で必要食糧を生産し、乾季の建設事業を

可能にしていたのである。

②**ビルマ族**は、一〇世紀に「雲南《うんなん》方面から南下し」てきて、平野部で灌漑農業を発達させ、稲作を基礎に、パガン王朝（一一～一三世紀）を建設した。下ビルマへも進出し、そこにあった「モン人港市国家を支配し、さらにマレー半島西岸を南下した」。またビルマ内陸部では、綿花の生産が盛んとなり、綿布は中国へと輸出された。

③「一〇世紀に**北部ベトナム**は東南アジア的な王者たちによって［中国からの─来間］独立を果たした」。その「最初の長期王朝となった李朝（一〇〇九‐一二二五）」のもとでは、交易のほかに、「高みでは雨季稲、低湿地では冬春稲を植え分ける伝統的方法により、大土木事業を伴わない紅河デルタの開拓を限界まで広げた」。

④「一〇世紀前半に**中部ジャワ**のマタラム王国は、中心を東部に移した。以後をクディリ時代と呼ぶ。クディリなどの中心地からは、プランタス川を下れば容易に海に出られる。ジャワ商人たちは、東部ジャワの肥沃な盆地（やがてデルタも）やバリ島で生産された米やインド綿布などを東方の島々に運び込み、その代価にマルク諸島のクローブ、バンダ諸島のナツメグ、ティモール島の白《びゃく》檀《だん》などの世界商品を入手し、交易活動を世界に向けて発展させていたものと考えられる」（七‐九頁）。

⑤「東南アジア大陸部の政治地図がシャム系諸民族によって大きく塗り替えられ」るのは「一三世紀前後」のことである。この段階では「国家」はできていない。それ以前については、石井米雄の「前期アユタヤとアヨードヤ」（同書、一二三一頁）が次のように述べている。「シャムという民族

集団が史料に登場するのは、一一世紀なかばのことである。これまでに見つかったもののなかでもっとも古い史料は、ベトナム南部のポー・ナガル遺跡で発見された一〇五〇年の年次をもつチャム語刻文で、奴隷の民族名のひとつとして、チャム、シナ、クメールなどとならんでシャムの名がみえる」。

以上のなかで、カンボジア、ビルマ、ベトナムは「**農業国家**」であり、ジャワには「**交易国家**」が生まれたと見ることができよう。

15　インド洋海域世界と東南アジア

ここで、家島彦一《やじまひこいち》「イスラーム・ネットワークの展開」(『東南アジア近世の成立』岩波講座・東南アジア史3、二〇〇一年)の第一節「インド洋海域ネットワークのなかの東南アジア」の指摘に注目してみたい。

「インド洋海域では、古くから人の移動と交流によって形づくられた交通運輸、もの、金、文化・情報などのネットワーク、いわゆる広義の〈交易ネットワーク〉が張りめぐらされていた。海上交易ネットワークの拠点となるのが**港市**であり、港市をつなぐネットワークがモンスーンを使った帆船による航行可能な水域に張りめぐらされることで成立する歴史展開の場が〈**インド洋海域世界**〉であったと捉えることができる。インド洋の交易ネットワークの形成と展開を支えた基本条件は、一つには中緯度温帯圏に成立した陸の領域国家(とくに中国、インド、西アジア、地中海世界）とインド洋海域との間にみられる交易ニーズの〈差異〉であり、他はインド洋海域を広くおおう亜熱帯・熱帯のモンスーン圏を相互につなぐ海上交易と人の移動である」［指示されている文献は、家島『海が創る文明―インド洋海域世界の歴史』朝日新聞社、一九九三年―来間］（一八―一九頁）。

「東の南シナ海域から西のアラビア海海域・インド洋西海域までが、海上交易ネットワークによって一つの文化圏を創出する」のであるが、それを三つの時期に区分して考察している。その前史として、「一・二世紀の頃からイスラームの時代の七世紀半ばまで、モンスーンを利用して横断する南シナ海、ベンガル湾、アラビア海の分節的な帆船航海と交易がおこなわれ、紅海沿岸、ペルシア湾岸、南インド、マレー半島の各地に海域の分節的中継地としての港市が成立した」（一九頁）。「分節的」というのは、直結してはないが、リレー式につながっている状況を表現したものであろう。

「第一期」の「七世紀末―一〇世紀前半」に入る。「七世紀末から八世紀初頭になると、イスラーム教・文化の拡大とアラブ系・イラン系ダウ船のインド洋進出にともなって、これらの中継港が相互に国際交易ネットワークで繋がり、インド洋海域世界が一つの全体を構成するようになった。九・一〇世紀のアラビア語史料によると、アラブ系・イラン系の海上商人たちはペルシア湾のバスラ、スィーラーフ、スハールなどの諸港を出帆して、東アフリカ海岸、インド、東南アジア、中国の各地で広く交易活動をおこなった。彼らは広東の市場において、中国の特産品だけでなく、チベット産の麝香《じゃこう》や東南アジア産の香辛料や香木などを購入し、その代価として東アフリカやインド産の象牙、犀角《さいかく》、皮革、鼈甲《べっこう》、竜涎香《りゅうぜんこう》、南アラビア産の乳香《にゅうこう》、没薬《もつやく》、西アジア産の陶器、ガラス、鉄製容器などをもたらした」（一九‐二〇頁）。『広辞苑』によれば、それぞれの産物・商品の効用・効能などは、次のとおりである。麝香はジャコウジカの麝香嚢《のう》から製した一種の香料、犀角は犀《さい》の角《つの》で、魔除けまたは解熱薬、竜涎香はマッコウクジラから採取する一種の香料、乳香はカンラン科の植物の樹脂で一種の香料、没薬はゴム樹脂で、香料・医薬などに使われた。

「第二期」の「一〇世紀半ば—一五世紀前半」。「黄巣《こうそう》の反乱」（八七五〜八八四年）すなわち塩の闇商人が指導した唐末の農民大反乱（これによって唐は実質的に崩壊した）に伴って、南中国は政治的・経済的に混乱に陥り、「それまでスィーラーやスハールを母港としていたアラブ系・イラン系ダウ船は中国から撤退し、チャンパー（占城）、もしくはマレー半島西岸のカラ（カラフ・バール、箇羅）をターミナル港とするようになり、同時に〈中国人たちの船〉、すなわち中国ジャンク船が初めてカラまで来航し、西から来たダウ船との間で中継交易がおこなわれるようになった」。こうして「ダウ船の南シナ海からの後退と中国ジャンク船のインド洋進出という新しい時代に入った」のである。それは、中国の事情だけでなく、「西アジア・イスラーム世界の構造変化」とも関連して起こった（二一‐二二頁）。

この「第二期」の後半と、「第三期」については、のちに取り扱う。

16　インド洋ネットワークと東南アジア

インド文化が東南アジア世界にどのように受け入れられたかという問題を、インド研究者の側から描いているのが、辛島昇《からしまのぼる》「古代・中世東南アジアにおける文化発展とインド洋ネットワーク」（前出、『岩波講座　東南アジア史』1）である。

「東南アジアの重要な古代遺跡のほとんどはインド洋ネットワークとの関連を示しているが、中でも名高いのは、メコンデルタの**オケオ**である」。ここは「二世紀のころすでに、遠くローマから中国に至る東西交易ネットワークの中に位置づけられていた」。「近年では、…オケオだけでなく、近郊デルタ地帯でアンザン、キエンザンその他、新しい遺跡の発掘も進められ、一世紀から六世紀ころにかけての、いわゆる**扶南時代**に属する多くの遺物が発見されている」。インド文化の東南アジアへの渡来は「紀元前後」まで「さかのぼる」。「一－三世紀を中心にローマ世界とインドとの間で活発に行われたいわゆる〈**インド・ローマ貿易**〉であるが、「当時の交易でローマから輸入された第一の商品は貨幣、それも金貨であり、インドから輸出された第一の商品は半島南西部マラバール海岸地方に産する胡椒であった」（三二〇－三二三頁）。

「七世紀の話で、その中にインドの仏僧が何人いたかは判らないが、義浄が滞在したシュリーヴィジャヤには、一〇〇〇人を超える仏僧がいたという」。「マラッカ海峡を通るにせよ、マレー半島中部を横断するにせよ、タクアパーからクダー（クダ）にいたる地域は、インド半島の東海岸と西海岸、さらにその先に広がるペルシア、アラビアなどと東南アジアを結ぶ、重要な結節点であったのである。ナコンシータマラートの辺りでは、ササン朝ペルシアの貨幣も出土し、チャイヤーの海岸には、時代は降るが、九・一〇世紀の中国陶磁器である越州窯や長沙銅官窯の陶片が数多く散乱している。マレー半島中部全体が、一四世紀以降の東西交易に果たした役割を、古くから果たしていたのである」（三三一―三三頁）。

次に、インド文化の東南アジアへの出て行き方を語る。「ここで重要なポイントは、今見たようなインドにおける文化発展が、実は、そのままの形で東南アジアへと輸出されたことである。すなわち、インドにおいて〈インド文化〉として完成されたものが東南アジアへと運ばれたのではなく、北インドから南インドへと伝播し、その過程で変容し、新しいものとして生まれつつあった文化が、段階段階でそのまま東南アジアへと運ばれていったのである。東南アジアの各地が、どこから、いつインド文化を受容したかによって、何を受容したかが異なる状況が、そこには存在した」。「東南アジアへ伝えられたインド文化は、南インドが北インドのバラモン教を受容しているまさにそのときに、同時進行でもたらされたことを示している。バラモン文化の受容、あるいは、仏教の受容という点で、南インドと東南アジアは、親子ではなく兄弟の関係にも立っているのである」。「南インドと東南アジアが同じように北インドの文化を受容していったとしても、その後の展開は、両者の間で異なっている。それは両者の間に、当然のこととして、自然的、社会的な条件に大きな相違があったからである」。「**カースト**についていえば、重要なポイントは、インドでは古代ヴァルナ制度の影響の下に、中世になってジャーティ制度が発達したのに対して、東南アジアでは、その過程が全く見られなかったことであろう」。東南アジアにもたらされたのは、バラモン、クシャトリヤ、ヴァイシャヤ、シュードラを理念的に峻別する古代のヴァルナ制度であって、インドでは、それが七―一〇世紀のころに、ヴァルナの階層的枠組みの下に小さな個々の内婚的職業集団（ジャーティ）が村落内部で分業体制をつくるジャーティ制度として発達した。それがいわゆるカースト制度なのであるが、東南アジアでは、その状況は見られなかった。それは当然、東南アジアとインドにおける自然的、社会的な条件の差によるものであろう。東南アジアでは、インドのカースト（ジャーティ）制度が受け入れられなかったのではなく、ヴァルナ制度がきわめて観念的に受け入れられただけで、そこから実体的なカースト制度への変化が起こらなかったのである」（三二六‐三二八頁）。

商人ギルドと商業ネットワークと国家については、次のように述べている。「インド商人には当然いろいろの地方の者が含まれていたが、ギルドを作って活動したのは、東南アジアで発見される刻文で見る限り、タミル商人が主体である」。それは「すべてタミル語、タミル文字」で書かれている（三二八頁）。そのような五つのタミル語刻文によって、「九世紀から一三世紀にかけての時代、インド洋から東南アジアの海域には、南インド商人のネットワークが張り巡らされていた」ことが分かる、という（三三三頁）。

第四節　一一世紀の九州

1　武士の成長と九州

外山幹夫《とやまみきお》『中世の九州』（教育社・歴史新書、一九七九年）は、「九州で武士発生当時、最も有力な武士となったのは大宰府府官、ないし国司の地位から移行した者であった。逆に現地の豪族が府官になる場合もあった」として、以下のように述べている。大宰府府官には「帥《そつ》」「大弐《だいに》」「少弐《しょうに》」などがあったが、これら高官はしばしば現地に赴任せず（遥任《ようにん》という）、実権を握るのは「大監《たいげん》」「少監《しょうげん》」以下の下級の者たちにあり、これらの「下級府官は九州の土豪出身者で占められ」ていった（三一―三二頁）。

具体的には、以下の如くである。「まず肥後の**菊池《きくち》氏**は大宰府府官藤原政則《まさのり》の後裔《こうえい》で、同国菊池郡に土着して武士化したものである」、これらは後に平家の家人《けにん》となる。「また純友《すみとも》の乱の追討のため下向した者に大蔵春実《おおくらはるざね》があり、その子孫が大宰大監を世襲して土着した」、これらは「筑前糸島郡原田《はるだ》を基盤とし、同地によって**原田《はるだ》氏**を称した」、「豊後日田《ひた》郡に住みつき、日田郡司を世襲して武士化した**日田《ひた》氏**も同じく大蔵氏である」。「府官から武士化した者としては、他に紀氏《きのし》一族の**高木氏**（肥前）や、また**上妻《こうずま》・草野**（ともに筑後）両氏らがある」。「郡司・郷司を基盤に武士化した者については枚挙にいとまがない」。「もちろん、これ以外にも土地を開発してこれを中央の帰属寺社に寄進して荘園となし、その現地荘官となっている者の中にも武士化した者のあることは認めねばならない」。まとめて、「しかし以上を通して、律令体制を基調とする古代貴族社会を崩壊させ、次の中世社会を生み出す武士達の主力は、実は九州の場合、大宰府の府官であったり、あるいは国司・郡司・郷司など律令地方政治の一翼を担う者であったといわねばならない」（三三一‐三四頁）。

岡藤良敬《おかふじよしたか》「大宰府の成立・展開のなかで」（川添昭二《かわぞえしょうじ》・武末純一《たけすえじゅんいち》・岡藤ら『福岡県の歴史』山川出版社・県史40、一九九七年）も、同様のことを述べるほか、これらの武士団は、「一応、大蔵氏と藤原氏の二系統に分け」られるとしつつ、この「大蔵氏系士族と藤原氏系士族とは、たがいに婚姻関係を結びながら勢力を拡大する縁者だった」ことを指摘している。

そして、その起源については、福岡県を中心に、次のように描いている。①九世紀初め、大宰府の大弐（長官）の小野岑守《おののみねもり》は、「選士統領制を採用し、大宰府軍制の再編・強化をはかった」が、「それは私兵・武士の発生をうながした可能性がある」。下向井龍彦《しもむかいたつひこ》によれば、「選士」は以前より規模を絞った騎兵（定員一七二〇人、大宰府に四〇〇人）で、「統領」はその指揮官であるが、八六九年（貞観《じょうがん》一一）の新羅海賊襲撃では有効に機能しなかった（『日本史大事典』）。②一〇世紀なかば、藤原純友の乱によって「在地勢力の武士化の傾向が進められた可能性も大きい」。その追捕使であった大蔵春実《おおくらはるざね》は、その後土着化した。③一一世紀初めの、「刀伊《とい》の入寇《にゅうこう》で防戦した府官層たちは、一時的にせよ、その武士化した姿をあらわす」。その名を数人あげている。④一〇世紀末～一一世紀に「在庁官人制の形成が進むと、監典層（府官層）の武士化が進む」。⑤このように形成されていった武士の「代表的な氏族」として、**大蔵氏**およびその一族で、原田種直《はらだたねなお》ら、**藤原氏**系氏族で、藤原蔵規（政則）ら、である（五九-六一頁）。

「平安後半期での彼らの勢力・所領の拡大については、比較的に史料にめぐまれている。いくつかの例で、地縁的・血縁的関係をつうじて武士団として結合した姿、および所領拡大の経過が浮かびあがる。また大蔵氏・藤原氏両系統の氏族は、婚姻関係を重ねながら、ますます勢力を拡大し、府官の要職を占め、平安末期には平家の力を背景に西海道に圧倒的な力をきずいた」（六一頁）。

2　「鴻臚館貿易」の終焉

亀井《かめい》明徳《めいとく》「日宋貿易関係の展開」（『岩波講座　日本通史　第5巻・古代4』一九九五年）は、一一世紀の日宋貿易の変化について、次のように述べている。まず、大宰府鴻臚館《こうろかん》跡の発掘調査によって、第四期（廃絶期）の遺構は土壙《どこう》のみで建物が検出できないこと、出土遺物は一〇世紀後半から一一世紀前半のものであって、一一世紀中葉以降のものがないこと、を指摘する。「土壙もこれに類似した時期であり、現在までに発掘された遺構はいずれも一一世紀前半までのもので、後半におよぶ遺物はきわめて少ないといえる」（一二六頁）。

次に文献資料をも検討し、一〇四七年（永承《えいしょう》二）一一月九日の「大宰府、大宋国商客宿房放火犯人四人を捕進す」（『扶桑略記』『百錬抄』）という記事をあげて、この火事以後は鴻臚館（その中に宿房はあった）は再建されなかったと推定している。「建物としての鴻臚館の消滅は、厳密な意味での〈鴻臚館貿易〉の場の消滅でもあり、日宋貿易のひとつのシステムの崩壊でもある」（一二八頁）。

亀井は、平清盛の父・**忠盛**の日宋貿易へのかかわりをも取り上げている。肥前の神崎荘は、「宋商人とのあいだの結びつきがあ」り、「勅旨《ちょくし》田《でん》として成立し、のち御《ご》院《いん》領として相伝され、一一二

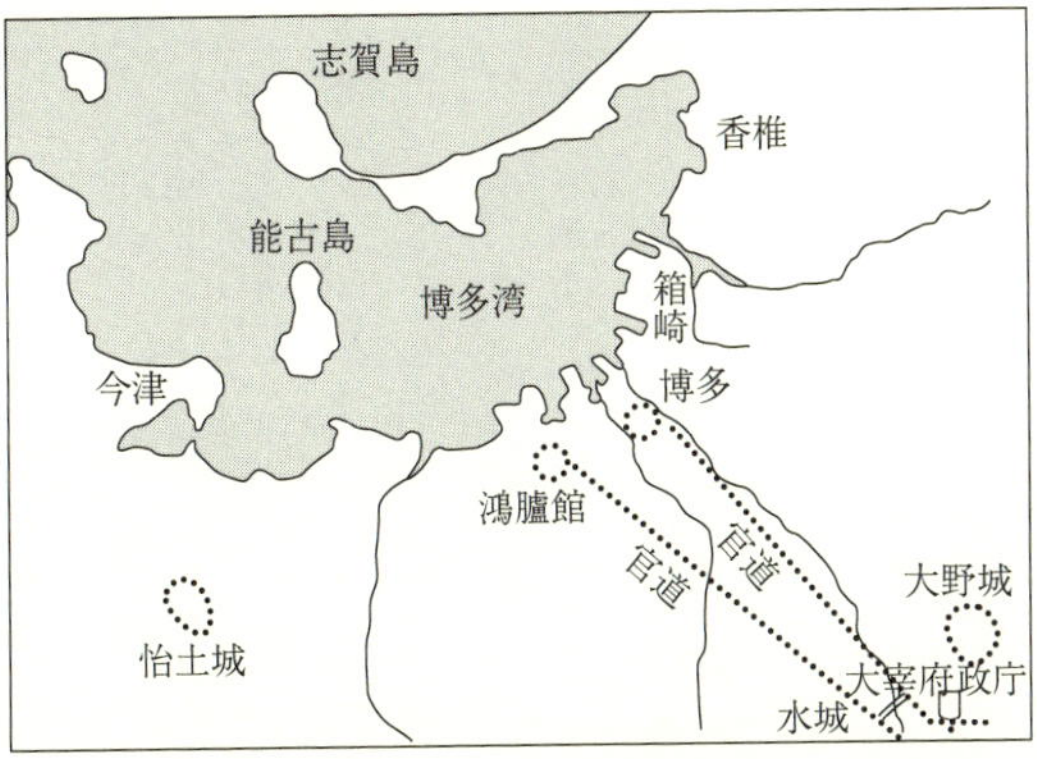

図 1-5　博多・鴻臚館位置図

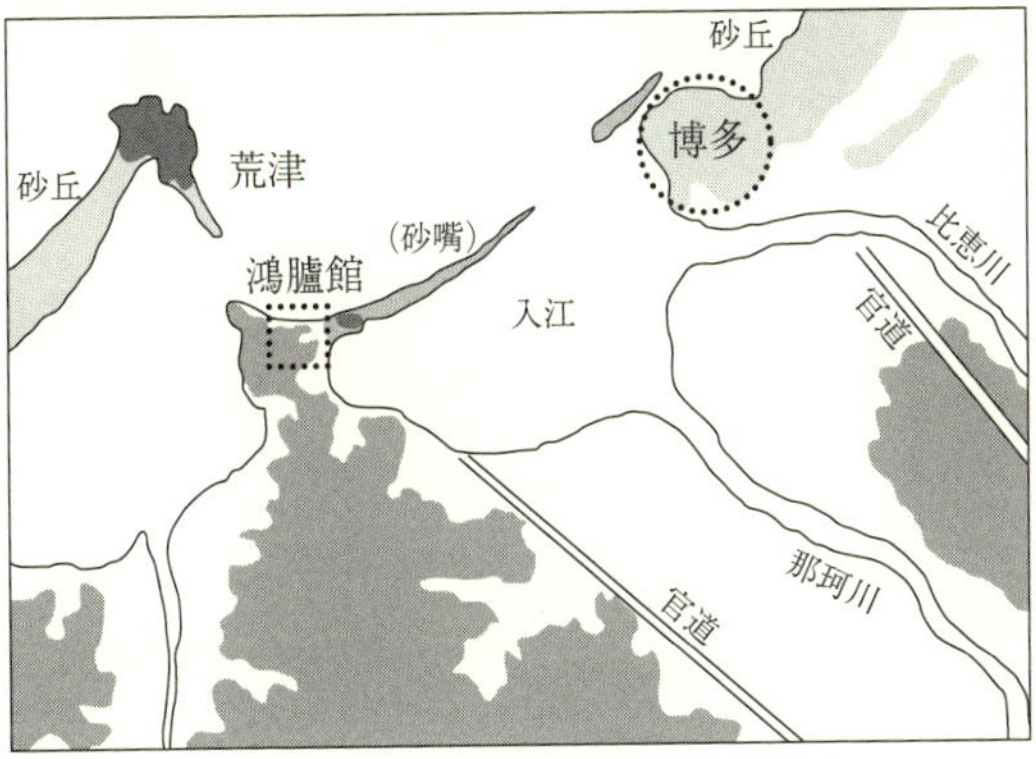

図 1-6　博多・鴻臚館周辺地形復元図

（出所）　大庭康時「国際都市博多」（川岡勉・古賀信幸編『西国の文化と外交』清文堂，2011 年）．

七年（大治《だいじ》二）には平忠盛が関与した鯨珠一顆を…白河上皇に献じている」。忠盛は神崎荘を「知行」していて、「院司《いんじ》」となっていたのである。「その後、鳥羽院政への移行にともなって鳥羽院領として相伝されている」。「一一三三年（長承《ちょうしょう》二）に忠盛が鳥羽院司の地位を利用して、院宣《いんぜん》と号して下文《げぶみ》を発し、神崎荘は院領たるにより、大宰府の〈府官〉は宋船の来着について関与すべからざる旨を下知したらしい。この事件は、一〇世紀以来の日宋貿易のシステムに変更をせまる重要な変換点を示している」（一三七頁）。

亀井は、ここで村《むら》井《い》章介《しょうすけ》の議論を紹介して、賛同している。村井は、「中世における東アジア諸地域との交通」（『日本の社会史』1、岩波書店、一九七八年）において、「この時点まで紆余曲折《うよきょくせつ》はあるにしろ存在した、太政官―蔵人所―大宰府を結ぶルート、いわゆる国家管理貿易が瓦解し、院―預所《あずかりどころ》―院領荘園ルートの成立にいたる画期的、象徴的な事件として［この事件は―来間］位置づけられる」としている。村井は、「荘園制確立の画期をなす鳥羽院政期（一一二九～五六）は、対外貿易の基礎に荘園制が据えられたという意味でも大きな転換期だった」という。荘園制が確立すると、対外交易までもそのような荘園を基礎として展開するようになったのである（一三七頁）。

亀井は次のことを指摘している。また、一一八七年（文治三）から一一九五年（建久《けんきゅう》六）の間に、宋商人が「島津荘園内（坊津《ぼうのつ》か）貿易」を行なっているが、そのとき「着岸した唐船の貨物を大宰府が押し取った」ところ、**島津氏**は、自分が管理するのが本来のあり方（「先例」といっている）であって、大宰府が管理しようというのは新しいやり方（「新儀」といっている）だとして、鎌倉幕府に訴え、認められている。これは、「日宋貿易システムの変換を明瞭に示す事件である」。大宰府の貿易管理は一二世紀中葉までには崩壊していたのである（一三七―一三八頁）。

3　唐坊・唐人町と「住蕃貿易」

亀井明徳「日宋貿易関係の展開」（前出）は、一一世紀半ばまでは鴻臚館《こうろかん》における「波打ち際貿易」の形態にあったが、そのころ以後は、宋商人が博多に居住して、「住蕃貿易《じゅうばん》」を行うようになったという。場所は博多である。「問題を明確にするために、まず博多のどの地に貿易の中心があったのかを明らかにしたい。八〇次におよぶ発掘調査によって、一一世紀後半から一二世紀に貿易陶磁器が大量に検出できるのは、いわゆる〈博多浜〉であり、東側の聖福寺《しょうふくじ》・承天寺《じょうてんじ》と西側の櫛《くし》田《だ》神社・冷泉津とに挟まれたほぼ五〇〇メートル四方の地域である」。ここに「陶磁器の集積場、倉庫」があったと考えられる。

「一一世紀後半から一二世紀に顕著にみられる陶磁器の大量一括出土遺構は、宋商客の陶磁器倉庫の一隅であったと推定できる。彼らは、この地域に倉庫とおそらく店舗および住居を構えていたのであり、いわゆる〈住蕃〉の形態をとり、一一世紀後半に、すなわち鴻臚館から離脱し博多に〈唐坊《とうぼう》〉を形成しはじめたといえる」。彼らは、唐坊と呼ばれる地域に住み、日本人の妻を得て（場合によっては本国にも妻がいて）、子供を育て、両国語に通じ、くりかえし宋との間を行き来した。亀井は鴻臚館における貿易を「波打ち際貿易」と特徴づけていたが、それが「博多での住蕃貿易」へと変化したとする。

「出土遺物のなかで注意されるのは、第一に古瓦《こがわら》で、…唐代以来の中国系統の瓦である」。これらは「博多遺跡群に集中している。第二は、墨書《ぼくしょ》陶磁器のなかに、丁・柳・劉・王・張…など明らかに宋人名を記したものがあり、…こうした墨書のなかに、〈綱〉すなわち組、所有を表すものがある。これらは、宋商船に混載された品物の所属の混乱を防ぐために、一括して梱包されたうちの一個に示された略票である」し、宋人が居住していたことも記録からわかるし、これらのことから、「一一世紀後半から一二世紀に顕著にみられる陶磁器の大量一括出土遺構は、**宋商客**の陶磁器倉庫の一隅であったと推定できる。彼らは、この地域に倉庫とおそらく店舗および住居を構えていたのであり、いわゆる〈住蕃〉の形態をとり、一一世紀後半に、すなわち鴻臚館から離脱し、博多に〈唐坊〉を形成し始めたといえる」と結論する。「鴻臚館における波打ち際貿易から、博多での住蕃貿易へと事態は推移していく」のである（一三〇－一三二頁）。

また、亀井は、「この時期の住蕃の形態は、わが国に限られた現象ではなく、アジア地域に共通してみられる」し、その開始時期も「一一世紀中葉」であるとしている（一三二－一三六頁）。これについては、第五節で取り上げる。

住蕃貿易については、武野要子《たけのようこ》『博多―町人が育てた国際都市』（岩波書店・新書、二〇〇〇年）も触れている。「聖福寺《しょうふくじ》の建立の場所は、〈宋人百堂〉の跡地であったと言われるが、この宋人とは、博多とその周辺地域に住みついた、通常〈住蕃《じゅうばん》〉とよばれる人々のことだ。ちなみに蕃は外国人のこと。故国へ船出する風待ちの間を利用して船を修理する。貿易品を揚陸、保管すれば、商品の傷《いた》みも少なく、売り急ぎによって生じる商売上の損失も防ぐことができる。最初はせいぜい二、三カ月、いや半年だった滞在期間が、やがて一年、二年へ伸び、やがて定住へ変わってゆく。いわゆる〈住蕃貿易〉は、右のような経過をたどることで、博多の歴史の中にしっかりと根づき、博多の都市形成に大きな役割を演じることになる」。「一一世紀末には、いわゆる大唐街（宋人百堂・宋人租界）が、博多に存在したのである」（三六―三七頁）。

4　薩隅地域と南島・宋との関係

日隈正守《ひのくままさもり》「律令国家の変質と中世社会の成立」（原口泉《はらぐちいずみ》・日隈ほか『鹿児島県の歴史』吉川弘文館・県史46、一九九九年）は、「薩隅地域と南島・宋との関係」の項を立てて、次のように述べている。「薩隅《さつぐう》地域と**南島**《なんとう》間の交易は、一一世紀前期においても行われていた」。薩摩国・大隅国から、京都の藤原実資あての進物に、南方産の、檳榔《びんろう》・営貝《えいばい》・蘇芳《すおう》・赤木《あかぎ》・夜久貝《やくがい》などが記録されている。また、宋からの輸入品も記録されており、「薩摩国が宋と交易していた可能性も強い」。島津荘《しまづのしょう》（後出）からの進物にも宋との交易品が含まれており、「島津荘が立荘された日向国南部および大隅国の隣接部や内部においても、宋との交易がおこなわれていた可能性がある」。また、一〇世紀末の「南蛮人《なんばんじん》（奄美島人《あまみとうじん》）襲撃事件」（本書では第六節で扱う）も例にあげつつ、「一〇世紀においても薩隅地域と**南島**との交易は行われていたと考えることができる」と述べている（八〇頁）。

ここでの「南島」はその範囲が明確でないが、前著（シリーズ2）で見たように、沖縄島との直接的な関係は想定しがたく、奄美諸島までに限られており、その奄美を媒介して間接的に結ばれていたと考えられる。

5　島津荘の成立と大宰府領の拡大

日隈正守（前掲書）は、「島津荘の成立」についても論じている。「律令政治が動揺した一〇世紀以降、朝廷は地方政治を国司官長にゆだね、そのかわりに朝廷への納税請負を命じた。朝廷はまた、西海道《さいかいどう》諸国の支配権を**大宰府**に委任した。大宰府は、管内諸国の支配権を掌握し、国司の管国支配や寺社の所領支配にも介入した。大宰府と管内諸国の国司や寺社などとは、対立関係にはいった」。「大宰府は管内支配強化のため、一〇世紀末に大宰府構内に政所《まんどころ》を設置した。この政所は、多くの監《げん》・典《てん》たちにより構成されていた。彼らは大宰府の実務を担当し、府官《ふかん》と呼ばれた。府官たちは大土地所有を展開し、王家領・摂関家領荘園を立券していった。摂関家領**島津荘**の成立も、この時期における政治情勢のなかで考察する必要がある」。島津荘を立荘した（荘園を立てた）のは大監《たいげん》・**平　季基**《たいらのすえもと》で、万寿《まんじゅ》年間（一〇二四〜二八）に、「無主」で「荒野之地」を開発して、宇治《うじ》関白家（藤原頼通《よりみち》）に寄進して成立したとされている。平季基は、「府官」であり、鎮西《ちんぜい》平氏（薩摩・肥前《ひぜん》平氏）の祖とされる。「季基が立荘した場所は、日向国諸県《もろかた》郡島津（宮崎県都城《みやこのじょう》市郡元《こおりもと》付近）の地で」ある。

立荘してすぐ、「季基は、長元《ちょうげん》二（一〇二九）年、大隅国府を焼討ちにしている」。すでにあった国府の支配地域への進出による摩擦が原因であろう。国府側は大宰府に訴えたり朝廷に訴えたりしたが、季基は関係者にわいろを贈っており、「おそらく厳罰には処せられなかった」らしい。「結局、季基の立荘した島津荘は、この後、大隅・薩摩両国内に拡大し、領域的に日本国内で最大規模の荘園になるのである」(八一-八四頁)。このことについては、摂関家の荘園開発とかかわって、本章第一節6でも取り上げた。

日隈は、一〇世紀以降の地方の状況を次のように描いている。「国司官長」は、その支配する「国」から徴税して、中央政府に納税する「請負人」であるが、その「国」の「郡司《ぐんじ》・百姓《ひゃくせい》たち」と対立することが多くなってきた。「一一世紀なかばごろ、朝廷は地方政治を改変した」。一つは、「国司官長」の権限を弱めて、中央政府が地方政治に関与するようにした。もう一つは、「国―郡―郷」という縦の関係ではなく、「郡・郷・院」を対等な横の関係に置き、それを「国衙」が直轄支配することにした。「郡郷制」という。「国司長官」と対立していた「郡司・百姓たち」は、「郡・郷・院」の役人に起用されて「郡司・郷司・院司」となった。「朝廷は、西海道管内諸国については、大宰府に支配させた」。大宰府が「国司官長」を抑える傾向になり、それと対立していた「郡司・百姓たち」は、自己の管轄する「郡・郷・院」を「大宰府領」(府領)として寄進し、大宰府と結びついた。「この結果、一一世紀ころに、大宰府領は飛躍的に拡大した」。筑前《ちくぜん》・豊前《ぶぜん》ではやや早く、薩摩・大隅が続き、肥後《ひご》・日向《ひゅうが》はやや遅れて、同じような改変が進んだ(八四-八六頁)。

6　宇佐八幡宮の荘園開発と西国の武士

西谷正浩《にしたにまさひろ》「荘園制と西国社会」（川岡勉《かわおかつとむ》・古賀信幸《こがのぶゆき》編『西国における生産と流通』清文堂・日本中世の西国社会②、二〇一一年）は、中世段階での「九州最大の地方権門」である、宇佐八幡宮の開発を次のように述べ、「平安後期の西国は、きわめて活発な〈開発の時代〉を迎えていた」ことの例証としている。宇佐宮は「豊前・日向を中心に、薩摩・大隅を除く九州諸国に膨大な所領を有した」。まず、「荒野」とは「完全な未開地だけではなく、荒廃した既墾地を含む」概念であることを指摘して、「最温暖期とされる一一世紀をピークに荒野の開発が進み、日向国・豊前国では、宇佐宮が所有した開発田だけで、すでに二〇〇〇町歩近くに達する。開発事業の主たる担い手は、大宰府や国・郡など地方行政機構の職員の身分をもつ者や、宇佐宮関係者などの地域の公権力につらなる人びとであったが、開発所領（私領）の規模や立地条件はじつに多彩である。その規模は一町程度の零細なものから、五〇〇町を超えるものまで、大小様々で、開発対象地も、中世的開発の典型とされる谷戸《やと》の開発を最多として、河川の浸食作用で段丘化した荒廃耕地の再開発や、未開地である大河川河口部の低湿地の開発、海浜部冠水域の干潟の干拓、長大な用水路建設をともなう平野部の大規模開発など、バラエティーに富んでいる」（一〇-一一頁）。

　このことは地方にも波及し、国司や荘司が、各地から人を招き寄せて、岩石を取り除き、草木を切り払い、田畑をつくり出していった。こうして、人が移住し、新しい村落が生まれ、「中世社会の基盤が次第に形作られていった」。その主体となった国司や荘司などの側も、武士として成長しつつ、「拠点を移動させながら一族の勢力を拡大していった」。その事例として、日向の土持氏（田部姓土持氏）、豊後の大神《おおが》氏、大宰府に進出した大蔵氏などがある（一二一―一二三頁）。

大蔵氏については、次のようにいう。「大蔵氏は、藤原純友の乱の鎮圧に活躍した大蔵春実の系譜をひく。名だたる都の〈武士の家〉であった。大蔵春実の次世代あたりから、大蔵一族は各地に下向しはじめ、大宰府には、一一世紀ころに春実の孫種材が下って以降、代々府官を務め、西国を代表する武士団にまで成長した」。その一族は九州一円に「増殖」していった。それには「筑前国の原田氏・秋月氏、筑後国の三原氏・田尻氏・高橋氏、肥後国の大矢野氏などがいるが、平安末期段階における大蔵氏一族とその所領は、一説に三七〇〇余町といわれる広大な所領を有していた権《ごんの》少弐《しょうに》原田種直や、豊前国の税所職《さいしょしき》・田所《たどころ》職を兼帯して同国に数多くの所領を領した板井氏（大蔵種人・種遠父子。種直・種遠は従兄弟）をはじめ、筑前・筑後・豊前・肥前・薩摩におよぶ」（一一三―一一四頁）。

なお、本章第一節の「8　荘園の寄進と開発領主」と「11　大開墾の時代」を参照されたい。

第五節　宋代の貿易と南海・日本・沖縄

1　宋代の南海貿易

長沢和俊『海のシルクロード』（前出）は、「宋代の南海貿易」について、次のように述べている。「南海」とは、すでに示したように、中国から見た南方のことである。まず宋の以前、「イスラム商人の進出により、九―一〇世紀の南海路はますます繁栄した。イスラム商人たちは盛んに広州、泉州、明州（寧波《ニンポウ》）、杭州などに来航した」。その後、「一〇世紀の中頃には中国船がマレー半島まで進出し、ケダー付近でイスラム船と交会していた」（一〇九頁）。ケダーは、マレー半島西岸にある。イスラム商人のアジア進出は、まずインドを経て、東南アジアから始まるが、そのことについては第三節で扱った。

そして宋代に入る。「宋代（北宋九六〇―一一二七、南宋一一二七―一二七九）には、華北には遼・金が侵入し、西北地方は西夏に占領されたので、いままでのような中国と西域との交通［いわゆるシルクロード―来間］は途絶し、南アジア、西アジアとの海上貿易はますます盛んになった。その結果、広州、泉州、明州、杭州に海外貿易の役所として市舶司《しはくし》を置いた。市舶とは互市舶のことで、中国から外国へ行く船と外国から中国へ来る貿易船を指すが、こうした内外の貿易船についての一切の事務を行なう役所が提挙市舶司《ていきょ》で、その長官は提挙市舶と呼んだ」。「宋代になると南海貿易の繁栄にともなって、市舶司の制度は次第に整備された。宋は始め広州、明州、杭州の三港を外国貿易港に指定していたが、のちに広州、明州、泉州、温州《おん》、杭州、秀州、密州に外国との貿易を司どる市舶司をおき、貿易事務を管理させた」(一〇九－一一〇頁)。元代には「市舶提挙司」と呼ばれる(一一一頁)。

北宋時代には「杭州(広東)」が貿易の中心だったので、そこに「多数のイスラム教徒が来住した。そこで広州では市内に蕃坊《ばんぼう》、蕃港をおき、イスラム教徒の居住を許した。蕃坊には蕃長司という取締まりの役所がおかれ、居留民中の実力者が蕃長となった」。南宋時代には「広東にかわって泉州《ザイトン》(一〇八七年市舶司設置)が栄え、多数のアラブ人、ペルシア人が来住した」(一一一－一一二頁)。「蕃坊」とは、蕃すなわち外国人、坊すなわち町で、外国人商人たちの住む町のことである。

一方、中国船の南海進出も確認される。「宋代になると、初めて中国の文献にも広州の船とか泉州の船とかが出てくる」。「一一世紀になると、南インドのクイロンまで、中国船が進出している」(一一四頁)。

長沢は、中国製磁器の役割の大きさを強調する。「一〇世紀頃から中国の景徳鎮《けいとくちん》などで作られた磁器が注目され、重要な輸出品になりつつあった…。しかも良質の陶土とあり『アブ＝ザイド『シナ・インド物語』から文が引かれているが、そこには「良質の粘土」とある—来間]、陶土自体も商品であった。しかし磁器の製作には非常に高温の窯《かま》と石炭が必要だという。西アジアには登り窯とか石炭がなく、結局磁器は作れず、結果として中国の陶磁器貿易が、ますます盛んになったのである」。「イスラム商人は東南アジアで香料を買うときに、中国で購入した磁器を貨幣の代りに使ったようである。現在東南アジアやインドの各地から出土する陶磁は、いわば貨幣がわりに使用したもので、それ故にまた中国の陶磁が、東南アジア、インド、西アジアの各地から出土しているのである」。「一〇世紀以降には陶磁が絹にかわって、南海貿易の目玉商品となっていくのである」。「イスラム商人は東南アジア諸国で、中国の陶磁や絹や錦で香料を買ったという」。「つまり一〇世紀以降、中国から西方へ輸出される商品は、しだいに絹から陶磁に変化したのである。とくに南海貿易では絹から陶磁への変化がはっきり見られ、シルクロードは**陶磁の道**《セラミック・ロード》に変貌していったのである」（一一九―一二六頁）。

2　宋船の南海進出と胡椒

山田憲太郎《やまだけんたろう》『スパイスの歴史―薬味から香辛料へ』（法政大学出版局、一九七九年）も、次のように述べている。「一〇世紀にマレイ半島の南部まで進出していた中国船は、一二世紀後半の南宋代にはインドの南部へ到達していた」（三五頁）。「一四世紀半ば頃（一三二五年から五四年にかけて）のアラビア人旅行者イブン・バトゥータは、彼がインド南部のカリカットに滞在していた時、一三隻のシナ船が入港していたという」、「バトゥータもまた広東、泉州を親しく訪れた一人で、ポーロ『東方見聞録』の著者、マルコ・ポーロ―来間」の説明と相対応して、元代の南方海上に航海していたシナ船の姿を如実に物語っている」、その他の中国側の資料も合わせて言えば、①「船幅も広く積載力も大きくて、乗船する船客は六〇〇人に達し、母船には数隻の柴水船という艀《はしけ》を附属するほどのものであった」、②「このような大船舶を所有する船主すなわち商業資本の存在」があり、彼らは実に「強大であった」のである（三八‐四〇頁）。

また、こうも述べている。「ここで注目されるのは、北宋代には南海各国からの朝貢船による貿易の方が多かったようである。一二世紀の南宋以後、一四世紀の元代にかけて、新興商業資本による海外進出が盛大となって、貿易の主体はこれに変った。西方イスラムやインドの商人は、シナ船を利用して盛んに渡来したのであるから、貿易収入の多くはシナ船とその船主の手にあった」（四一頁）。

この南海進出の動機の大半が「胡椒」の入手にあった。「中国人は古くから彼らの生活の中心である食生活に、特異な刺戟である辛さと、特徴のある味と臭さを求めていた」、「中国人が古くから用いていた調味料は、本来の香辛料（spices）というより、むしろ薬味（herb）であるという方が妥当である」、「宋代以後、中国人の薬味の使用は一段と増加し変化を示している」、もともと「中国独自の香辛料」である「料物（りょうぶつ）」というのがあったが、「これらの料物に胡椒、蓽撥《ひっはつ》（長胡椒）、蓽澄茄《ひっちょうか》（キュベーブ）、その他南海産のスパイスが新しく用いられているのが注目される」。胡椒と呼ぶのは次の理由による。「椒とは辛辣《しんらつ》味のある植物の果実の一般的な名称で、特にさんしょう類を指してそういっていた。そしてこの椒のような、あるいはそれによく似ている辛辣味のあるもので、西北の外国すなわち胡の地方から来る椒——あるいは胡人によって将来される——椒というので胡椒といった」（二一一頁）。なお、蛇足をつければ、「ひつはつ」は英語ではpepperとなり、八重山諸島ではピパーツとなっている（来間）。

中国人にとって、胡椒はイランやインドから伝来するものであったが、「中国における胡椒の大消費」は一三世紀に現れる。その産地は、東ジャワのマジャパヒト国が主で、これにビルマ南部のマルターバン、その南のタボイが続いていた。しかし産地としてもっと大きなのはインド・マラバル海岸のカリカットであった。その「マラバルの胡椒はほとんど全部に近いほどオルムズ［西方ペルシア湾入り口の大貿易港―山田による。今はホルムズと呼ぶ場合が多い―来間］の馬船によって西方へ輸送され」、中国船には少ししか回されなかった。そのうち中国側への輸出先も既存の産地では足りなくなり、新たに「スマトラ西北端地方に胡椒の栽培が開始された」（四二―四九頁）。ここが新しい取引先となった。「それから中国大型船のインド航海は、大体一四世紀後半の元の時代をもって終ったと認められ、一五世紀の初めにはスマトラ島の西北端までであった。明の対外政策の方針もあるが、宋末から元初にかけての大型の中国船は、しだいに小型となり、東南アジアの海上を主として彼らの活躍舞台としたからである」（五〇頁）。

また、次の項とも関わって、注目されることがある。東ジャワからは胡椒のほかに白檀《びゃくだん》を入手したが、「東ジャワの主要な沿岸都市には相当数の中国人が定住して交易に当っている」（五三頁）。

3　日宋貿易の時代と「宋海商」

榎本《えのもと》渉《わたる》「東シナ海の宋海商」（荒野《あらの》泰典《やすのり》・石井《いしい》正敏《まさとし》・村井《むらい》章介《しょうすけ》編『通交・通商圏の拡大』吉川弘文

館・日本の対外関係3、二〇一〇年、三〇-五六頁）は、「日宋貿易の時代＝九七八年～一二七六年」として、次のことを述べている。東シナ海において、海商は九世紀から登場したが、そのころは国家の海上交通に対する管理体制は未整備であり、それが一一世紀初めまでに、宋・高麗・日本ともに確立する。その拠点貿易港は、宋は**明州**《めいしゅう》、高麗は**礼成港**《れいせいこう》、日本は**博多**《はかた》であった。その管理は厳格なものではなく、「国家と海商が柔軟で安定した共生関係下にあった」のである。

そこで活躍したのはほとんどもっぱら「**宋海商**」であり、彼らが高麗や日本に出掛けて、取引をするのである。なかでも「宋代には泉州人を含む福建海商が大いに活躍した」。彼らは商品や人（密航者や逃亡者など）を運ぶだけでなく、公文書を伝達し、海外情報をもたらし、外交に先立つ根回しをした。「海商は九世紀には恒常的な往来を始め、一一世紀には東シナ海に面する三国が彼らとの安定的な関係を構築した。各国の人々は海商を通じて、随時必要とする外国製品を入手することが可能になった」。

榎本は、一二世紀後半に貿易管理体制が変化したことについて、大宰府の一元的管理が後退して、宋人居留区が拡散し日本人と雑居するようになり、また彼ら宋海商たちは、博多周辺の寺社・荘園と関係を構築していく、と述べている。この寺社・荘園側にある有力者たちは、国家の管理を乗り越えてみずから直接海商と接触するようになっていくのである。

佐伯弘次《さえきこうじ》「博多と寧波《ねいは》《ニンポー》」（同上、『通交・通商圏の拡大』）は、大宰府鴻臚館《だざいふこうろかん》による貿易管理は一一世紀半ばに廃絶し、一一世紀後半には博多を拠点にした日宋貿易の時代に入る、とする。まず「長く定説であった、一一世紀における日宋貿易の荘園内密貿易説が否定され、今日では大宰府による貿易の管理が一二世紀前半までは継続したという見解が支配的になっている（山内晋次《やまうちしんじ》二〇〇三『奈良平安朝の日本とアジア』）。渡辺誠《わたなべまこと》二〇〇九b「年紀制の消長と唐人来着規定―平安時代貿易管理制度再考―」『ヒストリア』二一七）。そうすると、大宰府鴻臚館の廃絶によって、日宋貿易の拠点は鴻臚館の東方にある博多に移動したが、大宰府による貿易の管理はまだ継続していたということになる」という（一四八頁）。

佐伯は、当時の日宋貿易について、次のように述べている。①以前は、宋船は日本海側などにも来航していたが、「一二世紀の第一四半期を過ぎると、…博多への一元化が進む」。②「日本に来航した宋商は、明州から日本に赴いた」。台州の商人もいたが、「むしろ福州・泉州などの福建商人が多かった」。日本からの渡航は、その逆をたどった。③「宋代の市舶司では、まず商品の一部を徴収し（抽解）、禁榷《きんかく》品（専売対象品）や他の商品を買い上げ（博買）、その後で私貿易を認めた」。このような二段階の貿易は、日本の鴻臚館貿易のあり方と「共通する」。④「こうした日宋貿易の主たる担い手は、中国から来航したり、日本に居住したりする宋商人であった」。「日本人」とか「倭商」と言われていても、「実際には日本からやってきた宋商たちであった」。⑤「日宋貿易は、日・宋・麗［高麗］の連関的発展を無視できない」。宋商人が来住し、「一一世紀後半以降、日本貿易に従事する海商と、高麗貿易に従事する海商とが、明州や杭州で頻繁に交錯するようにな」っていった（一四八‐一四九頁）。

4　日宋貿易と沖縄

佐伯弘次「博多と寧波」はまた、琉球列島についても触れている。①「琉球列島でも同時期の**宋陶磁**が出土しているが、出土状況は九州の一般的な遺跡と変わらず、琉球列島内に中国と博多を往来する交易船が寄港した所産であったと理解されている（新里亮人《しんざとあきと》二〇〇七［「九州と琉球列島の交流―中世並行期―」『考古学ジャーナル』五六四］）。つまり、「中国からまず博多に入ってきた後に、各地に流通した」という理解である。②博多が最も多いが、その周辺にもあり、「奄美大島や沖縄諸島」でも、発見されているものに**碇石**《いかりいし》があるが、これは貿易船が往来したことを示している。③「各地で出土する**滑石製石鍋**《かっせきせいいしなべ》も、日宋貿易との関係で注目されている。琉球列島でも出土するが、「こうした琉球列島出土の石鍋は、西彼杵《にしそのぎ》半島［産地―来間］からいったん博多に集められたものが、博多に拠点を置く商人によって琉球列島にもたらされたという（新里亮人二〇〇四［「カムィヤキ古窯の技術系譜と成立背景」、今帰仁村教育委員会編『グスク文化を考える』新人物往来社］）。この見解をもう一歩進め、博多から琉球列島に石鍋を運んだのは、博多居留の宋商人という見解が出された（鈴木康之二〇〇六［「滑石製石鍋の流通と消費」、小野正敏・萩原三雄編『鎌倉時代の考古学』高志書院］）。日宋貿易と国内流通を結合させた興味深い見解であるが、中国と博多を往来する宋商人が博多から琉球列島に赴いたという文献史料はなく、生産地と宋商人との関係も含め、さらなる論証を期待したい」（一五二―一五四頁）。佐伯は、鈴木康之の説には同調していない。

比嘉春潮『沖縄の歴史』(全集第一巻・歴史編I、沖縄タイムス社、一九七一年。初出は一九五九年)も、日宋貿易について、次のように述べている。「一〇世紀のころ、宋が大陸に集権的国家をつくって以来、その商船は私的に九州に来航し、博多、坊の津には商人が集まって、宋との貿易は盛《さかん》であった。鎌倉時代に入り、いよいよ活発となり、幕府は鎮西奉行をおいてこれを管理させた。初めの頃は西国の豪族や商人が博多附近に在留する宋の商人と協同して貿易を行ったものであったが、一三世紀頃は毎年四、五〇隻の日本船が南宋に渡った」。そして、その輸出品・輸入品や、宋銭のことにも触れているが、沖縄との関係は出てこない(五八-五九頁)。

5　宋商人の海外居住と日本・沖縄

一一世紀の東北アジア、東南アジアの歴史には、沖縄史を考えるヒントが、少なくとも二つ含まれている。一つは、中国商人(宋商)は日本や東南アジア各地に住み着いて交易に従事していたということであり、もう一つは、沖縄への稲作の伝来ルートのことである。

まず、中国商人の海外居住について見ておこう。第四節3で見たように、亀井明徳「日宋貿易関係の展開」は、「この時期の住蕃の形態は、わが国にかぎられた現象ではなく、アジア地域に共通してみられる」と述べていた。これをややくわしく紹介しよう。

「この時期の住蕃の形態は、わが国にかぎられた現象ではなく、アジア地域に共通してみられる。〈**住蕃**〉というのは、宋人が彼らにとっての蕃夷《ばんい》国に寄住し貿易活動を営むことを表す語で」あり、宋人は日本だけでなく、各地に居住して、それぞれの国・地域と中国との貿易に関与していた。①「住蕃」という語は「北宋末期の広州辺の見聞を記した『萍州可談《へいしゅうかだん》』（一一一九年）巻二にみられる」。②『宋史』巻一八六高麗伝に〈王城に華人数百あり、多くは閩《びん》（福建）人〉とあ」る。③『宋会要』一一一二年（政和二）には、入蕃の海商が〈住冬〉という名目で数年滞留し、なかには二〇年間も滞まって現地で妻をめとり、子（土生唐人、矯生）を養育している者がいるとあ」る。④『真臘《しんろう》風土記』異事の項の、真臘（カンボジア）に三五年居住している温州出身者の存在」が記されている。⑤『島夷雑誌』仏囉安の条には、三仏斉《さんぶつさい》（インドネシア）に属していた仏囉安では、港の守護神を地人と唐人が共通して信仰していること」が記されている。⑥『島夷志略』にはジャワ島杜板《つばん》に広東・泉州人が定住していること」がみえる。また、和田久徳《わだひさのり》の研究を指示して、「大越《だいえつ》（交趾《こうち》）、占城《せんじょう》、闍婆《じゃわ》など東南アジアに広汎にみいだせる」ともいう。

「こうした住蕃の開始時期は、大越のように中国と隣接した国は別としても、おそくとも一一世紀中葉に求められる。それは朝貢の際の上表文に現地語と唐（漢）字の両方が用いられていることにより推定される。占城は一〇五〇年（皇祐二）正月の朝貢に際して、蕃書と中国書の二通をはじめから用意し、同様に南インドの注輦《ちゅうれん》［チョーラ朝―他書により来間］は一〇七七年、三仏斉は一〇八二年の記録があり、すでに現地政権と密着し、蕃漢の書に兼通した宋人が存在している」。

「このようにして博多唐坊の成立は、東アジア・東南アジアにおける住蕃の開始と期を同じくしているわけであり、共通した動きの一環として理解すべきであろう。東南アジア諸国は、わが国と違って宋と朝貢関係を結んでおり、朝貢貿易や外交交渉において、宋商客がそれを媒介している。

…住蕃商人の貿易は、政・商をからませ、権力機構と密着することによって成り立っていたといえよう」（一三一―一三三頁）。

田名真之《だなまさゆき》「華人社会と久米村」（池宮正治《いけみやまさはる》・小渡清孝《おどきよたか》・田名真之編『久米村―歴史と人物―』ひるぎ社、一九九三年）は、琉球王国成立期の沖縄に結びつけて次のようにいう。「マレーシアの首都クアラルンプールから約八〇キロのところにマラッカ（現在ムルカ）がある。かつて一五～一六世紀、東と西を結ぶ世界的交易センターとして繁栄した港町である。その中心の近くにブキット・チナ（シナの丘）と呼ばれる小高い丘がある。丘全体が中国系の人々（華人）の一万二千余基の墓で埋め尽くされている。墓石の文字は風化が進み、読み取れるのは清代乾隆以降、道光・咸豊から民国代（とはいえ戦前期）のものが大半を占める。街中にはチャイナタウンが形成されており、百年～二百年を経た建物の屋根も中国南部独特の形をしている。／一五世紀初頭、鄭和《ていわ》の大艦隊がこの地を訪れた時、すでに華人はこの街に住みついていた。マラッカに限らず、一四～一五世紀、あるいは宋・元代［一一世紀～―来間］から中国商人たちは広く東南アジアに居住し、貿易に従事していた。／明朝は華夷秩序に基づく冊封＝朝貢体制を築くため、各地の王権を冊封し、朝貢を促したが、その際、各地の華人はその地の王権と結びつつ、対中国貿易を展開していったと考えられている。／ひるがえって**沖縄**をみるなら、状況はほとんど一緒であろう。多分一三七二年、公的な明朝への入貢以前から、中国人は沖縄にいた、あるいは往来していたと考えられるのであり、一三七二年以降になると外交顧問としての中国人の派遣、任命、海船の賜給に伴う船員の下賜など、朝貢国の体裁を整えさせたといえよう。東南アジア各地に張りめぐらされた華人のネットワーク、沖縄の中国人たちもそれとリンクすることによって琉球王国の大交易時代を現出させていったと考えられる」（一三四-一三五頁）。田名は、沖縄にも東南アジア各地と同様に中国商人たちが居住していたことを指摘するとともに、中国（明）が沖縄にいろいろと支援して、「朝貢国の体裁を整えさせた」と述べているのである。

のち、一五世紀に王国になるとされる琉球の場合も、それ以前から宋商客などの居住地（後の「久米村《くめむら》」）があり、そこを拠点にした住蕃貿易の実態があって、そのことが先行して、歴史が展開したのである。その具体相については、のちに取り上げる（シリーズ4）。

6　占城米の華南への導入と沖縄への伝播

「2」で紹介したように、宮沢知之・杉山正明「東アジア世界の変容」の記述の中で注目すべきは、次の一節である。「そこで政府は一一世紀初め、粗野ではあるが成長期間の短い占城米《せんじょうまい》を頒《はん》給《きゅう》したり、勧農使《かんのうし》を派遣して農業の振興につとめた」（一八七頁）。この「占城米」（チャンパ米）はインディカ米であり、「粗野」とは労働集約型ではなく粗放型だということである。

また、伊原弘《いはらひろし》「宋と高麗」（前出、『宋と中央ユーラシア』）は、次のように述べている。「真宗《しんそう》時代に輸入されて福建省から江南を中心とした一帯に一挙に三万斛《こく》［＝石《こく》―来間］ももたらされた占《せん》城《じょう》米は、国民に食を与えるとともに良質な米の取引へとつながってゆく。そして、農村の変化につながる」（九七頁）。その年表には「一〇一二　宋、福建に占城稲を求め、江南・淮南《じゅんなん》・両浙三路に分給播種《はしゅ》」とある。占城はチャンパの中国語表記である。

もともと水稲の発祥地である長江中下流域から伝わっていった稲（多年性）が、北へ東へと伝播していく過程で、温帯適応型に順応していって「ジャポニカ米」（短日感光性）として定着したが、一方で、西へ南へと伝播していったその稲は、長い歴史を経てインドの風土に適した稲（一年性のインディカ米）を成立させた。そしてやがてインドから東南アジアへと伝播していった。いわゆる「東南アジアのインド化」（本章第三節）の一つの要素である。占城（チャンパ）は今のベトナム中部あたりに成立していた国家である。その東南アジアに定着したインディカ米が、この一一世紀初めにあらためて政府（宋）によって導入された、ということなのである。

本シリーズ1『稲作の起源・伝来と〝海上の道〟』で紹介した池橋宏《いけはしひろし》の議論（上・二六三―二六六頁）を要約して再掲すれば、次のようになる。①長江中・下流域で、野生イネ（多年性）が栽培化された。それを担ったのは越・タイ語系の人びとであった。②これらの人びとが、北方の黄河文明の人びとに圧迫されて、南下及び西進していった。③「西に波及したイネの品種群は、その経路に存在した野生イネとの交雑の影響で遺伝的な基礎が多様化し、さらにインドの雑穀栽培に適合するような変化を遂げて、一年性の**インド型**イネが成立した」。④「南下したものは島嶼部を経由してジャワやフィリピンに及んだ。それは後に**ジャワ型**と呼ばれた」。⑤「東と南に波及したものは遺伝的な基礎に大きな変化を受けていないので、まとめて**温帯あるいは熱帯の**〈**ジャポニカ**〉であると分類された」。⑥「インド型のイネは、インドの強力な文明と農耕方式とともに、東南アジアへ普及した」、「スマトラ、カンボジアおよびベトナムの一部は、〈インド化〉された」。⑦「そこで栽培されて来たインド型のイネ（占城《チャンパ》イネ）が一一世紀頃、中国の長江流域での〈江南開発〉において評価され、〈勅命〉によって普及した」。当時の日本でもその影響でインド型が部分的に導入された」。

また、横倉雅幸《よこくらまさゆき》「東南アジアにおける稲作の始まり」（前出、『原史東南アジア世界』岩波講座・東南アジア史1、二〇〇一年）も、次のように述べている。「東南アジアへの稲作の侵出と急速な拡散は、湿潤熱帯に適応した**熱帯ジャポニカ**という栽培稲の選択と、栽培技術的にも雑草対策、湿地での冠水対策などが整った結果である。熱帯ジャポニカは（おそらくインディカ型野生稲との交配の結果）温帯ジャポニカが保有していた日照時間の変化により発芽したり結実したりする性質［短日感光性—来間］を喪失した上、耕地造りや灌漑にあまり手間をかけない粗放な栽培法に耐える力を身につけている。熱帯ジャポニカの性質を巧みに活用した熱帯焼畑や交配湿地での無耕起稲作のような栽培システムが確立した時、温帯に生まれ育ったジャポニカ稲作は苛酷な自然に立ち向かう強靭な〈**東南アジア型稲作**〉に変身し、行く手を遮っていた巨大な環境の壁を突き破ったのである」（七八頁）。

高谷好一《たかやこういち》「太唐米に海域世界をみる」（大林太良《おおばやしたりょう》著者代表『海から見た日本文化』小学館・海と列島文化第一〇巻、一九九二年）は、次のように述べている。「太唐米《たいとうまい》とは、中世の日本に到来し、西日本でかなり栽培された外米のことである。たとえば、貞享《じょうきょう》元年（一六八四）の土佐（高知県）では藩の蔵入《くらいり》米の七二パーセントが太唐米であったという［安田健「日本の籼稲」一九八一年—高谷による］。土佐は例外的に多く作られたところで、他のところではそれほどでもなかったが、それでも西日本全体としてはかなり多く栽培された」（三七九頁）。

そのうえで、「既存の議論」を四項目にわたって紹介している。①「太唐米はいわゆるインディカ系統の稲だという議論である」。②「太唐米は中国の秈《せん》と同じだという議論である。この秈はさらにもとをたどれば占城稲《せんじょうとう》に行き着くという議論である。占城とはチャンパ（二世紀にチャム人の建てた国）、すなわち、今の中部ベトナムのことで、ここから中国にもたらされたというのである。中国の記録では、大中祥符《たいちゅうしょうふ》五年（一〇一二）、北宋《ほくそう》（九六〇〜一一二六）の真宗《しんそう》が福建《ふっけん》（中国の南東部、台湾海峡に面する）からこれを江南《こうなん》（揚子江《ようすこう》以南の地方）に導入したということになっている［嵐嘉一『赤米考』雄山閣出版、一九七四年―高谷による］。また一説では、真宗はこれを中部ベトナムから直接、インド緑豆《りょくとう》とともに輸入したともいわれている［斯波義信《しばよしのぶ》「占城稲をめぐって」、渡部忠世《わたべただよ》・桜井由躬雄《さくらいゆみお》編『中国江南の稲作文化』日本放送出版協会、一九八四年―高谷による］」。「太唐米は結局そのもとは中部ベトナムに起源しており、そこから中国を経由し、宋代（九六〇〜一二七九）か元代《げん》（一二七一〜一三六七）に、日本に入ってきたということになる」。③「この太唐米にはインド文化の影響を見いださざるをえないという議論である。太唐米はたんにインディカ系の外米というだけではなく、その収穫後の調製の方法までもがきわめてインド的であるというのである［応地利明「『成形図説《せいけいずせつ》』にみる赤米の栽培・加工技術―そのオーストロ＝ネシア的諸要素の検出―」『農耕の技術』六、一九八三年―高谷による］」。④「太唐米は、旱魃《かんばつ》に強く、しかも短期種であるから、中世日本の開拓前線に一挙に広がったという議論がある［宮川修一《みやかわしゅういち》「大唐米と低湿地開発」、『稲のアジア史3 アジアの中の日本稲作文化―需要と成熟―』小学館、一九八七年―高谷による］。…太唐米というのは劣質のコメである。しかし、きわめて短時日で生育を完了し、実を結ぶので、たとえ旱魃や洪水の危険のある土地においても、その期間を避けて、短期間に育てうるから、灌漑《かんがい》施設の整わない開拓前線などに広がったのだという意見で、筑紫《つくし》平野（福岡県南部と佐賀県東部に広がる平野）に例を求めて、農地拡大と太唐米拡散の関係を具体的に論じている」。このように紹介して、高谷は「以上のように、中世の外米、太唐米に関しては、今までのところ、育種学的、文献的、比較文化論的、あるいは農学的見地からの議論がなされている。私自身はこれらのすべてにまず賛意を表したい」という（三七九-三八二頁）。

この四つに、高谷は「第五の視点」、「海域経済史的な視点」を加えている（三八二-四〇六頁）。その要点を記す。高谷は「太唐米を海域のコメとしてとらえてみたい」といい、「太唐米はまさに、海外に開いていた時代の日本が受け入れた、国際市場に受け入れられるハイカラな米の最後のものだった」という。日本でも「古代や中世の稲作は海域的性格を強く持っていた」のであり、それが「急速に縮小した」のは「近世以降」であり、この古代・中世という時代は、海を媒介にして各地が結びついていた。この交易には「東西交易」と「南海交易」がある。「**東西交易**」は「中国と西方世界との間の交易」であり、海路としてはインド洋と南シナ海を経由して、中国に至った。「もうひとつの**南海交易**というのは、スンダ海を中心とした熱帯多島海の富を求めた、いわば一次産品の採集と搬出である。この地域の熱帯多雨林は、文字どおり世界第一の豊かな森である。そこには、沈香《じんこう》、竜脳《りゅうのう》、梅檀《せんだん》、丁子《ちょうじ》などの香料が大量にあった。真珠や鼈甲《べっこう》などの海産物も少なくはない。これらを採取し、搬出し、広く世界に売り出すのが南海交易である」。「ここで中心的な役割をはたしているのは中国である」。とくに「南宋が南海交易を本格化させた」。このような中国人主導の

「南海交易」が、南シナ海でインド系の商人が優越していた「東西交易」と接触し、関連づけられたのである。

もう一つ、米の性格に気候変動を加味して論じた、西谷地晴美・飯沼賢司《いいぬまけんじ》「中世的土地所有の形成と環境」（前出、渡辺尚志・五味文彦編『土地所有史』。西谷地執筆部分）には、次の指摘がある。「平安時代は確かに気候が**温暖化**した時期であったが、その実態は急激な気温変化をともなった、意外に厳しい気候変動期であった可能性が高いのである」、そのことがどのように影響を与えたか、西谷地は五項目挙げているが、その中の一つに次のことがある。「冷害の減少により北日本の水稲生産が安定化し、水稲の生育限界はかなり北上する。しかし、現在の栽培地帯では水稲は高温障害を受けやすくなり、太平洋岸と南西日本ではジャポニカ米の栽培が適さなくなり、インディカ米の高温適性を取り込むなどあらたな品種の開発が必要となる。また高温はイネの実りに影響し、日平均気温が三五度を超えると実のつく割合が急激に減少する」。高谷のいう太唐米の導入に、気候温暖化の影響もあった可能性がある。

沖縄に稲作が定着したのは一二～一三世紀以降であり、九州から伝来したジャポニカ米（温帯適応型・短日感光性）がなかなか定着しなかった沖縄に、水稲が定着できたのは、インディカ米をも一つの起源とする熱帯ジャポニカ米（熱帯・亜熱帯適応型・短日感光性喪失）の伝来によるものではないかと考えられる。それは、占城米（チャンパ米）を導入した中国南部から、直接伝来したのではなかろうか。

第六節　「奄美島人」の西海道乱入

一〇世紀末（九九四年）から一一世紀の半ば（一〇五四年）にかけて、「奄美島人《あまみとうじん》」が大宰府《だざいふ》管内の諸国（西海道）に乱入した。それは実は「奄美島人」だけではなく、「高麗人」「宋人」をも含む、いわば多国籍人の連合体であって、通常は海商としての活動をしている人びとであるが、時に海賊に転ずることもあるような、そのような人びとであった。この事件がどのように評価されているか、諸説を紹介する。

また、引き続き、一〇一九年に「刀伊《とい》の入寇《にゅうこう》」があった。刀伊は朝鮮の北西方にあった「女真《じょしん》人《じん》」のことである。これにも触れることにする。

1　日隈正守（一九九九年）

日隈正守「律令国家の変質と中世社会の成立」（前出）は、次のように述べている。「一〇世紀末の長徳《ちょうとく》三年（九九七）に、南蛮人《なんばんじん》（奄美島人）による薩摩など大宰府管内諸国襲撃事件が発生した。大宰府は、同年末南蛮人四〇余人を討伐し、翌年貴駕島《きがしま》（硫黄島）に命じ南蛮人を追捕《ついぶ》させたこと、翌々年には南蛮賊を追討したことを朝廷に言上している。この南蛮人襲撃事件以前には、奄美島人による大隅国人四〇〇人の略奪事件がおきている。こののち寛仁《かんにん》四（一〇二〇）年、南蛮賊徒の薩摩国襲撃事件が発生し、人びとが虜掠《りょりゃく》されている。以上の事件は、薩隅地域を含めた日本と南島との関係により発生した事件と推定され」る（八〇頁）。この「南島」に沖縄諸島が含まれているかは不明である。

2　中村明蔵（二〇〇四年）

中村明蔵《なかむらあきぞう》「古代東アジアと奄美・沖縄諸島」（鹿児島国際大学附置地域総合研究所編『沖縄対外文化交流史』日本経済評論社、二〇〇四年）は、次のように述べている。『日本紀略《にほんきりゃく》』の長徳三（九九七）年一〇月一日条、および一一月二日条を紹介して、「この一連の記事によると、大宰府管内諸国に〈南蛮〉が乱入し住民を掠奪したことを〈筑紫之騒動〉と呼び、諸社に幣帛《へいはく》したこと、翌月になると、その〈南蛮〉四〇人を伐獲《ばっかく》したことを、大宰府からの飛駅使《ひえきし》が朝廷に伝えている」。この南蛮の語は、『権記《ごんき》』や『左経記《さけいき》』にもあり、「したがって〈南蛮〉の語は、当時かなり流布して用いられていたことが知られる」。そこで、「南蛮」とはどこかの検討を進めて、『小右記《しょうゆうき》』には「奄美島者」と書いてあるが、襲撃の対象地が東部の豊前・豊後・日向を除く西海道全域に及んでいること、当時の奄美諸島で「三百人あるいは四百人を奪取して連れ去るほどの交戦力や船隻《せんせき》を備えていたとは…到底考えられない」という。奄美諸島も「その一つの拠点」ではあっただろうが、「おそらく中国大陸沿海部を主とした、一応は交易を目的とする海賊集団で、交易を偽装して北上してきたのではないか」とする（一八〇―一八四頁。ルビは来間）。

「奄美島人」は「南蛮」とも記されていたのである。

3　永山修一（二〇〇七年）

永山修一《ながやましゅういち》「文献から見るキカイガシマと城久遺跡群」（『東アジアの古代文化』一三〇号、二〇〇七年）は、次のようにいう。「『日本紀略』長徳三年（九九七）一〇月一日条には、大宰府の管内諸国に南蛮が乱入したことを飛駅《ひえき》して伝えてくる記事があり、『小右記』の同日条によれば、大宰府の解文《げぶみ》には乱入したのは奄美島人であると記されており、その何年か前にも同じく奄美島人による大隅国襲撃事件が起こっていたと記されている。また『左経記』寛仁四年（一〇二〇）閏《うるう》一二月二九日条には、南蛮賊徒が薩摩国を襲撃したとの大宰府解《げ》がもたらされ、その追討を命じる官符が出されたとの記事がある。さらに、『薩藩旧記《さっぱんきゅうき》雑録《ざつろく》前編』巻一に見える天喜《てんき》二年（一〇五四）二月二七日の大宰府符は、長徳三年を先例として、管内諸神に爵《しゃく》一級を進める［と―来間］命じているから、この年にも南蛮襲撃事件が起こっている可能性がある」（一五五頁）。乱入したのは「南蛮」ないし「奄美島人」である。

永山はさらに、「一〇～一一世紀の、南九州に関わる対外関係記事を拾ってみると」として、薩摩国が「唐馬」を左大臣に献上した、対馬島・大隅国に高麗人が漂着した、大隅国に漂着した宋人が殺害された、薩摩が高麗に使者を派遣して方物を献上した、「宋人一二人と倭人一九人が乗り組み、弓箭《きゅうせん》・刀剣・甲冑《かっちゅう》・水銀・真珠・硫黄・法螺《ほら》などを積み込んだ海賊船が捕えられる」などの記事があるとし、ここから「このように、日本の南方海域では、人々が広域に動いていたと考えられる」と結んでいる（一五五–一五六頁。ルビは来間）。

4　田中史生（二〇〇七・〇八年）

田中史生《たなかふみお》「九～一一世紀東アジアの交易世界と奄美諸島」（前出、『東アジアの古代文化』一三〇号）は、「奄美嶋人の西海道乱入は極めて注目すべき事件となる」と次のように論じている。『日本紀略』、『権記』、『小右記』をあげて、「これらによれば」として「長徳三年（九九七）一〇月一日、中央政府が大宰府から受けた報告は大略次のようなものであった。すなわち、兵具を備えた奄美嶋人が、肥前・肥後・筑前・筑後・薩摩・壱岐・対馬を襲い殺人・放火を行って、すでに三百人ほどの人々が掠奪されたこと、合戦では奄美人を多く射たがそれでもなお彼らは海上に浮かぶこと、また〈高麗国艤兵船《ぎへいせん》〉五百艘《そう》が日本に向かっているという浮言のあること、などである。しかも〈先年〉には、大隅において中央には報告されなかった奄美嶋人らによる四百人もの人民略奪事件が起こっていたという」。さらに、①この報告のひと月後も、「大宰府から〈南蛮〉四十数名を討ち捕えたとの報告があった。②二年後の八月にも、大宰府から〈南蛮賊〉追討の件が奏上されている。③寛平《かんぴょう》四年（一〇二〇）閏一二月、〈南蛮賊徒〉による薩摩国での人民略奪がおこった」（一七三–一七四頁）。

なお、長徳三年の場合は、当初「高麗人」の襲撃と勘違いさせる事態が起こったが、その背景には当時の高麗との緊張関係があった、とする（石井正敏「日本・高麗関係に関する一考察―長徳三年（九九七）の高麗来襲説をめぐって―」『アジア史における法と国家』中央大学出版部、二〇〇〇年による）。「ただし、西海道［九州―来間］の人々の意識には、奄美嶋人襲来を高麗の襲来と取り違えた中央貴族とはやや異なる面があった」、「西海道では奄美嶋人襲来と高麗船接近とが関連して起こると理解されていたようである」という。西海道の人々には「乱入した奄美嶋人の背後に越境的な交易者の協力のあること」は知られていたのである（一七四―一七六頁）。

「ここで留意すべきは、奄美嶋人には、兵具を備えて合戦をし、略奪した数百人を乗船させる、組織力と、武器・船のあったこと」、船は「刳り抜き船」ではなく「構造船」であったこと、「正確な地理認識と交通知識」を持っていたことであり、「これは、硫黄の運搬ルートなどで想定される、交易者のもの」であって、「奄美嶋人らのものではあり得ない」こと、「この事件の背後には、奄美諸島の外の協力者のあったこと」、「奄美嶋人と接触がある南九州に活動の場を持ち、対馬までの海上交通と船を熟知する交易者たちであった」ことが想定される。「実際、当時は、国際交易網自体が、出身地域や民族を超えた複雑な結びつきのなかで機能していた」。「一一世紀、こうした民族混交の商船が琉球列島産品なども積み込み、時に高麗沿岸で海賊行為に及ぶこともあった実態が浮かび上がる」（一七四―一七五頁）。

田中史生「古代の奄美・沖縄諸島と国際社会」（池田栄史編『古代中世の境界領域―キカイガシマの世界』高志書院、二〇〇八年）も、次のようにいう。「九世紀から本格化したとみられる大宰府の奄美諸島への関与は、交易者［国際交易ともかかわる奄美諸島外の人々—田中による］と奄美諸島の人々との個別的な結合を促がしていたとみられる。そしてこの矛盾が奄美嶋人の西海道乱入事件となって表出する一〇世紀の終わり頃には、大宰府が〈貴駕島〉に〈南蛮〉の〈捕進〉を命じたように（『日本紀略』長徳四年九月一五日条）、大宰府管する〈貴駕島〉は、交易者らとの関係を深めた奄美嶋人との対立に追いこまれていた」。つまり、「国際交易ともかかわる奄美諸島外の人々」と「奄美諸島の人々」との関係は深まっていたが、大宰府が奄美諸島への関与を強めた九世紀から、その矛盾対立があらわれ、〝奄美・国際交易者連合軍〟の西海道乱入を招いたと見ているのである（六二頁）。これを「〈南蛮〉襲来の動乱期」とも言い表している（六七頁）。

5 村井章介（一九九五年・二〇一〇年）と坂上康俊（二〇〇八年）

村井章介「王土王民思想と九世紀の転換」（『思想』一九九五年一月号、のち村井『日本中世境界史論』岩波書店、二〇一三年、に収録）は、七～八世紀の『日本書紀』『続日本紀』の南島記事（本シリーズ2『〈流求国〉と〈南島〉』第六章）を、律令国家が南島人を取り込もうとしているものと見つつ、次のように続けている。「ところが、九世紀なかばの円珍入唐の記事に、北風に流されて流求にいたった船頭が〈我等まさに流求の噬《くら》ふ所となるべし、之を如何せん〉と悲泣したとある（『唐房行履録』）のを経て、一〇世紀すえになると、奄美人の海賊が九州の沿岸を襲ったのを、〈南蛮賊徒〉の蜂起と記述する（『権記』長徳三年一〇月一日条）にいたる。九世紀を境とするこうした南島人像の転回は、南島人の側の性格変化によるものではあるまい。中央貴族の意識のなかで、境外の夷人が徳化の対象から恐怖の発源へと変貌をとげたのだ」（二二頁）。村井は、「奄美人の海賊」的行動は以前からあったものの、それを「徳化の対象」として律令国家体制に取り込もうとした七～八世紀までと、それを突き放して、「恐怖の発源」とみなすようになった九～一〇世紀以後とを、対比してみせているのである。

村井章介「古代末期の北と南」（ヨーゼフ＝クライナー・吉成直樹《よしなりなおき》・小口雅史《おぐちまさし》編『古代末期日本の境界―城久《ぐすく》遺跡群と石江《いしえ》遺跡群』森話社、二〇一〇年）は、『日本紀略』長徳《ちょうとく》四年（九九八）九月一四日条に、「大宰府、貴駕嶋《きがしま》に下知《げち》して、南蛮を捕へ進めしむる由《よし》を言上《ごんじょう》す」という記事があることに触れて、第四章第六節でみる「城久遺跡群」との関連を論じているが、その関連は別に置いておいて、ここで「南蛮」とされているものを「奄美海賊」とみなし、「この海賊自身が中国―南島―西九州―高麗をつなぐルートで活動した交易者の顔をもつとするなら」との章句をはさみ、そこに「注」をつけて、坂上康俊《さかうえやすとし》「八～一一世紀日本の南方領域問題」（九州史学研究会編『境界からみた内と外』岩田書院、二〇〇八年、四三頁）から、次の文章を紹介している（七頁。一一頁）。「ここに登場する〈奄美人〉……の実態については、中国大陸沿海部を主にした、一応は交易を目的とする海賊集団と見る説や、高麗系交易者との連携を見る説等が提起されており、『高麗史』の一一世紀後半の記事中にしばしば見られる南島―南九州―高麗を結ぶ交易ルートの存在を示唆する史料……に思い致せば、既に一〇世紀末という段階で、中国の諸港と、南西諸島、九州の西海岸、対馬・壱岐、高麗を結ぶ流通ルートや海上勢力ができあがりつつあり、奄美や南蛮の来襲事件は、その現象が日本本土に及ぼした余波の一つという見方が出来る」。

これは、一〇世紀末から一一世紀後半にかけて、「中国—南島（南西諸島）—南九州—西九州—対馬・壱岐—高麗」という交易ルートがあり、それを担う「海上勢力」がいたとしているものであるが、「南島（南西諸島）」に沖縄諸島も含まれるか、興味のもたれるところである。

6　吉成直樹（二〇一一年）

吉成直樹《よしなりなおき》『琉球の成立—移住と交易の歴史』（南方新社、二〇一一年）は、「奄美島人の襲撃事件」を次のように描く。「九九七年、…〈南蛮（奄美人）〉が大宰府管内に乱入し、人や物を略奪した」。彼らは、「薩摩、肥前、肥後、筑前、筑後、壱岐、対馬を襲い、三〇〇人以上が略奪された」。「それより前にも〈南蛮〉が来て、大隅国人四〇〇人を連れ去ったことがある」。「九九八年、大宰府は〈貴駕島〉に南蛮の追捕《ついぶ》を下知」し、九九九年には「南蛮賊」は「追討」された（『小右記《しょうゆうき》』『日本紀略』）。「貴駕島」はキカイガシマであり、喜界島のことである「可能性はきわめて高い（永山、二〇〇七〔永山修一「文献から見るキカイガシマと城久遺跡群」、『東アジアの古代文化』一三〇号〕、一六四）」。この「城久遺跡群に住んでいた人びとは相応の軍事力を備えていたと考え」られる。「一一世紀（一〇二〇年）に入っても〈南蛮賊徒〉が薩摩国を襲撃する事件が起きている（『左経記』）。一〇五四年にも南蛮襲撃事件が起きていた可能性があるという（永山、二〇〇七〔同上書〕、一五五）」（一三二—一三三頁）。

「ここでは喜界島に関する記事を永山修一（永山、二〇〇七／二〇〇八〔前出、永山修一「文献から見るキカイガシマ」〕）によって追ってみたい」（一三三頁）。永山の論は省略する。「このように見てくると奄美、南蛮が大宰府管内を襲撃する事件は一一世紀の半ばすぎまで続き、そしてその頃に〈キカイガシマ＝喜界島〉の位置づけが〈日本〉の〈外〉へと大きく変化していると考えることができる。そして、ふたたび〈日本〉の内に位置づけられるのは頼朝の喜界島征討が行われた一二世紀末ということになる。ヤコウガイ大量出土遺跡群が終焉を迎え、徳之島でカムィ焼の生産が始まるのも一一世紀代である」（一三四頁）。

「さて、大宰府管内襲撃事件を振り返ってみると、それを額面通りに受け取ってよいか、疑問が残る。田中史生が指摘するように、もし〈奄美人＝南蛮〉が奄美大島の在地勢力であるとすれば、九州西海岸を北上し、玄界灘を越え、対馬にいたる航海術を持っていなければならないこと、四〇〇人以上もの人間を略奪するには鉄などの武器を使い、構造船を使用しなければできないと考えられるからである（田中、二〇〇七〔前出、田中史生「九～一一世紀東アジアの交易世界と奄美群島」〕、一七四）。一〇世紀末の段階で、奄美の在地勢力がそうした武器、船やそれを操る技術を持っていたと考えられるかという問題である。／したがって、この事件の主体は奄美人ではなく中国海賊集団であったする説（中村、二〇〇三〔中村民蔵「古代東アジアと奄美・沖縄諸島」、『沖縄〔→鹿児島―来間〕国際大学国際文化学部論集』三・四、二〇〇三年。本節2で紹介した中村論文とほぼ同じものであろう〕）や、奄美嶋人と接触があり、南九州に活動の場を持ち、対馬までの海上交通と船を熟知する交易者が協力者として存在したとする説（田中、二〇〇七〔田中史生前掲書〕）が提出されるのは当然のことであろう。奄美人が高度な航海術を持っていたことは確かだとしても、鉄の武器を持ち、構造船を持っていたかどうかという点になると、やはり奄美人のみの襲撃事件と考えることには疑問がある」（一三五頁）。

村井章介の議論（前出、村井章介「中世日本と古琉球のはざま」）も紹介している。そのなかでは、奄美海賊の襲撃事件をめぐって、「奄美海賊への朝鮮人の参与」も「視野に入れる必要がある」などに触れている。

さらに、鈴木《すずき》靖民《やすたみ》の議論（「喜界島城久遺跡群と古代南島社会」、前出『古代中世の境界領域』）と、村井章介の議論（同上書）紹介している（両者は同じことを言っている）。一〇世紀末ないし一一世紀初には、喜界島と奄美大島とは、古代日本国家の「内」と「外」として、二分されていた。

7　山里純一（二〇一二年）

山里純一《やまざとじゅんいち》『古代の琉球弧と東アジア』（吉川弘文館・歴史文化ライブラリー、二〇一二年）は、次のように描いている。藤原実資《ふじわらのさねすけ》の日記『小右記《しょうゆうき》』（長徳《ちょうとく》三年＝九九七年）により、事件のあらましを述べたうえで、「この事件については、当時蔵人頭《くろうどのとう》として旬政に参加した藤原行成《ふじわらのゆきなり》の日記『権記《ごんき》』にも見えるが、そこでは奄美島の人ではなく南蛮人の犯行としている。編纂史料である『日本紀略《にほんきりゃく》』一〇月一日条にも南蛮の語が用いられている。ただ『百錬抄《ひゃくれんしょう》』は高麗人としているが、これは『小右記』の左近衛府官人の言葉を抄出した可能性が高く、実際に襲撃したのは南蛮人すなわち奄美島人だったと解して差し支えないであろう」。「襲撃の対象となったのが海夫であったことがわかるのも『小右記』であるが、これは襲撃事件の背景を考える上で重要である。海夫とは〈白水郎《あま》〉の流れをくむ人々で、船を所有し海を生活の場として暮らす海民のことである」。「奄美島人の襲撃事件は南島と九州との間で行われた交易に関するトラブルが原因であった可能性が高く、その交易を担っていたのが海夫であったと思われる」。「交易上のトラブルの内容については不明だが、たとえば海夫による交易において、対価物や転売の問題など著しい不公平な取引があったとか、あるいは海夫の中には自ら潜水してヤコウガイやホラガイを捕獲する者がいて、奄美島人の利権が損なわれるような事態が生じていたことなどが推測されよう」。「ただ問題となるのは、三〇〇人とか四〇〇人という拉致した人々を船に乗せていることや、襲撃の対象が大隅・薩摩などにとどまらず、肥前・肥後・筑前・筑後から壱岐・対馬まで広範囲に及んでいて、しかもそれらの国・島と互角に交戦していることである」。船の規模や鉄製の武器を想定して、「南蛮人襲撃事件が単独による犯行ではな」いとして、中村明蔵と田中史生の論を紹介している。そして、「朝鮮半島の当時の高麗国の人々が何らかの形で関与していた可能性を考えるのが穏当であろう」という。このことと「五世紀後半から六世紀初頭頃に朝鮮半島と琉球列島との交流があった」こと、少し空白があるが、「一〇世紀末頃には高麗国との間に琉球列島産の貝をめぐる何らかの交易ネットワークが形成されていた」ことを結んで、「そういう関係から高麗国の民間の交易集団が奄美島人の義憤に同情し、大宰府管内諸国の襲撃に同調・荷担することになったのであろう」と述べている（一三四－一四一頁）。

山里純一「平安時代中期の南蛮人襲撃事件をめぐって」（鈴木靖民編『日本古代の地域社会と周縁』吉川弘文館、二〇一二年。三二一-三三八頁）は、この問題について、「襲撃したのは『日本紀略』は南蛮人とし、『百錬抄』は高麗人とする」として、研究史を紹介し、近年の研究では「南蛮人の襲撃事件を東アジア交易と絡めて検討されるようになっている」と述べている。そして「南蛮人が大宰府管内諸国を襲撃したことは、藤原実資の日記『小右記』や藤原行成の日記『権記』双方の長徳三年一〇月一日条に記されている」と、その関係個所をくわしく紹介している。趣旨は前著と変わりない。

8　私のコメント

この問題に対する私のコメントはこうである。一〇世紀末から一一世紀初にかけて、数回の襲撃事件があったが、その主体は、南蛮人・奄美人・朝鮮人・中国人を含めて構成された、当時の〝海に拠り、海をまたぎ、交易を基本としながらも、時に略奪や襲撃におよぶ〟人びと、後の「倭寇」につながるような人びとを想定させる。このようなあり方は、以前からそう変わりなく続いていたものである。ただし、その中に沖縄諸島の人びとが含まれていたかについては、確証が得られていない。なお、第三章第五節参照。

なお、村井章介「古代末期の北と南」（前出）は「一五世紀後半の〈**朝鮮—九州西岸—キカイガシマ海域—琉球**〉**を結ぶ海の道**を、百数十年遡らせうる可能性があること」と述べているが、これは、次のような意味であり、賛同できる。一五世紀後半（一四七一年）に書かれた朝鮮の『海東諸国紀』に示された図に、〈朝鮮―九州西岸―キカイガシマ海域―琉球〉を結ぶ海の道が描かれているが、一三〇六年の「千竈時家処分状《ちかまときいえ》」に臥蛇島《がじゃ》を「わさのしま」と表記するほど朝鮮との関係が深かったとすれば、この「海の道」は一四世紀の初めやそれ以前に「遡らせうる可能性がある」というのである。なお、「千竈時家処分状」は、シリーズ4で扱う。

9　刀伊の入寇

佐伯弘次《さえきこうじ》「海賊論」（荒野泰典・石井正敏・村井章介編『アジアのなかの日本史　Ⅲ海上の道』東京大学出版会、一九九二年）は、「奄美島人」といわれた乱入者を「奄美などの南方の海賊であろう」としたうえで、「刀伊《とい》の入寇《にゅうこう》」に話を進めている。「一〇一九年（寛仁《かんじん》三）になると、平安時代最大の外寇にみまわれた。同年四月、刀伊の賊船五十余艘が、対馬・壱岐を経て筑前を襲い、警固所を焼こうとした。この刀伊の入寇は、大宰府府官の奮戦によって撃退されたが、壱岐では島司・島民を殺害し、筑前国沿岸部では、人民を奪い、民宅を焼き、絶野を登山し、馬牛を斬食し、犬肉を食し、婦女子を惨殺し、所々で穀米の類を運びとった（『朝鮮群載』巻二〇）。その被害は、対馬・壱岐から筑前・肥前と広範囲に及び、合わせて千数百人の日本人が殺害されたり、捕虜となったりした。さらに多くの牛馬が犠牲となり、対馬では銀山も焼かれた。人の殺害よりも人の掠奪の方が多いことは、この入寇の目的が、穀物・牛馬等の食糧の調達であるとともに、奴隷的労働力の確保でもあったことを示している」。これは、「牛馬の食肉を常とした北方系遊牧民ならではのものであった」（三七－三八頁）。

同じ著書の中で、高橋公明《たかはしきみあき》「異民族の人身売買―ヒトの流通―」は、「東アジアは基本的に自民族奴隷が卓越した地域であった。ところが、そのなかで、異民族奴隷を長期間にわたって社会に取込んできた民族がある。それは、中国東北部から沿海州を根拠地とし、古くは靺鞨《まっかつ》・粛慎《しゅくしん》、後世には満州《まんしゅう》人とも呼ばれた女真《じょしん》人（女直人）と総称される人々である」として、その入寇を、次のように描いている。「一〇一九年、約五〇隻の船団が朝鮮半島東岸沿いを南下し、対馬・壱岐・筑前・肥前を襲い、多大な損害を各地にあたえた。この事件は女真人が引き起こしたもので、これを日本史では〈刀伊の入寇〉と呼んでいる。このころ、女真人は朝鮮半島にしばしば侵入し、物資とともに多数の人々をも略奪し、高麗政府を悩ませていた。〈刀伊の入寇〉もその活動の延長線上にあり、このときも一二八九名という多数の人々が連行されている。ただし、高麗政府軍はこの船団を待ちぶせして打撃をあたえ、連行された人々三〇〇余名を救助し、九州に送還している。女真人のこのような活動を、一種の奴隷狩りと位置づけることもできる」（一三一頁）。

第二章　武士とその成立

第一節　「武士」とは何か

「武士」は単なる武力の保持者なのではなく、農業生産を基礎に成り立っている一定の地域を支配し、その農村民を他の武力から擁護する代わりに、租税（産物や夫役《ぶやく》）を徴収するものであって、要約すれば「土地と人民の支配者」であり、それが後には広域の権力も掌握していくものである。——このように考えられてきた。しかし、近年は異なった意見が出てきて、より進化しているように見えるが、「武士は在地領主である」とする議論は古くなったのだろうか。

1　高橋昌明「武士とは何だろうか」（一九九四年）

高橋昌明《たかはしまさあき》は、山本幸司《やまもとこうじ》との共編『朝日百科・日本の歴史別冊　歴史を読み直す8　武士とは何だろうか―「源氏と平氏」再考』（一九九四年）において、この問題を論じたという（高橋『中世史の理論と方法―日本封建社会の身分制・社会史』校倉書房、一九九七年。六頁）。高橋の主張は、本人の要約によれば次のとおりである。「**武芸**は芸能（社会的分業の古代・中世的なあり方）の一種、**武士**は武芸を家業とする特殊な芸能人、その戦技の中心は弓馬の芸（馬上で弓を射る技術）と把握される。さらにこの視角を奈良・平安初期に遡及させるならば、そこにれっきとした武士の存在をみいだすことができる。彼らは、上流文官貴族支配下の衛府《えふ》の武官―律令国家における専門の技能官人（下級官人）集団の一部―であって（これを**武官系武士**と規定）、その武芸や家業意識（とくに近衛のそれ）が、将門の乱の勝利者の子孫である後の**軍事貴族**としての武士（後の源平武門の棟梁の家）に継承される」。

そしてこういう。「かかる立論の必然的な流れとして、平安中期の農村で在地領主が武装して武士が発生するのではなく、逆にそれ以前から存在する武士の一部が在地領主になって、在地との関係を深め農民支配を強化してゆく、という歴史理解が導き出されるであろう」。まず武士が生まれて、のちに彼らが在地領主になっていくのである。

その日本的特殊性については、「鎌倉幕府の成立は、東アジア型国家の文が武に優越するという関係が、日本ではこの時期否定され、武が文を圧倒する**軍事国家**（**武家国家**）、**軍事社会**の方向に転換したことを意味することになろう」と特徴づけている。

高橋は、この一九九七年の時点では、「大方の賛同を得るまでにはいたっていない」と自己評価していたが、その後の議論はどうなっていったのであろうか。

2　福島正樹『院政と武士の登場』（二〇〇九年）

福島正樹《ふくしままさき》『院政と武士の登場』（吉川弘文館・日本中世の歴史2、二〇〇九年）は、「武士とは」という項を立てて、その発生を次のように述べる。まず「教科書などに書かれている旧来からの通説」を次のように表現している。奈良時代は警察・治安を担当する部署があった。「ところが、平安中期以降、律令制が動揺し、国家による治安維持活動が弛緩《しかん》してきたため、盗賊や群盗がおこった。そこで、地方豪族や有力農民は自ら開発した所領を守るために武装し、そこから武士が発生した」と。「これは、武士は在地に根を張った〈在地領主〉らに起源があり、草深い田舎＝地方から発生したという説である」。これに対する「近年の研究」を三種に整理して紹介している。指示文献の表記はくわしくした。

①「職能的武士論」（高橋昌明『武士の成立　武士像の創出』東京大学出版会、一九九九年）。「初期の武士は、律令制下の五衛府を中心とした武官や、宇多《うだ》天皇の時代に創設された〈瀧口《たきぐち》〉のことを意味したが、やがて内裏《だいり》の警護をした近衛府を中心とした武官に武芸や武器・武具が継承され、さらにそれが一〇世紀以降、都を中心に拠点を有した源氏や、後には平氏に受け継がれ、それが武士となった」。福島は「これは、武士は王権によって認知・認定された存在であるという考え方にもなる」と説明している。

②「国衙《こくが》の軍事政策から生まれたとする説」（下向井龍彦《しもむかいたつひこ》「国衙と武士」『岩波講座　日本通史』岩波

書店、一九九五年。下向井『武士の成長と院政』講談社・日本の歴史07、二〇〇一年〔↓二〇〇二年〕〕。「武士は国家から追捕官符《ついぶかんぷ》という犯人逮捕の命令を受け、罪人の追捕、反乱鎮圧などの軍事行動をとる権利と義務を手に入れた、世襲的戦士身分である」。また「承平《じょうへい》・天慶《てんぎょう》の乱の意義を重視しつつ、延喜《えんぎ》年間に追捕官符や押領使《おうりょうし》などが再編、強化された点をより重視し、九世紀末から一〇世紀初頭における東国の反乱の鎮圧者を武士の出発点と位置づける」と紹介している。福島はこれを「職能的武士論を否定し」た説だとしているが、これだけではその違いが分からない。

③「承平・天慶の乱の鎮圧者の子孫が、兵の〈イエ〉の成立する一〇世紀末頃に〈武士〉という職能を誕生させた」という考え（元木泰雄《もときやすお》『武士の成立』吉川弘文館、一九九四年。川尻秋生《かわじりあきお》「武門の形成」加藤友康《かとうともやす》編『摂関政治と王朝文化』吉川弘文館、二〇〇二年。川尻『揺れ動く貴族社会』小学館・日本の歴史・平安時代、二〇〇七年）。福島はこれを②に「対し」た議論としていて、①「職能的武士論」を踏まえたものと位置づけているが、この三者の違いが鮮明でない。

つまり、いずれの説も、国家が武官として位置づけ、彼らに反乱鎮圧などの命令を与え、行動させたもので、その武芸・武術が武器・武具とともに代々継承されて、「イエ」を形成した特定の一族、すなわち源氏、平氏、藤原氏（秀郷流《ひでさと》）に世襲されていったものとしている、と整理すれば、ほとんど三者に違いはないのではなかろうか。なお、福島の整理では、その武士がのちに「在地領主」となる話が欠けている。

以下では、この整理を念頭に置きながら、いくつかの論考を検討していくことにする。

3　笠谷和比古『士の思想』（一九九三年）

笠谷和比古《かさやかずひこ》『士《サムライ》の思想―日本型組織と個人の自立』（岩波書店・同時代ライブラリー、一九九七年。初出は一九九三年）は、「武士とは武技を職能とする世襲の戦士身分の者である。そのような武士が日本社会に登場してくるのは、平安時代の中頃、一〇世紀から一二世紀にかけての頃であった」という（一頁）。これは、①「職能武士論」に通じている。

「武士は〈弓馬《きゅうば》の士〉と呼ばれたように、騎馬と弓射を基本的な戦闘様式としていた。騎馬の術にすぐれ、疾走する馬上から自在に弓矢を発射する行為は、きわめて高度な技術を要するために、戦闘を**家職**として幼い頃からの訓練によってのみ体得できるものであった。こうして騎馬戦闘の武技を家職とする〈兵《つわもの》の家（武士の家）〉が、古代の貴族社会の中から、分業専門化することによって登場してきたのである」（一頁）。これは、③イエの成立と関わらせた武士成立論に通じている。

だが、笠谷は、「旧来からの通説」とされた、在地領主論と東国起源論と通じる見解も展開している。「また武士および武士団にとって重要なものは〈所領〉（領地、私有地）であった。所領は武士の生活源であるとともに、その一族や家来をその中に居住させ、養うことによって、武士団を維持・発展させていくための基盤としての意義を有していた。京都からはるか離れた東国（関東・奥羽地方）は未開の原野がどこまでも続いており、京都の中央政府の支配の及びにくい東国地方は、私有地としての所領を形成するのに都合がよかったということ、そして治安の悪い東国で生活していくためには、武士のような強力な武力をもった者でなければ困難だという事情があったことが考慮されなければならない」（一一二頁）。「武士はその一族・家来をひきつれ、また農民や浮浪の民を雇い入れて、東国において開墾・開発を大規模におこない、用水灌漑《かんがい》の設備を整えることによって水田・畑地を造成していった。そしてこの開発地で農民・浮浪民を労働力として耕作させたのである。このような過程を経て所領が形成され、武士は所領の主、すなわち**領主**となった」（二一頁）。「武士領主はその所領の耕作民を支配するとともに、所領の中央に、堀と石垣で囲まれた〈領主の館《たち》〉を設け、武士団の拠点とする。こうして武士団の武力は自己の開発所領を防衛するとともに、他人の所領との境界紛争を勝ち抜くための手段となり、所領は武士領主にとって死活的な意義をもつものとなった。このように自己の所領に依拠して、その領主的支配を実現していく武士領主制のあり方を〈**在地領主制**《ざいちりょうしゅせい》〉と一般に呼んでいる」（二一頁）。

その発生論とは別に、武士を武士として特徴づけるものは、やはり「在地領主」にあるといえよう。

4　関幸彦『武士の誕生』（一九九九年）

関幸彦《せきゆきひこ》『武士の誕生―坂東の兵どもの夢』（日本放送出版協会・ＮＨＫブックス、一九九九年）を見る。「当たり前のことだが、武士団とは歴史学上の用語である。史料上に登場する武士とはおのずと区別されねばならない。武士の語は奈良時代にも確認できる。近世にもむろんある。いわば前近代を通じて存在する。だから武士を事典風に規定すれば、〈武という機能にもとづく戦士〉ということになる。広く古代から近世の江戸時代までの武士の説明は、これでカバーできることになる」。しかし、ここでの課題は「領主としての武士」という理解にある。「ここでは**領主としての武士**を考えたい。武士団という学問概念はこの領主という側面を無視しては成り立たないからだ。領主とは土地＝所領の領有者を意味する。一般に中世社会では、所領観念を示す用語として〈職《しき》〉ということばが用いられた」（二二頁）。「**領主**であることと**戦士**であることは、中世武士が保有した二つの側面ということができる。じつはこの二点こそ、中世という時代における武士像の根幹だった。いうまでもなく武士の武士たる所以《ゆえん》は、武力（武芸）の保持者たることにあった。いわば職能者としての存在だ。だが、こうした規定のみでは、武士の通有性は理解しえるかもしれないが（古代にも、近世にも武士は存在する。その点では中世的な武士の存在を職能論や武芸論のみで規定しても十分ではない）、中世社会に固有の武士とは何か、という点からの問いは依然必要となってくるはずだ。／とすれば、その領主としての側面にこそ留意しなければならない。中世という時代に規定された武士は、多く**地生《じば》えの領主**（**在地領主**）であったから、地域性や在村性を無視できない。しばしば指摘されることがある。すべての在地の領主が武士ではなかったと。そのとおりだろう。なぜなら領主とはすぐれて中世的世界の所産である以上、武士と在地領主とがまったく同一である必要はないからだ。だが、他方で多くの武士が領主であったことも事実だろう」（三三頁）。

関は、①の「職能的武士論」を意識しつつも、中世に特有の武士はすなわち在地領主であったとしている。

5　五味文彦『武士の時代』（二〇〇〇年）

五味文彦《ごみふみひこ》『武士の時代』（岩波書店・ジュニア新書、二〇〇〇年）の論にも耳を傾けよう。「武士の源流」は、「古代の中央政府である朝廷に仕えた武官《ぶかん》」と、「地方の国に組織された軍団の〈兵《つわもの》〉」であり、「この中央と地方の武官・兵を母体として成長してきたのが中世の武士でした」。九世紀ころから「台頭してきた武士でしたが、身分の低いことや、人殺しを行うことなどから、反乱の平定に期待され、盗賊の警護などに使われるかたわらで、不気味《ぶきみ》な存在として見られ、一一世紀から一二世紀前半までは政治的な地位は低いままでした」。しかし「地方の行政の中心であった国司…は、一二世紀初頭を境にして、国には下って来なくなり、地方の政治は武士によって握られるようになっていました。武士は在庁官人として国の役人となり、あるいは土地の開発を進めて貴族や寺社に寄進することで、実力を蓄えていったのです」（三一―七頁）。

ここでは、「武官」や「地方の軍団」から武士が生まれたことを指摘しつつ、このような「武力のある者たち」がしだいに国の役人になり、あるいは地域支配の実力を備えていったことが指摘されている。五味も、武士が「在地領主」であったことを指摘しているのである。

6　下向井龍彦『武士の成長と院政』（二〇〇一年）

下向井《しもむかい》龍彦《たつひこ》『武士の成長と院政』（前出）は、次のようにいう。福島が②として紹介している文献である。「学界においては、将門［一〇世紀の前半に活躍した平将門《たいらのまさかど》］は武士とは呼ばれず、〈兵《つわもの》〉と呼ばれている。そして、一一世紀中葉以降の源頼義《みなもとのよりよし》・義家《よしいえ》やその郎等《ろうとう》たちあたりからようやく〈武士〉と呼ばれる。将門が武士と呼ばれないのは、将門が在地領主ではないからである。在地領主が登場するのは、一一世紀中葉以降である」と紹介しつつ、自身はこれに異を唱え、「将門はまぎれもない武士である」と主張している。それは、「武士は一〇世紀以降、反権力武装蜂起を鎮圧するための軍事力として出現し、成長していった」ものであるととらえるからであり（九-一一頁）、それが成立していく過程を次のように述べている。

「八世紀、奈良時代の律令国家は、一般農民である公民《こうみん》一戸《こ》から一人を徴兵する大規模軍隊を保持していた」、それは名簿が作成され、また兵器・牛馬・船舶などとともに登録されていた。そして年間六〇日間は訓練を受け、いざ戦争が決定されると、天皇から動員令が出され、将軍が任命され、その指揮のもとに行動していく仕組みになっていた。その頃はしかし実際に動員されることはあまりなかったが、九世紀中葉以降になって「群盗海賊蜂起」に対応する必要が出て、さらに「一〇世紀には国衙軍制という新たな軍事動員システムと、国衙の動員に応じる権利と義務をもつ戦士身分である武士を生み出していく」。つまり、「律令治安法体系が、中世的軍制と**職業的戦士身分としての武士**を生み出す法的淵源であった」ことが強調されるのである（一五-一九頁）。

そして「平高望《たかもち》・藤原利仁《としひと》・藤原秀郷《ひでさと》の三人こそ、群盗勢力との激しい戦闘を通して新たな騎馬個人戦術を開発し、武名をあげた武士第一号といってよいだろう」とし（五四頁）、また、藤原純《すみ》友《とも》だけでなく、「備後の藤原文元《ふみもと》、播磨の三善文公《みよしのふみきみ》、讃岐の前山城掾《さきのやましろのじょう》藤原三辰《みつとし》ら…こそは西国における武士第一号である」とする（六三頁）。

「坂東《ばんどう》と瀬戸内地域との王朝国家体制への転換の仕方の違い、反乱状況の違い」について触れ、「坂東では、寛平《かんぴょう》・延喜《えんぎ》の国制改革への暴力的抵抗が、改革と並行して起こった。その鎮圧過程で**武士**が登場した。将門《まさかど》は、東国の乱で活躍した〈武士第一号〉平高望から第三世代目である」。「一方、瀬戸内諸国では、国制改革は寛平・延喜年間には大きな暴力的抵抗を受けることなく受容され、承平《じょうへい》年間まで持ち越された衛府舎人《えふとねり》問題が承平南海賊として爆発した。純友・文元・三辰らは、この承平南海賊平定の勲功体験を共にする土着武士第一世代であり、政府の勲功黙殺に共通の不満を抱いていた。国衙に対する負名としての立場も共通であり、地域内に敵対勢力が存在せず、受領と反乱勢力は直接的であった」という（九七頁）。「政府首脳は将門や純友の反乱を通して、登場したばかりの武士の処遇を誤れば、彼らの大規模反乱を誘発することを悟った。そこで論功行賞《ろんこうこうしょう》によって大量任官が行われた」。それとともに、「延喜勲功者に現地居住を認めたことが将門・純友の乱の原因の一つであることを見抜いていた政府は、衛府官人になった勲功者たちを在京勤務させる方針で臨んだのである」。一方、武士たちも、「**受領**《ずりょう》になって蓄財することを夢見て在京勤務に励んだのである」（一〇七－一〇八頁）。

受領、すなわち地方行政の受託者、とくに徴税権を任された者になることは、「蓄財」の機会を得ることであり、その受領になるためには、「在京勤務に励」み、摂関家や上級貴族の推薦を受ける機会を待つということが必要だったのである。そしてそれには武力の保持がほぼ必須の条件であり、武士が受領になる可能性は高かったのである。

「在京武士たちの勤務の中心は、所属官庁での本務であった。在京武士たちが権門勢家《けんもんせいか》に奉仕するのは、官職や位階を推挙してもらったり、斡旋してもらったりするためであった。在京勤務の実績によって五位《ごい》に叙せられると、**受領**になる資格をもつことになる。この昇進のあり方は武士に限ったことではなく、技能系官人の一般的昇進パターンであった。武士はこの点でも、他の技能系官人と同列であった。武士を含む技能系官人が、在職年数の長い者（上臈《じょうろう》）から順次五位になってその官職を離れることを巡爵《じゅんしゃく》というが、権門勢家と主従関係を結んでいなければ、なかなか五位にはなれないのである」（一一九頁）。

それでも、武士たちは受領になり、在地領主になっていく。下向井龍彦は、「在地領主」でなくても武士たりうるとの立場であるが、「在地武士」が「在地領主」になる変化を、次のように説明している。

「平忠常の乱」（一〇二八年）のころの在地武士は、まだ在地領主ではない。それは、国衙《こくが》領の公《こう》田《でん》や荘園の田を「請作《うけさく》」する「有力**田堵《たと》負名《ふみょう》**」であった。それに対して「前九年《ぜんくねん》の役《えき》」（一〇五五年）のころの在地武士は、在地領主になっている。それは、国衙領（の郡や郷）や荘園を所領としていた。つまり、一一世紀半ばに変化が見られたのである（一九二頁）。以下、第二節3。

7 服部秀雄『武士と荘園支配』(二〇〇四年)

服部秀雄《はっとりひでお》『武士と荘園支配』(山川出版社・日本史リブレット、二〇〇四年)も、「中世・荘園制時代の武士は、弓矢・刀の扱いに習熟し、そして馬をあやつった」、「武士は元来、狩人《かりうど》に始まったといえる」、「狩人たる武士は、殺生《せっしょう》を生業《なりわい》とした」(一-三頁)と、①の「職能的武士論」に通じることを述べており、「鎌倉幕府成立以前には、武士は、みやこ(京都)に勤務するか、国衙《こくが》や郡庁《ぐんちょう》に勤務した」、「武士は軍事専門家・兵士・武芸者であるから、軍事情勢に応じて勤務地・配置ポジションは変わる」、「御家人は全国各地に所領をもっていた」、「武士を〈**在地領主**《ざいちりょうしゅ》〉と表現することも多い。まちがいなく在地は支配するが、領主が在地を離れていることもある」(四-五頁)と、「在地領主論」に通じることも述べており、その末尾に「武士とはなにか—残された課題」を書いている。

「本書の叙述を通じて、武士があらゆる利権の場に介入していたことをみた。なんでも屋である。武士団をカンパニーとしてみてきたが、まさしく武装する総合商社(金融資本)であった。これまで荘園支配といった場合、個別の荘園支配を考えることが多かった。実際には多くの所領の支配を通じてこそ、全体像がみえてくる。それぞれの荘園・所領は独立採算・孤立会計ではなかった」(一〇三頁)。「中世武士団の一族の結束には、こうした全国規模の分業・流通、通信網の成立・整備が背景にあったと考える」(一〇七頁)。ここでは、荘園が個別に成立しているのではなく、そのネットワークの下で成立し、運営されていたことを指摘し、それを「総合商社」になぞらえて、武士団は「武装する総合商社」にほかならなかった、とする。

以下は、もともと武士団は、荘園の経営に不可欠な「市《いち》」の賑わいを支える「**河原《かわら》の者**」（猿《さる》楽《がく》・田楽《でんがく》・獅子舞《ししまい》・傀儡子《くぐつし》・琵琶法師《びわほうし》など、河原にまで市が開設される時に集まってくる芸能者。また、武士の行事としての犬追物《いぬおうもの》の裏方を勤める人びと）や「**坂《さか》の者**」（警固や清掃を担う人びと）などと分業関係の下に成り立っており、彼らも武力を持っていたが、その繋がりから離れて行って、自らは地位を上げ、権力を握っていき、かつての共同者たちを蔑《さげす》むようになっていったことを述べている。武士と同様に武力を持っていた人びとのなかで、分裂が起こっていったというのである。

「中世には武士団と河原の者・坂の者らは一体で、両者は分業の関係にあった。しかし鞆淵《ともぶち》荘［紀伊国―服部による］で荘外から河原の者・坂の者を招いていたように、彼らは荘園武士団の専属ではなかったし、なにより少数者であった。少数者は武士団の外周に位置づけられる存在となる。中心部に位置する武士自身への賤視《せんし》はあったが、希薄だっただろう。人はみずからよりも地位が高くなった者、権力をもつ者には差別・賤視をやめる。そして武士は多数者になった。／差別は多数と少数という構造のなかで再生産され、少数者はつねに疎外される。「不レ憚ニ禁忌一」（きんきをはばからず―服部によるルビ）とあるような、強さ、多くの技能が、逆に恐れられ遠ざけられる要素となった。武士団はかつての仲間を切り離し、残酷な賤視のなかに投げやった。武士自体は〈脱賤〉に成功した」（一〇七頁）。

8　近藤好和『武具の日本史』（二〇一〇年）

近藤好和《こんどうよしかず》『武具の日本史』（平凡社・新書、二〇一〇年）は、これまでの研究を総括して、「武士の成立」を次のように描いている。「九世紀以来、国衙（国府）を襲撃したり、中央に運ぶ途中の税物を略奪するなどの小規模な反乱行為が、東国を中心として各地で頻発した。その反乱者集団を〈党《とう》〉、かれらの反乱行為を〈群盗蜂起《ぐんとうほうき》〉といった。／これに対し、朝廷は、源氏や平氏といった賜《し》姓《せい》皇族（天皇の子孫ながら姓を賜《たまわ》って臣下となった者）を中心とする中級・下級の貴族を、国司や追捕使《ついぶし》・押領使《おうりょうし》などの**武官**として派遣して対処した。／かれらは任期終了後も在地に留まり、在地有力者と婚姻などを通じて血縁的・地縁的に結合して勢力を持つと同時に対立も繰り返し、群党化する場合もあった。／かれらは在地に土着したのではなく、あくまで中央との関係を保っていたために、武士論研究では、かれらを〈**軍事貴族**〉といい、また軍事貴族が在地に留まったことを〈留住《りゅうじゅう》〉といっている」。そうして「在地留住の軍事貴族間の対立が朝廷への大規模な反乱行為にまで発展した」、天慶の乱である。「この乱の結果、九世紀以来の在地の状況が整理され、将門を滅ぼして乱の勝者となった、平貞盛《さだもり》の桓武平氏《かんむへいし》、源経基《つねもと》の清和源氏《せいわげんじ》、藤原秀郷《ひでさと》の秀郷流藤原氏などの子孫を中心として、武士という軍事貴族が成立した。／つまり現在の考え方では、武士は貴族から派生した。したがって、少なくとも平安時代の武士は、貴族（公家）と対立する存在ではなく、同質である。／とはいえ、武官と武士はまったく別個の存在である。武官はあくまで朝廷の官職である。これに対し、武士は朝廷の官職ではなく、社会的に認知される存在である。その認知の指針は、武芸の家系の子孫であるという点で、特に先祖が承平・天慶の乱で活躍したという実績が重要であった。言い換えれば、官職としての**武官**と家職としての**武士**である」（四八－五〇頁）。

9　川尻秋生『揺れ動く貴族社会』（二〇〇八年）・『平安京遷都』（二〇一一年）

川尻秋生《かわじりあきお》『揺れ動く貴族社会』（前出）は、「古代の氏族は積極的に武士になろうとしたとは考えにくい」、「貴族社会からはじき出された」者たちが、「仕方なしに」地方に「土着し、武勇を身につけたと考えられる」とする（一五七頁）。そのうえで「なぜ、武士は発生したのか」と問い、「武士は草深い田舎から発生したという説」を退けて、「武士を職能としてみる」新説を、「武士を武士として認知したのは王権であり、武士は首都平安京の守り手であったという考え方」と簡潔に要約して、「筆者も武士を職能として認識すべきだと考えている」と述べている（一五八頁）。また、「源平《げんぺい》ともに、天慶《てんぎょう》の乱の鎮圧者をイエの始まりとみていた」とし、それが成立するのは「一〇世紀後半から末」であり、「筆者は、この時期をもって武士が成立したと考える」という（一五九－一六〇頁）。もう一つ、平将門の乱に対処するために、天慶三年（九四〇年）に「将門たちを殺害した者に、高い位階と官職を与えることを約束した太政官符《だいじょうかんぷ》が下された」ことが「重要な役割を果たした」「絶大な効果をもたらした」ことを指摘している。「この官符は、鎮圧者およびその子孫の位置づけを貴族社会のなかで飛躍的に上昇させ、兵として再生産（世襲《せしゅう》）させる道を開拓したものだった」（二四七頁／一六一頁）。

川尻秋生『平安京遷都』（前出）は、同様の立場から次のようにいう。「これまでの研究史において、武士の誕生については二つの見解がある。一つは、地方の在地社会のなかから誕生したという見解である。地方社会の治安は、国郡司［国司と郡司―来間］によって維持されていたが、平安中期になり、国郡司が変質するに従って治安が悪化した。そこで、荘園経営者たちは、自衛を迫られるようになり、そこから武士が発生したというのである。これを**在地領主制的武士論**と呼ぶ。／一方、近年、有力になってきたのが**職能制的武士論**である。武士を職能の一つと考え、武士を認知したのは王権であり、武士は平安京の治安維持のために誕生したとする見解である。筆者もこの考えに賛同する」。武士たる者の条件は、「武勇が優れ」「力や戦いに強い」というだけではなく、「武者の系統」であること、「それは端的にいえば、平貞盛や源経基の子孫ということであった」。平将門の乱を鎮圧した彼らの子孫たちがイエを形成した一〇世紀末をもって「武士」は「発生」した、という。「将門の乱は、将門自身が武士の先駆けとなったわけではないが、皮肉にもその鎮圧者のなかから武士が発生したと考えておきたい」。「武士とは一種の殺し屋でありながら、武力を必要とした都の人びとに、眉をひそめられながらも用いられた必要悪であったといえるだろう」（一八二―一八七頁）。

ここでの「在地領主制的武士論」と「職能制的武士論」の対比は、発生史論としては成り立とうが、結果論としては、武士は在地領主になったのであるから、その存在形態は同一だったのである。

10　木村茂光『中世社会の成り立ち』（二〇〇九年）

木村茂光『中世社会の成り立ち』（前出）は、「自衛のための武力と武士の武力とを同一視することは大きな間違いである」とし、平将門《たいらのまさかど》を「武士の成立を示す事例」としてとりあげ、「その一族は東国の民衆のさまざまな抵抗を鎮圧すべく中央から派遣された、治安・軍事担当の貴族（**軍事貴族**）とでもいうべき存在であった」し、「武力だけ」ではなく、「朝廷や国衙《こくが》の認定」を得ており、これを定義するなら、「武人としての職能を通じて所領や権益の確保を実現した者が〈**武士**〉であるとする方が正確であろう」という（一五―一六頁）。

また「在地領主《ざいちりょうしゅ》」こそが武士であるという、これまでの「通説的な」理解を批判して、高橋昌明『武士の成立　武士像の創出』（前出）の「〈職能としての武士〉論」を取り上げる。「武者＝武士は、その当初から、職業的な戦士として朝廷や上級の貴族に仕えるような存在であった」こと、「武士が武士として存続していくためには、職業戦士を家業とする**イエの成立**が不可欠であった」こと、を指摘している（一七―一九頁）。

木村茂光の議論は、次のようにまとめられる。①まず、「自衛のための武力と武士の武力は同一視」してはならない。自衛のための武力は、いわゆる武士以外の人びとも持っていた。②「武士＝在地領主」という見方は採用できない。③「武人としての職能を通じて所領や権益を確保した者が〈武士〉である」。「武者＝武士とは弓馬の術をもって他の職業人と区別された技術者である」。④

「武士が武士として存続していくためには、職業戦士を家業とするイエの成立が不可欠であった」。⑤「いかに武芸に優れていても承平・天慶の乱の勲功者の子孫でなければ武士とは認められなかった」。⑥「武者＝武士は、その当初から、職業的な戦士として朝廷や上級の貴族に仕えるような存在であった」。「侍＝武士身分の成立には朝廷の官位と密接な関係があった」。⑦「武士団の棟梁《とうりょう》にも貴種性が求められた」、桓武平氏や清和源氏の子孫であることが、棟梁になる条件となった。

武士が、農業経営の進展の中から、その延長線上に発生するものでないとの指摘は正当であるが、その武士の多くは在地領主になっていったことも見逃せない。在地領主でない武力保持者は、武士の成立期の武士であって、武士の世の中になってからの武士は、基本的に在地領主なのではなかろうか。

11　高橋昌明「東アジアの武人政権」（二〇〇四年）

高橋昌明「東アジアの武人政権」（歴史学研究会・日本史研究会編『日本史講座　第三巻・中世の形成』東京大学出版会、二〇〇四年）は、武士ないし武士権力は日本に特有のものであって、中国にも朝鮮にも成立しなかったことを述べたものである。総括的にはこうである。中国では「華北五代諸王朝」が「武人節度使《せつどし》が藩鎮《はんちん》機構を占拠する体制の拡大発展型」をなしたし、「高麗では一二世紀後半から一三世紀半ば過ぎにかけて約九〇年間、武臣出身者が次々立って、武力で文臣官僚を押さえつけ王朝を支配した」が、「結局、宋や朝鮮王朝といった文官支配の官僚国家に収斂《しゅうれん》してゆく」。

つまり、文官支配という国家の性格に変わりはなかった。「これに比べ、日本は古代に律令を受容し、文官貴族優位の社会を形成しながら、平氏政権をかわきりに、武人が政治の実権を握る方向で歴史が展開していった」（一三二－一三三頁）。

このテーマは、中国大陸や朝鮮半島（韓半島）の歴史の特徴を理解する問題でもあるので、高橋の議論をややくわしく紹介することにする。

まず、中国では漢の時代に官僚制ができたが、それは「文官優位の原則」のもとに運営され、「武や武人は蔑視された」。その支えとして「科挙《かきょ》制度」が創出されたが、それは律令制の解体をも促していった。そのなかで「**節度使**」が設置される。「辺境防衛を任とする節度使は、軍を指揮する皇帝の使いの意味で、…観察（処置）使を兼ね、軍事・財政の権のほか管下諸州の民政権も掌握し、**藩鎮**《はんちん》（**方鎮**《ほうちん》）とも称された」。このような節度使は、しだいに「数代にわたる世襲や、税賦の中央送付の拒否、唐朝の法令を守らないなど、独立的な小王国になるものが多くなってゆく」。中央から派遣される節度使は、有効に働くことができず、「これに代わったのが、乱［八七五年の黄《こう》巣《そう》の乱］とその後の争乱の中から身を起こした群盗・流賊・軍賊・土豪、そして異民族出身者など、新しい階層から出身した**武人節度使**である」。

彼らも「腕力にものをいわせるだけの権力ではな」かったが、「武人の名誉感情」が醸成されることはなかった。九七九年に「中国の統一をなしとげた宋は、唐末以来各地で権力をふるっていた武人、とくに節度使権力の解体を押し進めるとともに、あらゆる権限を皇帝に集中する体制を築いていった」。「かつて節度使がもっていた民政・財政権は中央が掌握し、路や府・州および県の官には多くの文官が任用された。節度使が管轄していた支郡も中央に直属する」。この官僚制の下で、科挙制度が「フル回転」するようになり、科挙による、一代限りの支配層である「**士大夫**《したいふ》」が台頭する。この文人官僚とともに、「宋の君主独裁体制を支えたいま一つの柱は、巨大な軍隊であった」。しかし、軍隊の指揮権限は文官に与え、武人たちには「私兵の蓄養と護衛の保持」を禁止した。地方の武人たちが土地に根を張らないように、二〜三年ごとに交代させた。「宋では統帥権《とうすいけん》が皇帝の手に一元的に集中し、かつ徹底した文民統制がしかれたため、武人は従順な飼い犬のようであった」（一三二―一三九頁）。すなわち、武人はいても、日本史のような「武士」は成立しなかったのである。

また、朝鮮高麗朝における「**武臣政権**」が検討される。「日本で平氏政権が誕生、ついで鎌倉幕府が成立した時期、高麗でも武臣の政権が続いた。その盛期は六二年に及ぶ崔《チェ》氏四代の時代（一一九六〜一二五八年）である。政権を争った有力武臣は、政治・経済の力を背景に、門客（相対的に自由な結合関係にある従者）・家僮《かどう》（隷属的な従者）を集め、私兵集団を形成した。彼らの私兵組織を都房《とぼう》という。最大の都房は、ライバルを倒して独裁政権を樹立した崔氏初代崔忠献《チェチュンホン》のそれである。しかし、崔忠献自身は、武臣たちの弱体化を進め、自らの私邸に設けた「教定都監」（その長は「教定別監」）を行政の中枢機関とした。そして二代崔怡《チェイ》（瑀《イ》）は、政房や書房を新設し、都房を改編して側近組織の強化に努め「教定都監体制」を形成した（一四三頁）。

この政権における「武」の位置づけについてのまとめの部分をみる。「要するに、崔氏政権は軍事一辺倒の政権ではなく、文武をともに足下に置く権力である。書房の文人が崔氏の護衛にあたるという奇妙さも、この政権の本質を象徴している。崔氏執政は新しいタイプの官僚層を、自己の勢力基盤として重用した。…崔氏政権の成立は、科挙官僚が本格的に登場する重要な契機となった」。「その後朝鮮半島では、武臣政権のモンゴルへの抵抗、武臣政権崩壊後も武人出身者の政権中枢への進出、李成桂《イソンギュ》による高麗王朝打倒、一五世紀前半の朝鮮王朝世宗《セジョン》期における軍事力強化や北方への領土拡大などがあり、武が軽視されたわけではない。しかし、朝鮮王朝建国以来の中国との平和の維持と、軍事的対立を非とする徳治主義の結果、一五世紀後半以降武の面が後退し、朱子学を絶対とする文治的な政治体制が確立した」（一四六－一四七頁）。すなわち、武人がおり、時に政権を担ったりしていても、「文治的な政治体制」は維持され続けたのである。

これらと対比して日本を論ずる。「日本が官僚国家にではなく、封建社会に向かうようになった条件を粗粗たしかめてきた。この二つの体制への異なった志向は、実はすでに戦後早い時期、なぜ日本だけが他のアジア諸国と違って、封建制を成立させえたのかという問題として、学問のみならず政治の面でも大きな関心を集めている。日本の近代化＝資本主義形成の成功条件を探る方途であり、アジア諸国の全般的な植民地化と日本の帝国主義化という分岐の歴史的前提、それらを解きあかす鍵と考えられたからである」（一五三頁）。

「日本の封建社会とは、先進国家から早熟的に導入された律令制が、大和政権の氏族的な原始性を解体に追いこみつつ、自らも変質してゆく過程で生れた統治システムが、土台［経済－来間］での小経営の成長と結びついた産物であった。そのなかで中・朝では結局定着しなかった武人支配が発展してゆくが、それは西ヨーロッパ中世の場合同様、文明という観点から見れば、その社会の最も後れた側面を表現するものであった」（一五五頁）。日本で武士が生まれたことは、日本史の先進性を示すものではなく、むしろ後進性を表わすものなのである。

高橋の議論とかかわって、村井章介『増補 中世日本の内と外』（筑摩書房・ちくま学芸文庫、二〇一三年。初出は一九九七年）が、「第三章 鎌倉幕府と武人政権―日本と高麗」を立てて、日本史と朝鮮史を対比している（八九‐一一八頁）。しかし、それは武士とは何か、というテーマからはずれるので、第三章第一節で扱う。

12 武士の生まれなかった沖縄

以上のように、武士は、どこの社会でも生まれるというものではないのである。それは特殊日本的なあり方と考えるべきである。沖縄で武士が生まれなかった（第五章第七節で述べる）のは、少しも不思議なことではないというべきである。

日本史の中での武士は、反乱や紛争解決の手段として、律令国家が養成した武官＝軍事貴族に起源を持ち、しだいに特定のイエに独占化されていった。武力を持って戦うには、武具の確保と、その使用訓練と、戦術の鍛えが必要であり、それは代々子孫に継承されていったのである。武家の棟《とう》梁《りょう》の成立は、天皇家・摂関家・上級貴族におけると同様に、あるいは百姓層においてもそうであったように、イエの成立と対応したものであった。そのような棟梁には、源氏・平氏・藤原氏など、天皇や上級貴族の血筋を引く「高貴な」イエの出身であることが求められた。武官であった彼らは、当初は下級に位置づけられていたが、一方で荘園や公領を管理する任務を追うようになるとともに、欠かせない存在となっていき、国家そのものが格上げを行っていき、五位以上の地位に就き、殿《てん》上人《じょうびと》となり、平清盛に至って太政大臣《だいじょうだいじん》にもなり、権力の中枢に近づいていった。そして、地方の国単位、荘園単位の支配をますます強めて、在地領主としての性格をもつようになっていった。在地領主であることから武士が生まれるのではないが、武士とは在地領主になった武人たちをいうのである。彼らの地域支配は、天皇家・摂関家・上級貴族の代理として、そのような上級権力者への奉仕としてのそれであったものが、しだいに、彼ら自身が武力をもっているが故に、欠かせない存在となることによって、自立性を強めていったのである。

このような武士が、荘園も形成せず、イエも成立せず、武力で戦う対象もないような、沖縄においても成立したと考えることができるであろうか。

第二節　武士の成立過程

1　天慶の乱

武士の発生につながった戦乱には、すでにみた天慶《てんぎょう》の乱がある（本シリーズ2『〈流求国〉と〈南島〉』第八章第一節2）が、この主人公たち（平 将門《たいらのまさかど》・藤原 純友《ふじわらのすみとも》）そのものが武士だという議論はほとんどない。ただ、その鎮圧に功績のあった主役たちの子孫が、その後の歴史の中で、「わが武家の始まりは…」という表現でもって、平 貞盛《たいらのさだもり》などその主役たちを持ちだし、語り継ぐことになっている。

山本幸司『頼朝の天下草創』（前出、講談社・日本の歴史）は、この乱とその結果について、次のようにいう。「平安前期の八八九年（寛平《かんぴょう》元）ころ、桓武《かんむ》天皇の子孫である高望王《たかもちおう》が上総《かずさ》に赴いて土着し、貴種《きしゅ》［高い家柄の生れ―広辞苑］として重んじられ、その子孫がいわゆる**坂東八平氏**《ばんどうはちへいし》として勢力を広げることになる。この坂東八平氏の一流から出て、東国の軍事力を独自に組織し、九三一年（承平元）から九四〇年（天慶三）にかけて律令国家に対する反乱を起したのが平将門であった。この乱そのものの意義については…ここでは触れないが、将門の乱を鎮圧できたのも、将門と同族で常陸《ひたち》に勢力を張っていた**平貞盛**や、下野国《しもつけ》に土着していた藤原氏の一流**藤原 秀郷**《ふじわらのひでさと》の兵力によるものであって、将門の乱はもともとが一族の内部争いに始まったものとはいえ、大規模な武力紛争に対処できるような律令国家の常備軍がもはや存在しなかったことを如実に示すものであった。／将門平定の功労者である平貞盛は乱後、東国を離れてやがて伊勢《いせ》平氏の祖となり、秀郷は東国に留まって、その子孫は下野から北関東一帯に勢威を振るう小山《おやま》氏ら有力豪族となる」（二六三頁）。これを「秀郷流藤原氏」という。

他方、純友の乱を鎮めた功労者の一人が**源経基《つねもと》**である。清和天皇の孫にあたる経基は、将門の乱ではその謀反《むへん》を京に密告し、酷評されたものの、純友の乱では追捕使次官として活動し、武士になる道を選んだ。この系統を「清和源氏」という。経基の子・満仲《みつなか》を介した孫の代には、頼光《よりみつ》の摂津《せっつ》源氏、頼親《よりちか》の大和《やまと》源氏、頼信《よりのぶ》の河内《かわち》源氏と、それぞれの発展を遂げていく。なかでも河内源氏が頼《より》義《よし》―義家《よしいえ》―頼朝《よりとも》と、武家としての源氏の主流になっていく。

2　平忠常の乱

第二のエポックが平忠常《ただつね》の乱で、一〇二八年に起きている。天慶の乱（九三九年）から数えて九〇年のちのことである。下総《しもうさ》・上総を勢力基盤としていた忠常が、安房《あわ》に侵入して国府《こくふ》を襲撃し、国司を殺害した。中央に反乱する意思はなかったが、朝廷は追討の宣旨《せんじ》を下した。平貞盛の子孫も互いの対立があり、それがこの乱の背景にあったと考えられている。追討使の平直方《なおかた》は成果をあげることなく解任され、かわって甲斐守《かいのかみ》・源頼信《よりのぶ》が追討使に任命された。忠常は以前に頼信に降伏し

表 2-1　平忠常の乱

和暦	西暦	事項（数字は月）
長元《ちょうげん》元	1028	5上総《かずさ》権介《ごんのすけ》平忠常《たいらのただつね》，国衙を占領（平忠常の乱）．6検非違使・平直方《なおかた》ら，追討使となり下向したが，鎮圧できず．
3	1030	源頼信，甲斐守《かいのかみ》に任じられ，追討使となり下向，翌31・4平忠常，戦わずして降伏（忠常は内大臣藤原教通《ふじわらののりみち》を私君と仰ぎ，源頼信《みなもとのよりのぶ》に臣従していた）．
5	1032	2源頼信，美濃《みの》守に就任，以後，この地が河内《かわち》源氏の軍事拠点になる．
9	1036 1031 ～94	源頼義《よりよし》（頼信の長男），相模《さがみ》守に就任，平直方の娘と結婚． 源頼清《よりきよ》（頼信の次男），31年安芸《あき》守，48年陸奥《むつ》守（安倍《あべ》氏と連携），また肥後《ひご》守を経ていたが，その孫が94年の事件に連座して失脚した影響で，一統は信濃《しなの》国に退く．

（注）　元木泰雄『河内源氏―頼朝を生んだ武士本流』（中央公論新社・新書，2011年）を基本に，野口実『武家の棟梁の条件』（中央公論社・新書，1994年），下向井龍彦『武士の成長と院政』（講談社・学術文庫・日本の歴史07，2009年．初出は2002年），野口実『源氏と坂東武士』（吉川弘文館・歴史文化ライブラリー，2007年），村井章介「権門の分立と〈武者の世〉」（宮地正人編『日本史』山川出版社・世界各国史1，2008年）なども参照した．以下，表2-2～5まで同じ．

て主従の関係になっていたので、抵抗することなく自ら投降した。しかし、忠常は護送の途中で死亡したので、都には首が届けられた。

山本幸司『頼朝の天下草創』（前出）は、次のように述べている。「この乱では当初追討《ついとう》使に任命された平直方が失敗したのを、甲斐守であった**源頼信**が改めて任命されると、忠常はそれ以前に頼信の家人《けにん》であったことから、戦わずして降伏し、頼信の武名《ぶめい》が大いに揚がった。このことが東国における源氏勢力拡大の重要なきっかけとなり、以後、頼義《よりよし》・義家《よしいえ》の代の奥州における前九年《ぜんくねん》の合戦・後《ご》三年《さんねん》の合戦に東国勢力が付き従ったことから、源氏と東国の結びつきは一層緊密なものとなった」（二六三−二六四頁）。

加藤友康「律令制の展開と古代国家の変容」（前出）は、「この乱の結果、忠常追討に成功した武名を梃子《てこ》に、坂東武士とのあいだに主従関係を築き彼らを編成した頼信の坂東進出もはたされることになる」と述べている（一二〇頁）。

この経過のなかで、源頼信が平直方の娘を、頼義の女婿《じょせい》に迎えたことが特筆されている。元木泰雄《もときやすお》『河内源氏—頼朝を生んだ武士本流』（中央公論新社・新書、二〇一一年）は、「彼［頼義—来間］が武門として名声を博した背景には、平直方の娘との婚姻が存したのである」。「この婚姻によって、頼義は鎌倉の屋敷・所領や東国の郎従《ろうじゅう》、そして桓武平氏嫡流の権威をも獲得したとされる。桓武平氏は、その祖高望《たかもち》以来、鎮守府将軍や東国受領《ずりょう》を輩出し、東国・奥羽における夷狄《いてき》討伐という役割を担う伝統を有していた。直方の女婿となることで、頼義はそうした桓武平氏の伝統と権威を継承したことになる」（四四−四七頁）。

3　前九年合戦と「在地領主」への展開

関東の北、奥羽地方では、在地の勢力（安倍《あべ》氏）と中央の朝廷から派遣されていた国司（陸奥守《むつのかみ》）との間に紛争が起き、新たに陸奥守となって派遣された源頼信《みなもとのよりのぶ》は、鎮圧に成功する。四年の任期を終えて京に戻る直前に、安倍氏との紛争が起こり、頼信は苦戦を重ねたが、在地勢力の一方である清原《きよはら》氏の援けを得て、子・義朝《よしとも》とともに目的を果たす。前九年《ぜんくねん》合戦（一〇五一〜六二年）である。

下向井龍彦『武士の成長と院政』（前出）は、このような合戦と武士の成長の関係について、「平忠常《たいらのただつね》の乱の段階における在地武士は、国衙《こくが》領の公田を請作《うけさく》し、荘田を請作する**有力田堵《たと》負名《ふみょう》**であった。それに対して前九年《ぜんくねん》の役《えき》の段階における在地武士は、国衙領の郡・郷や荘園を所領とする**在地領主**であった」と述べている（一九二頁）。同じく「在地武士」であるが、「平忠常の乱の段階」においては、「国衙領の公田」あるいは「荘田」（荘園内の田）を「請作」しているのであり、これらの田を管理し、耕作者を管理し、その収穫のなかから租税を上納する責任を負っているのであり、「田堵」とか「負名」とか呼ばれていたが、「前九年の役の段階」においては、「国衙領の郡・郷」あるいは「荘園」そのものを自らの「所領」として、それを所有し経営する「領主」となっていた、つまり「在地領主」になっていた、というのである。

下向井は続けて、「一一世紀中ごろ、どのような事情で国衙領が再編成され、在地武士が田堵負名から在地領主に脱皮したのだろうか」と自問し、次のように答えている。「一〇～一一世紀半ばの前期王朝国家体制のもとで、大寺社・公卿の公的な収入は、国家から支給され諸国に割り当てられた**封戸《ふこ》**であり、国衙は指定された戸数分の調・庸に相当する**封物《ふうもつ》**を負名に割り当てて徴収し、**封主《ふうしゅ》**（封物を受け取る寺社・公卿）に納めた」（一九二頁）。説明を加える。「大寺社・公卿の公的な収入」は、国家から支給されるとはいえ、「物」ではなく、「封戸」すなわち「人」何人・何戸という形をとり、その人びとの働きの分（封物）を受け取ることになっていた。国衙を管理する**受領《ずりょう》たち**は、この「封物」を田堵や負名に割り当てて責任を持たせ、彼らから徴収して「大寺社・公卿」

表 2-2　前九年合戦

和暦	西暦	事項（数字は月）
永承《えいしょう》6	1051	陸奥国で，安倍頼良《あべのよりよし》（奥六郡郡司）と藤原登任《なりとう》（陸奥守）が衝突.
		源頼義，陸奥守に任じられ，安倍氏追討を命じられる．52 年に鎮守府将軍（それまではほぼ桓武平氏に特化していたので，桓武平氏の伝統を頼義が引き継ぐ）になる.
天喜《てんぎ》3	1055	冬，安倍頼良，衣川関を封鎖し，源頼義に反抗（前九年《ぜんくねん》合戦始まる）.
4	1056	8 前陸奥守・源頼義に安倍頼良追討を命じる．頼良，頼時《よりとき》と改名．暮れ，4 年任期を終える年，阿久《あくと》利川付近で人馬殺傷事件起こる．頼義，それを安倍貞任《さだとう》（頼時の子）の仕業と判断し，貞任の引き渡しを要求，頼時拒否．朝廷，官符の下給を遅らせ，頼義を更迭して（?），陸奥守に藤原良綱《よしつな》を任ずる．12 義綱逃亡し，頼義再任される.
5	1057	7 安倍頼時，流れ矢にあたって死去したが，貞任の戦意は旺盛．11 黄海《きのみ》の合戦，貞任軍が優勢，頼義軍は義家（頼義の嫡男）の活躍で，死地脱出（頼義，当初の味方であった，地元の有力武士の離反に会い，兵力は貞任軍の半分以下で劣り，寒さと兵粮《ひょうろう》不足に苦しむ）.
康平《こうへい》5	1062	源頼義，清原武則《きよはらたけのり》（陸奥の隣国出羽の豪族）に救援を要請，3 万の軍勢を率いて来援（頼義軍は 3 千）．武則は，俘囚《ふしゅう》（降伏した蝦夷の子孫）ではなく，「平氏一門から迎えられた養子」かも，また「中央ともつながりのある軍事貴族であった」．貞任は殺害され，宗任《むねとう》（貞任の弟）は降伏，「まさに清原武則の支援が勝利を決定づけたのである」.
6	1063	朝廷，源頼義に恩賞（正四位下，富裕な伊予の国守．義家は出羽守．武則は従五位下で鎮守府将軍）．→頼義，念仏三昧の日々を送って，75 年没．義家，下野守も歴任.
		「ちょうど頼義から義家へと，河内源氏の世代交代が行われ

		ていたころ，これと並行するように政治形態も摂関政治から院政に移行しつつあった」．
延久《えんきゅう》2	1070	源義家（下野守），隣接する陸奥国で印鎰《いんやく》を奪った藤原基通《もとみち》を捕らえて名声を得る． 源頼俊《よりとし》（陸奥守，大和源氏）と清原貞衡《さだひら》（平氏出身で清原氏の婿），北奥羽の三方面を攻撃・追討．頼俊は途中離脱し，恩賞は得られず，大和源氏の勢いは削がれる．一方，貞衡は鎮守府将軍となる．
承暦《じょうりゃく》3	1079	朝廷，源義家を美濃国の武将源重宗（清和源氏）追討使に任ずる．重宗逃亡．重宗とその子孫たちは，義家に屈服したらしい（後に行動を共にする）．
永保《えいほう》元	1081	源義家，園城寺の悪僧を追捕する．また，白河《しらかわ》天皇の石清水行幸《ぎょうこう》の警護をする．さらに，春日《かすが》行幸でも警護する．

（封主）に届けたのである。

これが変化していく。租税免除の特権を与えられていた「免田《めんでん》」は多くはなかったが、「受領の裁量で、荘園の租税免除部分は拡大していった」のである。受領は、任期切れで交代する時の「受領功過《ずりょうこうか》定《さだめ》」という、いわば勤務評定を無事に通過するために、「受領が封物の未進（滞納）分を穴埋めする」必要があり、その方法として、「国衙領の一部の租税収納権を封主に与えるケースが増えてきた」。国衙領の一部を「国免荘《こくめんのしょう》」（新立荘園）として割いて与え、その代わりに封主から「領収証（返抄《へんしょう》）を貰う」ことによって未進を無いものとするのである。これは政府公認のものではないが、「受領が新立荘園＝国免荘をどれだけ認めようが、政府や封主に納めるべき貢納物を完済し…さえすれば問題はなかった」（一九三－一九四頁）。

このなかで、受領は在地領主、すなわち武士になっていくのである。

4　後三年合戦と奥州藤原氏の成立

清原氏の家督をめぐって一族に内紛がおこった。清衡と家衡の対立である。源義家はこれに介入して清衡に味方し、家衡を討った。後三年《ごさんねん》合戦（一〇八六〜八七年）である。

奥州藤原氏はここから始まる。すなわち、家衡の異父兄にあたる清衡が、義家の側について勝利したが、「その後義家が京都政界で苦境に陥ったのを尻目に、奥羽の覇者への道を踏み出した。一〇九一（寛治《かんじ》五年）年、清衡は関白藤原師実《もろざね》に馬二疋を贈って中央政権と連絡をつけるとともに、このころから清原姓を捨てて実父の姓藤原を名乗るようになる。／一一〇〇（康和二）年ころ、清衡は奥六郡の南に接する平泉《ひらいずみ》の地に宿館を構え、白河関《しらかわのせき》（福島県白河市）から外《そと》が浜《はま》（陸奥湾西岸）にいたる奥羽《おうう》の全体を国土とする王国の建設に着手した。国土の両端を結ぶ奥大道《おくだいどう》には、一町（約一〇八メートル）ごとに笠卒塔婆《かさそとば》が立てられ、その中心として平泉に中尊寺《ちゅうそんじ》が造営された」。「清衡の子基衡《もとひら》は、父の中尊寺建立の先例にならって、京都白河の法勝寺《ほっしょうじ》をモデルに毛越寺《もうつじ》を建立し、基衡の子秀衡《ひでひら》は、京都鳥羽の勝光明院《しょうこうみょういん》をモデルに無量光院《むりょうこういん》を建立した。白磁《はくじ》や一切経《いっさいきょう》など中国からの渡来品をはじめ畿内や東海地方の陶磁器などの財物が平泉に集中し、また、豊富な産金を筆頭に、駿馬・鷲羽・海獣皮・絹織物などの特産品が京都に供給された。秀衡代の平泉館は、加《か》羅御所《らのごしょ》・無量光院とセットになって、莫大な富を消費する中心だった（村井章介「権門の分立と〈武者の世〉」、宮地正人編『日本史』山川出版社・世界各国史1、二〇〇八年。一三七−一三九頁）。

表 2-3　後三年合戦

和暦	西暦	事項（数字は月）
永保 3	1083	9 源義家，陸奥国守となる．背景に陸奥の不穏な情勢．清原真衡《まさひら》（武則の子・武貞の嫡子）の養子相続計画をめぐって，清衡《きよひら》（武貞の養子）と家衡《いえひら》（武貞の子）が連携して対抗．義家は真衡を支援し，清衡・家衡を屈服させる．真衡は病死．
応徳《おうとく》 2	1085	秋，清原清衡と家衡が対立，源義家は清衡を支援して家衡を攻める（後三年《ごさんねん》合戦始まる）．11 白河天皇，自身の皇子・善仁《たるひと》親王に譲位（堀河《ほりかわ》天皇），白河院となる．摂政には藤原師実《もろざね》．源義家（河内源氏の当主）は「辺境の夷狄鎮圧」と「王権の守護」の中心となる．
応徳 3	1086	源義家，清原家衡を攻めるが，撃退される．武衡《たけひら》（家衡らの叔父）が家衡に加勢．
寛治元	1087	12 源義家，清原家衡・武衡を討つ．合戦終わる．朝廷はこれを「私戦」として義家に恩賞を与えず，陸奥守を解任．
寛治 4	1090	12 藤原師実，関白となる．
寛治 5	1091	6 源義家と源義綱《よしつな》（義家の弟）とが，京で合戦へ，しかし未遂．義家のみ処分され，彼の受領郎従たちの入京と，彼に対する荘園寄進（→寄進後の荘園管理）が禁止される．
寛治 6	1092	5 源義家が諸国に立てた荘園を停止．源義綱，中納言藤原忠実《ただざね》（関白師実の孫）の春日祭上卿《しょうけい》を警護する．
寛治 7	1093	源義綱，陸奥守に就任．背景に，奥羽地方の不穏な情勢．
嘉保《かほう》元	1094	3 義綱，受領藤原信明《のぶあき》を襲撃した平師妙《もろたえ》（出羽国豪族）を鎮圧．従四位上となり，兄義家に並ぶ．藤原師通《もろみち》，関白となる．
嘉保 2	1095	関白師通により，源義綱は美濃守に就任（官職で兄を凌駕，「彼はついに河内源氏の嫡流の座をつかんだことになる」）．10 延暦寺の悪僧や日吉神社の神人《じにん》，不法に設置した荘園を収公《しゅうこう》しようとした源義綱と対立，僧侶 1 人死去．悪僧・神

		人は義綱の配流《はいる》を求め，朝廷に強訴．関白師通，義綱らに命じて，撃退させる．延暦寺・日吉神社，憤激して朝廷を呪詛《じゅそ》．
承徳《じょうとく》2	1098	10 源義家，正四位下となり，義綱を抜く．白河院により院殿上人《いんのてんじょうびと》となる．
3	1099	6 関白師通急死，呪詛の恐怖ひろがる．摂関家の勢力失墜，白河院による院政確立へ．摂関家に近い源義綱と，院に近い兄・義家の立場が変わり始める（「義家は再度河内源氏の嫡男の座を奪い返した」）．
康和《こうわ》3	1101	7 源義親《よしちか》（義家の嫡男），対馬《つしま》守在任中，官物を押領し人民を殺害したと訴えられる．義家の腹心・藤原資通《すけみち》が説得にあたらせられたが，12 年，義親は官使を殺害，隠岐《おき》国に配流となる．河内源氏の不祥事の一．
長治《ちょうじ》元	1104	源義家，延暦寺の悪僧を追捕（義家最後の軍事行動）．
嘉承《かしょう》元	1106	7 義家，没する．源義光《よしみつ》（義家の弟）と源義国《よしくに》（同）が，常陸国で合戦を起こす．河内源氏の不祥事の二．
嘉承 2	1107	12 源義親，出雲《いずも》守・藤原家保《いえやす》の目代《もくだい》（国守＝受領の代官）を殺害．朝廷，近隣因幡《いなば》の国守・平正盛《まさもり》（清盛の祖父）を追討使に任ずる．正盛は，没落していた伊勢平氏の武将で，院近臣たちの受領郎等を務めることによって浮上してきて，隠岐・若狭《わかさ》などの受領を歴任して，因幡守となっていた．
		河内源氏の後継問題．義家の三男・義忠《よしただ》は嫡男に，四男・為義《ためよし》はその後継者となる．
天仁元	1108	1 正盛，義親を討ち取る．「ここに軍事貴族の第一人者の座は，河内源氏から伊勢平氏に移行したのである」．但馬《たじま》守となる．2 源義忠，郎等の刃傷《にんじょう》を受け，死去．嫌疑をかけられた源義明《よしあき》（義綱の三男）とその乳母夫《めのと》藤原李方《すえかた》，攻められて自害．義綱，憤慨して東国へ出奔《しゅっぽん》．
2	1109	2 源光国《みつくに》（出羽守，美濃源氏）と源為義に源義綱を追討させる．義綱降伏，佐渡に流される．為義の登用は「為義の出発を武勲で飾ろうとする白河院の配慮とみるべきであろう」．

5　保元の乱

元木泰雄『河内源氏』（前出）によれば、保元《ほうげん》の乱（一一五六年）の経過は次のとおりである。鳥羽《とば》上皇・崇徳《すとく》上皇側と後白河《ごしらかわ》天皇側が天皇の地位をめぐって対立していた。崇徳上皇には藤原頼長《よりなが》、源為義と息子頼賢《よりかた》・頼仲《ためなか》・為成《ためなり》・為宗《ためむね》・為仲《ためなか》、平忠正《ただまさ》がつき、後白河天皇には藤原忠通《ただみち》・信頼《のぶより》、信《しん》西《ぜい》（藤原通憲《みちのり》）、源義朝・義康《よしやす》、平清盛・源頼政《よりまさ》がついていた。戦いは先手を打って夜襲をかけた天皇側の勝利に終わった。乱をおこし、作戦を主導したのは信西だという。信西は、その後の政界をリードする。

河内源氏の動向から見る。為義《ためよし》は、白河院と対立する摂関家の藤原忠実《ただざね》に「祇候《しこう》」（つつしんでお側《そば》に奉仕すること―広辞苑）したため、その母が白河院の近親の娘である**義朝**《よしとも》（為義の長男）を「廃嫡」して、「坂東に追いや」った。義朝は坂東＝東国にあって「私合戦に明け暮れていた」。「義朝を東国で受け入れた豪族は、いずれも摂関家領の荘官であった」。義賢（為義の次男）は「東宮体仁親王《なりひと》（のちの近衛《このえ》天皇）の親衛隊長である帯刀先生《たてわきせんじょう》という栄職にあった」。頼朝《よりとも》（義朝の三男で嫡男）は「官位を有して京で朝廷に仕えた」。河内源氏の傍流（義朝ら）は東国に、為朝（為義の弟）は鎮西（九州）に、それぞれ下向して「地方の拠点で武士団を組織し、それを基盤として京の政界にも関与する動きをみせた」。また義朝の濫行《らんぎょう》は、摂関家の藤原忠実・忠通《ただみち》に「従属」し、その「権威を利用して」なされていたものであろう。義朝は廃嫡されたものの、摂関家や父為義との関係は断たれず、久安《きゅうあん》三年（一一四七）、義朝は藤原季範《すえのり》（熱田大宮司家《あつただいぐうじ》）の娘との間に頼朝をもうけているが、そのことは摂関家や為義との関係があったことを示している。しかしその後、義朝は「為義との連携を拒み、…院近臣に接近し、摂関家からも離脱してゆくことになる」。仁平《にんぺい》三年（一一五三）、義朝は下野守（受領）に就任して、「河内源氏の嫡流に相応《ふさわ》しい地位を獲得することができた」。それは、「鳥羽院に接近して受領の座を射止めた」ものと考えられる（一三四-一四一頁）。

源為朝《ためとも》（為義の八男、義朝の弟）のこと。「強弓で知られる為朝は、鎮西で活動してきた。最初の拠点は摂関家領島津荘であり、阿多《あた》権守忠景《ただかげ》の婿となったとされる。久寿《きゅうじゅ》元年には彼の濫行で為義が解官《げかん》されたが、翌年には豊後国に居住して大宰府管内を騒がせた。義朝の西国版ともいえるが、忠実・頼長の政治力の低下を反映して、処罰を受けたのである」（一五一頁）。保元の乱では為義とともに戦い、敗れたが、投降せずに逮捕された。そして伊豆大島に流刑となった。「その後、為朝は配流先の伊豆で様々な濫行を働いた末に、ついに討伐されたとされるが、伝承の域を出るものではない」（一六四頁）。

保元の乱の恩賞をめぐっての問題。源義朝（従五位下下野守）は、「河内源氏初の昇殿と、院近臣の大物が任じられる左馬頭という官職を得た」。平清盛（正四位下安芸守、昇殿も許されていた）は、播磨守（四位上臈《じょうろう》=受領の最高峰）になる。平頼盛《よりもり》・教盛《のりもり》（いずれも清盛の弟）も、内昇殿を許される。義朝と清盛では、当初の格が違っており、義朝は清盛を超えることがなかったが、「破格の恩賞」を得たことになる（一六五-一六七頁）。かくして「政治的な自立性をもち、地方武士

表 2-4　保元の乱

和暦	西暦	事項（数字は月）
仁平《にんぴょう》3	1153	1 平忠盛，没する．源義朝，中宮藤原呈子《ていし》（のちの九条院）の雑仕《ぞうし》女《め》常葉《ときわ》（常盤）と結ばれ，男子今若《いまわか》（のちの全成《ぜんじょう》．義経の同母兄）を得る．義朝，美福門院・藤原忠通派へ転換．
久寿《きゅうじゅ》2	1155	7 近衛天皇没，後白河《ごしらかわ》天皇即位．摂関家の忠実・頼長は失脚．源義平《よしひら》（義朝の長男）が義賢（義朝の弟）を襲撃して殺害する．院近臣派の義朝一族と，摂関家派の為義一族との間で大事件となる．為義と義朝の最終的決裂．義朝・義平に咎《とが》めはなく，藤原信頼《のぶより》（道長の兄の子孫）と提携し，後白河との関係を深めていく．義朝を受け入れた武士の多くは，元来は摂関家領の荘官であったが，摂関家の後退によって，院近臣に接近していった．
保元《ほうげん》元	1156	源義朝ら，白河殿を攻める（崇徳上皇・藤原頼長・源為義ら）．保元の乱起こる．背景に，王家における後白河天皇（弟）と崇徳上皇（兄），摂関家における関白忠通（兄）と藤原氏長者頼長（弟），そして院近臣と摂関家との対立があった．平清盛は後白河天皇側に参戦した．「国家権力と摂関家の私的兵力の衝突が，保元の乱の実態であった」．合戦は後白河側の勝利となった．

を中心的基盤とした義朝こそは、まさに独自の政治的地位と地方基盤を有し、それまでの軍事貴族とは段階を異にする**武家棟梁**と呼ぶに相応しい存在となったといえる」（一六八頁）。

村井章介「権門の分立と〈武者の世〉」（前出）は、次のように述べている。「保元《ほうげん》の乱と呼ばれるこの事件について、天台座主《てんだいざす》慈円《じえん》は『愚管《ぐかん》抄《しょう》』に〈保元元年七月二日、鳥羽院ウセサセ給《たまい》テ後、日本国の乱逆ト云《いう》コトハヲコリテ後、**ムサノ世**ニナリニケルナリ〉と記し、すぐ続けて〈こういうふうになった順序の筋道をこの本は一番重要な点と考えて書いたのです〉（古典文学大系本頭注）と述べる。都が戦場となって、トップレベルの貴族が戦死し、上皇が流罪となるといった異常事態だけでなく、武者の力が中央の政治情勢を大きく左右するようになった点に、慈円は時代を区切るしるしを見出したのである。／閏九月、後白河政権が公布した〈**保元新制**〉**七カ条**の冒頭には、…国土のすべては天子の所有物だと高らかにうたわれている。この法令をもって中世王権の確立と評価し、**古代から中世への移行の指標**とする学説が、現在の多数説である。天皇がかつてない絶対的な権力を握ったかにみえるこの事態は、しかしながら他方で、慈円のいうように〈**武者の世**〉への突入でもあった」（一四〇頁）。

6　平治の乱と平氏の台頭

平治元《へいじ》（一一五九）年、平治の乱が起こった。元木泰雄『河内源氏』（前出）によれば、概要は次のとおりである。藤原信頼《のぶより》・源義朝以下の軍勢が後白河の院御所を包囲して放火し、信西《しんぜい》（藤原通憲《みちのり》）やその一族の殺害を図った。そして後白河院とその姉をともに幽閉した。信西は事前に察知して逃げたが、自殺した。平治の乱が始まった。これは「信頼が後白河院政を停止し、二条親政を実現しようとしたことは疑いない」。「事件の首謀者は信頼であり、義朝はそれに追従したに過ぎない」。義朝は四位で播磨守《はりまのかみ》となり、嫡男頼朝（一三歳）は右兵衛権佐《うひょうえごんのすけ》に任じられる。しかし平清盛が、熊野参詣《くまのさんけい》を中断して引き返し、二条天皇を清盛の六波羅邸に脱出させることによって、形勢は

表 2-5　平治の乱のあと

和暦	西暦	事項（数字は月）
永万元《えいまん》	1165	6 二条天皇譲位，六条《ろくじょう》天皇即位.「後白河院は院政の確立をめざして，平清盛との提携を進めることになる」.
仁安《にんあん》2	1167	2 清盛，太政大臣となる．5 後白河上皇の院宣に基づき，平重盛に東山・東海・山陽・南海諸道の賊徒追討宣旨を与える.
3	1168	2 清盛出家．六条天皇退位，高倉《たかくら》天皇（清盛の義妹滋子《しげこ》の子）即位.
嘉応《かおう》2	1170	6 後白河上皇出家．9 後白河法皇，宋人を清盛の福原山荘で引見.
承安《じょうあん》元	1171	12 清盛の娘徳子，後白河法皇の養女として入内.
2	1172	2 平徳子を中宮とする.
4	1174	3 後白河法皇，建春門院（平慈子）・清盛らを伴ない，厳島神社を参詣.
安元《あんげん》2	1176	7 滋子死去，後白河と清盛の主導権争い露呈.
治承《じしょう》元	1177	6 鹿《しし》ケ谷《たに》事件（平家打倒の謀議）発覚（下向井は清盛の謀略とする）.
2	1178	11 中宮徳子，皇子（のちの安徳天皇）を出産.
3	1179	7 重盛没するる 11 清盛，後白河院を幽閉，院政を停止する．事実上の独裁政権樹立（治承のクーデター）.
4	1180	2 高倉天皇譲位，安徳《あんとく》天皇（清盛の孫）即位.

逆転した。義朝は落命し、頼朝らは配流され、あるいは出家した。「平治の乱は、源平両氏の合戦とはとうてい言いがたいものであった」、「清盛は、当初から攻撃の対象ではなかった」。

　これにより、源氏は後退し、平氏が台頭する。村井章介前掲書は、次のようにいう。「乱の結果、一人勝ちとなった清盛を中心に平氏《へいし》の発言権が著しく強まったが、清盛は院政派・親政派のいずれにも与《くみ》しないことで、かえって朝廷政治の主導権を握った。一一六七（仁安《にんあん》二）年、清盛は従一位太政大臣《だいじょうだいじん》まで登りつめたが、在任三カ月で太政大臣を辞した。その際、平氏のあらたなリーダーとなった重盛《しげもり》が、東山《とうさん》・東海《とうかい》・山陽《さんよう》・南海道《なんかいどう》の賊徒追討権を朝廷から認められた。院政のもとで武家の棟梁《とうりょう》が従士を率いて国家の軍事警察機能を担うという構造は、管轄範囲を全国に広げて、鎌倉幕府の諸国守護《しゅご》権へと引き継がれる」（一四〇‐一四一頁）。

7　武士になるかならないか

　下向井龍彦『武士の成長と院政』（前出）は、「武士になるか否かの分岐点はどこにあったのだろうか」と自問して、次のように答えている。律令制の段階でも「武芸之士」といわれる人びとはいたが、「彼らの武芸は衛府《えふ》で継承されてきた律令的武芸であり、騎射・競馬など宮廷儀礼における〈見せ物〉的武芸として洗練されてはいたが、実戦経験によって鍛え抜かれた武芸ではなかった」。「九世紀末～一〇世紀前半の転換期の反乱鎮圧過程で戦術革命の洗礼を受け、新戦術を我がものにして勲功をあげた者だけが、新たな武士としての社会的認知を獲得したのである」。「源経基を始祖とする清和源氏、平高望を始祖と仰ぐ桓武平氏、藤原秀郷を始祖とする秀郷流藤原氏を代表として、中世武士の多くは、その系譜のなかで天慶の乱で勲功をあげた英雄たちを祖と仰いでいる。…彼ら天慶勲功者こそが、中世的〈武芸〉を〈家業〉とする武士の創始者といえるのである。武芸を家業とする武士の道を選んだ秀郷・貞盛・経基らは、実戦経験によって鍛え上げられた武芸を子孫に伝授することに意を注ぎ、子孫たちは英雄的始祖の名に恥じない武士となることを目指して、日夜練磨に励んだのである」。「逆に、いかに武芸に優れていようとも、勲功者子孫でなければなかなか武士とは認知されなかった」。「彼ら天慶功労者子孫だけが正真正銘の武士たるの資格と栄誉を享受することができたのであり、武士身分は政府・宮廷貴族そして地方国衙が、天慶勲功者を武士と認知することによって成立したということができよう」（九九－一〇二頁）。

第三章　武家＝平氏政権（平安時代終末期）

第一節　一二世紀の日本

1　領域型荘園の拡大

村井章介「権門の分立と〈武者の世〉」（前出、『日本史』）は、荘園の成立と拡大について、次のように述べている（一三一―一三四頁）。まず、少しさかのぼる。「九世紀半ば以降、国家に対する貢納物の未納が深刻となり、朝廷は国司《こくし》長官に管国の政務を委任するあらたなシステムに移行することで、乗り切りをはかった。この段階での国司長官を〈**受領**《ずりょう》〉と呼ぶ」。国は租税の徴収ができなくなり、それを受領に一任するが、受領は租税の徴収だけでなく、地域の土地に関わる一切を取り仕切るようになる。「一〇世紀以降には、受領が自己の判断で不輸《ふゆ》［免税―村井による］を認める〈国免荘《こくめんしょう》〉も登場する」。「一一世紀前半以前、すなわち摂関時代」にはまだ、**荘園**は「土地面積に占める割合も小さく、不安定で例外的な土地制度にすぎなかった」。摂関家などの貴族の収入は、国家から与えられる封戸《ふこ》が中心であって、荘園からの収入は補助的だった。

これが「一一世紀中葉以降」変化する。「土地面積に占める荘園の割合が増大」し、「**領域型荘園**」が増加するのである。荘園の所有者は「上位者の保護を求めて所領を寄進《きしん》する」ようになる。「寄進の盛行は荘園の領域的完結性を一層進展させることになった。〈寄進地系荘園〉と呼ばれるこのタイプの荘園は、一二世紀前半から中葉にかけて爆発的に増加した」。先行したのは藤原摂関家で、「一一世紀中葉から後半にかけて」根幹的な部分ができあがってきて、一二世紀まで拡大が続く。摂関家に対する「王家」の荘園は、まず、もともと「**御院《ごいん》領**」があった。「御院」とは「内裏《だいり》本宮《ほんぐう》に対する別宮《べつぐう》」のことで、初めは臨時的なものだったが、後には天皇や上皇に代々引き継がれて固定化した。「御院には勅旨《ちょくし》田《でん》や荘牧《しょうのまき》などの御院領が付属して」いた（古瀬奈津子、『日本歴史大事典』）。「王家領が急激に拡大するのは鳥羽《とば》院政期（一一二九～五六年）で、つぎの後白河《ごしらかわ》院政期にかけて院・女院《にょいん》や御願寺《ごがんじ》に厖大な所領が寄進され、中世を代表する**権門領荘園群**として成長を遂げる。中世最大の荘園領主である王家が巨大荘園領主となった鳥羽院政期を、荘園制成立の最大の画期としてよいだろう」。なお、「女院」とは「天皇の近親女性」のことで、「院政期の待賢門院《たいけんもんいん》以後、女院は多くの寄進地系荘園を集積し、女院から女院へと相伝した」（野村育世、『日本歴史大事典』）。また、「御願寺」とは「平安時代に平安期用の周辺に建立された天皇・上皇・皇后等の祈願を修する寺」のことで、「天皇家や貴族が建立した御願寺は経営規模も大きく、封戸《ふこ》・官田《かんでん》・勅旨《ちょくし》田・院《いん》領《りょう》・賜田《しでん》等が寄進された」（西口順子、『日本歴史大事典』）。第一章第一節の7、8参照。

2　受領の徴税請負

美川圭『院政』（前出）は、受領の徴税と上納の実際について、次のように述べている。「受領が徴税の請負《うけおい》をしていたことはよく知られている。その具体的なやり方は、京都の周辺に納所《なっしょ》と呼ばれる蔵を造り、そこに国［それぞれの任国―来間］で集めた物資を集積するというものであった。朝廷や寺社に要請されると、そこから一定額の物資を納入していたのである。そして、それらの物資も、受領と関わりのある運送業者、たとえば**梶取**《かじとり》とか**鋼丁**《こうちょう》という人々によって運ばれた。さらに、納所の運営も専門の金融業者や商人などに任せていたらしい」（一二四頁）。

つまり、それぞれの国には受領が配置されて、徴税とその上納を請け負っていたが、具体的には、受領は京都あるいはその近くに「納所」と呼ばれる蔵を持ち、そこに物資を集積していて、朝廷や寺社から要請があると、そのつどそこから物資を届けるのである。この仕組みの中で、運送業者や金融業者も生まれ、受領は彼らに委託してこれらの事業をこなしていた。また、納所には上納用の物資だけでなく、受領の私的財産に属する物資も、あわせて蓄えられていた。

「梶取」は「かんどり」とも読み、船の梶取り、船頭のことである。「鋼丁」は「ごうちょう」とも読み、律令制下の制度に由来するが、「調庸物等の輸送は、貢調使《こうちょうし》・調綱郡司《ちょうこうぐんじ》・鋼丁・運脚《うんきゃく》の構成によって行われたが、鋼丁は門文《かどぶみ》を伝達し、物資が滞りなく納められたことを証明する返抄《へんしょう》（受領証）を受け取る責任があった。…鋼丁には在地の渡来系有力氏族などがあてられたと考えられる」（保野好治、『日本歴史大事典』）。

3　海上交通と漁労民・海商

網野善彦「海と海民の支配」（秋道智弥《あきみちともや》編著『海人の世界』同文館、一九九八年）は、中世前期の水上交通などについて、次のように述べている。その前の「律令国家」の場合は、「山野河海《さんやかかい》」は「国家―天皇の支配権のもとにおいており、津・泊・渡などの水上交通の拠点は国衙《こくが》（京都は京職、のちに京都周辺は天皇直属の検非違使《けびいし》）の管理下におかれた」。次の段階、すなわち「王朝国家」の場合も同様である。「しかし、荘園公領制の形成過程―一一世紀後半から一三世紀前半にかけて、天皇家、摂関家、高位の貴族・武家、さらには興福《こうふく》寺・延暦《えんりゃく》寺・東大《とうだい》寺などの大寺院、伊勢《いせ》・上《かみ》下賀茂《しもかも》・熊野《くまの》・石清水八幡《いわしみずはちまん》・日吉《ひよし》・祇園《ぎおん》などの大神社は、それぞれ独自に、海上、水上交通の要地である津・泊・浦などをふくむ荘園を確保することにつとめるとともに、知行国を獲得し、国衙の保持する河海の交通路にたいする管理権をみずからの手中にしようとして、互いに激しく競合した」（二三六―二三七頁）。これら「天皇家、摂関家、大寺社」は、「海民」が「漁労民、商人、廻船人などに分化」しようとしていた状況をとらえ、それら「有力な海民を、それぞれ供御人《くごにん》、雑色《ぞうしき》、神人《じにん》、寄人《よりうど》などとして組織し、**神人・供御人制度**ともいうべき制度が西日本に成立する。供御人・神人などとなった有力な海民は〈聖なるもの〉の分身――天皇・神仏などの〈奴婢《ぬひ》〉として、百姓と区別された身分となり、課役や、交通税の免除の特権を保証されて、漁労や廻船交易に従事し、天皇家や大寺社は、これらの供御人・神人を通じて海産物を確保するとともに、海上交通を掌握しようとした」(一三八頁)。東日本の場合は、異なる点がある。

「鎌倉後期以降」には、「**企業的貿易商人**ともいうべき聖《ひじり》・上人《しょうにん》」も現われる。かれらは「寺社の修造、架橋、港湾修築などの事業を請け負い、勧進《かんじん》上人(聖)となった律僧・禅僧」たちである。かれらは「幕府などと結びつき、海上交通の要衝に関を立て、通行、入津《にゅうしん》する船から、神仏への初尾・上分として関料を徴収して資金を集め、それによって〈唐船〉を建造し、中国大陸との貿易に従事した。そしてその巨利を資金として、多くの工人を動員し、さきのような大工事をおこなった」のである(一三八頁)。仏に直属しながら、商業に従事し、建設に関わっていたのである。

かれらはまた「一面では**海の武士**、**海の領主**としての性格をもっていた」。そうして「海賊」にもなり、見張所・警固所としての「海城」を築き、のちには「倭寇」ともなっていく(一三九頁)。

4 流通経済を担う供祭人・神人

網野の議論をも受けつつ、本多博之《ほんだひろゆき》「西国の流通経済」(前出、『西国における生産と流通』)は、「一一世紀後半になると、商業活動の担い手として、天皇家や有力神社などに諸国往来の特権を保証され、広域的に活動する人々が登場する」と述べている。その一つで、代表的なのが「**賀茂《かも》社・鴨《かも》社供祭人《ぐさいにん》**」であり、彼らは瀬戸内海を中心に活動していた。「彼らは本来、活発な漁労活動を展開する海民的な神人《じにん》集団であり、両社の〈御厨《みくりや》〉〈供祭所〉が供祭人の根拠地として、瀬戸内海沿岸に広く分布していた」。もう一つ、「**石清水八幡宮《いわしみずはちまんぐう》神人**」もあった。「石清水八幡宮そのものは本来、九世紀半ばに宇佐八幡宮から勧請《かんじょう》された八幡宮であるが、瀬戸内海沿岸のほか山陰沿岸（石《いわ》見《み》・出雲《いずも》・伯耆《ほうき》・但馬《たじま》・丹後《たんご》など）や九州にも、荘園や別宮をもっていた。そしてこの八幡宮神人は、保元《ほうげん》三年（一一五八）一〇月の後白河院院宣《いんぜん》で、田畠所当以外の在家役《ざいけやく》や万雑公事《まんぞうくじ》役をすべて免除される特権を得たことにより、各地の港で関料・津料を免除される自由通行の権利のもと、広域的な活動を展開した。八幡神の権威を背景とする彼らの航海・漁労等の活動は、賀茂・鴨両社供御人と同様、活発であった。しかも平安末期以降は、山城国の淀《よど》を本拠に、塩の交易を活発におこなうようになり、鎌倉期には瀬戸内海で生産された塩を京都に販売する役割を担った」。さらに「**石清水八幡宮大山崎神人**」もある。これは「油神人」で、「鎌倉期から室町期にかけて〈内殿御灯油料胡麻〉の輸送に関し、〈諸関所津料〉免除の特権を得て活動した。この大山崎神人の特権は、石清水八幡宮の権威によって保証され、淀川だけでなく瀬戸内海、そして山陰沿岸や九州の海上交通にも影響をもち、彼らは原料の仕入れから製造・販売まで手広くおこなっていた」（八六―八七頁）。

5　僧徒の乱行、強訴

福島正樹『院政と武士の登場』（前出）は、次のように述べている（一四五―一五〇頁）。「院政期の都における最大の軍事問題は、権門寺院の武装と強訴《ごうそ》である。寺院内部における武装集団の出現は一〇世紀後半の延暦寺《えんりゃくじ》に確認できるが、とりわけ白河親政から院政期にかけて、自立した権門としての道を歩み始めた寺社における武力・強訴が大きな問題になり始めたのである。強訴を行った寺社勢力は〈南都《なんと》北嶺《ほくれい》〉と総称された。**南都**とは興福寺《こうふくじ》・東大寺《とうだいじ》など旧都奈良の諸寺のことであり、**北嶺**とは比叡山《ひえいざん》延暦寺のことである。実際、強訴を行った寺社はほぼ延暦寺、興福寺に限られていたのが特徴で、密教系の東寺《とうじ》や仁和寺《にんなじ》などには悪僧による強訴の例はほとんどみられない」。「悪僧」とは、「これらの諸寺の有する武装した僧侶のこと」で、「江戸時代以後、これを〈僧兵《そうへい》〉といった」。「強訴」は「嗷訴《ごうそ》」ともいった。辻善之助《つじぜんのすけ》『日本仏教史第一巻上世編』（岩波書店、一九四四年）によるとして、その回数は「院政以前の九〇年間に四回、院政時代の一一〇年間に六〇余回、鎌倉時代の約一五〇年間に約一〇〇回、南北朝時代の六〇年間に約四〇回、それ以後の室町時代の約一五〇年間に三〇余回を数える」という。「僧侶が武装」して、「僧侶・寺院同士の抗争や強訴が行われるようになった」。強訴は、悪僧が神輿《しんよ》・神木《しんぼく》などの御神体《ごしんたい》を押し立てて京に入り、圧力をかけるのである。その原因は、荘園支配の拡大や人事に関わる要求が多く、それらは院政のあり方と関連している。院・朝廷は、強訴から守るために軍事貴族を動員したが、強訴が武力で攻撃をかけるというものではないので、ただ防御を命じただけであった。

6　平氏の政権掌握

高橋昌明『平家の群像』（岩波書店・新書、二〇〇九年）は、次のように述べている。「清盛《きよもり》の平氏は、二度の乱［保元・平治—来間］以前から義朝《よしとも》の源氏をはじめ都で競合する他の武士勢力とは、格違いの地位と勢力を有していた。さらに乱がおこったことでライバルを一掃する結果となり、中央の武力を独占するようになった。清盛は永暦《えいりゃく》元（一一六〇）年の参議正三位《しょうさんみ》を手はじめに、急速な官位の昇進を果たし、中央の政局を左右する政治勢力に成長してゆく。以降の武門平氏を**平家**と呼びたい」。高橋は、「当時の源氏と平氏を、源氏と平家と呼んでも源家と平氏とはいわない」といい、それは「平家」が上流貴族の「家」の格として、源氏に勝っていたからである、という（一二頁）。

清盛は、仁安《にんあん》二（一一六七）年二月に太政大臣《だいじょうだいじん》となるが、三か月後の五月には辞任する。当時は、辞任後の方が「政界の実力者」として君臨できたのである。そして、重病を契機に出家したが、回復後は出家姿で「政界を牛耳《ぎゅうじ》り、その後**摂津福原**《せっつふくはら》（現兵庫県神戸市兵庫区平野）に引き籠《こ》もる。以来一一年間福原に常住し、よほどでなければ上洛せず、そこからの遠隔操作で政局を左右し続けた」。娘・徳子《とくこ》を高倉天皇に入内《じゅだい》させた（一三-一四頁）。

清盛は「福原の南二・五キロのところにある大輪田泊《おおわだのとまり》（のちの兵庫津、現神戸港の西部）を改修、経島《きょうのしま》（平安版ポートアイランド）を築き、それまで大宰府どまりであった中国（宋）船を直接大輪田泊まで引き入れるなど、画期的な施策を推進した」。しかし、福原居住についての彼の意図は、「王権との絶妙な距離」を保って、政治をコントロールするためであった。「筆者［高橋—来間］はこの福原と六波羅《ろくはら》の二拠点で構成された平家の権力を**六波羅幕府**と呼んでいる。鎌倉幕府に先行する史上初の武家政権である」。高橋は、鎌倉幕府より前に武家政権が成立していたとし、それを京都における平家の拠点・六波羅の名をとって「六波羅幕府」と名付けているのである（一五-一六

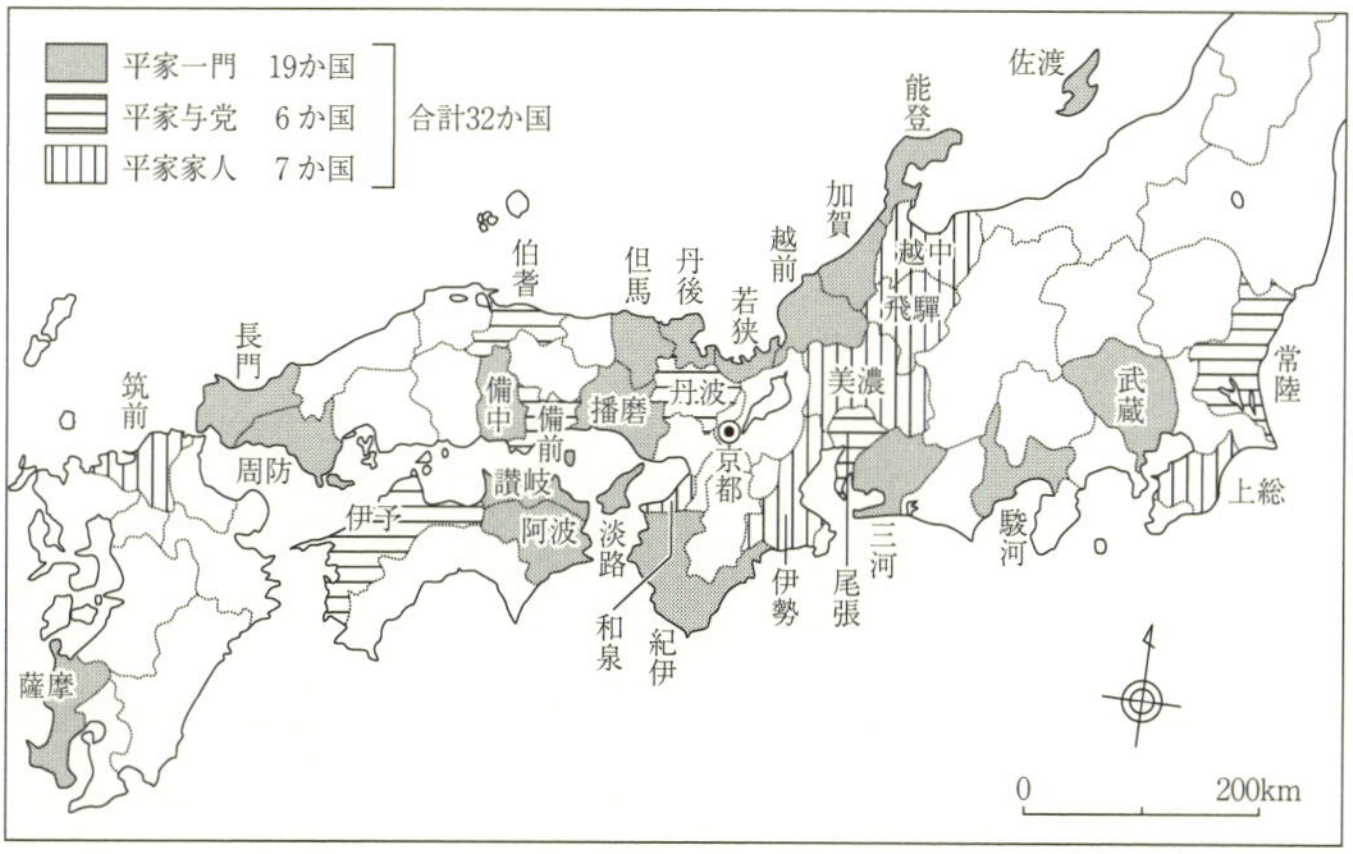

図 3-1　治承 3 年の政変後の平氏の知行国と荘園

平氏は知行国や荘園の獲得を通じて，京都—瀬戸内海—九州—大陸というルートをつくりあげた．治承 3 年（1179）以後は，東国方面にも勢力を伸ばし，最大の勢力圏を築いた（本郷）．
（出所）　本郷恵子『京・鎌倉 ふたつの王権』（小学館，2008 年）．

頁)。

高橋昌明は、続けて次のようにいう。

「以上述べた政治介入方式、そして六波羅幕府という形での急激な勢力拡大は、既成勢力の反発をまねき、治承《じしょう》年間(一一七七〜八一)には、平家と院の暗闘が表面化した。その最初は安元《あんげん》三(一一七七)年六月発生の鹿ケ谷《ししがたに》事件である。平家打倒を企てたとされるこの事件で院近臣を処分し後白河を押さえこんだ清盛は、翌治承二年末、高倉天皇と徳子の間に生まれた新生児の言《こと》仁《ひと》を東宮《とうぐう》(皇太子)に立てた。ついで巻き返しに出た院勢力を、治承三年一一月の**軍事クーデタ**で粉砕、反対派貴族を大量に処分、院政を停止、軍事独裁政治を開始した。研究者の多くは、このクーデタ以後、厳密な意味で平家の政権が成立したと考えている。/治承四年二月、高倉天皇が位を降り、言仁が即位（安徳《あんとく》天皇）、清盛は天皇の外祖父になった。クーデタによって平家が知行する国および平家一門が国守に就いた国が飛躍的に増加し、約三〇ヵ国、日本列島に所在する地方行政単位としての国々の半数近くに及んだ。平家はほかに全国五百余ヵ所に及ぶ荘園を所持したという」。このことは、安定ではなく、「平家と地方社会の対立」を助長した。

なお、鹿ケ谷事件で「鬼界島《きかいがしま》」（硫黄島《いおうじま》）に流された三人のうち、終生帰還を許されなかったのが僧・俊寛《しゅんかん》であり、九州より南の島々を考えるときの材料を残している。

「同年五月、以仁王《もちひとおう》（後白河の第三皇子）らの平家打倒計画が発覚する。これは未然に鎮圧され、六月二日平家一門は、安徳天皇・高倉上皇・後白河法皇をともなって福原に向かった。世にいう**福原遷都**である」。これは「清盛の発作的な思いつき」ではないのであって、「筆者［高橋—来間］は清盛が、たんなる幕府にとどまらず高倉上皇・安徳天皇を頂点とする平氏系新王朝の立ち上げに踏み切った以上、それにふさわしい新都の建設を断行しようとした、と考えている」（一七–一八頁）。

そこから「内乱」の時代に入る。一般に「源平合戦」と呼ばれているが、もっと大きく全国的な「内乱」（治承《じしょう》・寿永《じゅえい》の内乱）としてとらえようというのが、高橋の立場である。それは「遷都への旧勢力による反発」もあったが、「かわきり」となったのは「八月の伊豆での頼朝の挙兵」であった。

なお、高橋の「クーデタ論」や「六波羅幕府論」は、前著『平清盛　福原の夢』（講談社・選書メチエ、二〇〇七年）で示されたもので、本書『平家の群像』でもそのことを述べている（九九頁、一九六頁、二〇四頁）。また、「治承《じしょう》・寿永《じゅえい》の内乱」論は、石《いし》母《も》田《だ》正《しょう》『古代末期政治史序説』（一九五〇年）の説を受けついだものであることを表明している（一〇七–一〇九頁）。

7　「福原幕府」こそ武家政権の始まり

本郷和人『武力による政治の誕生』（前出）は、この高橋説（「平家幕府論」と本郷はいう）への賛同を表明している。「保元・平治の二つの乱を勝ち抜いた平清盛は、朝廷の行政に否応なく向き合うことになる。しきたりや識見を身につけるのは容易ではなかったが、伝統的な貴族たちと能力を競い合い、老獪《ろうかい》な後白河上皇の院政権力とも鎬《しのぎ》を削った。そうした厳しい〈学び〉の結果として、清盛は〈武家政権〉という一つの解答に到達する。主従の関係でもって緊密に結びついた武士が、貴族をも操り、政治の実権を掌握する。明治維新まで続く権力のかたちを作りだしたパイオニアは、従来いわれてきた源頼朝ではなくて、むしろ平清盛こそがふさわしい。…わたしは高橋説に従いたい」。ただ、「鎌倉幕府の先行形態」は「六波羅幕府なのか、そのすぐ後の福原幕府なのか」という点では異論があり、「天皇権力に拘束されている六波羅幕府は、鎌倉幕府とは性格を明らかに異にしている。そこでわたしは六波羅幕府ではなく、**福原幕府**の成立を強調することにより、〈清盛＝武家政権のパイオニア〉とする高橋説を補強したい」（一〇六－一〇七頁）。

本郷は、基本的に高橋説によりつつ、その微修正として、「福原幕府」による清盛政権の成立をもって「武家政権」が成立したとするのである。

本郷も、石母田正『古代末期政治史序説』（一九五〇年）を振り返っている。石母田は「一一八〇（治承四）年の以仁王の挙兵から一一八五（文治《ぶんじ》元）年の平家滅亡まで、足かけ六年にもわたる一連の戦乱を〈源平の戦い〉と認識することを否定し、より深刻な全国的な内乱、〈治承・寿永の内乱〉として捉えることを提唱した」。この内乱において、日本中の武士たちが、武力によって政権を倒すことができることを学んだ。そのことを基礎にして「武士たちのいわば独立戦争が勃発したのだ。わたし［本郷―来間］は全国的な治承・寿永の内乱の主役は、在地領主、すなわち武士であると考える」（二〇八―一一〇頁）。

8　日本中世における宋銭の流通

「宋銭」の流通に平氏がどのように関わったかを論じたのが、高橋昌明「宋銭の流通と平家の対応について」（勉誠出版・アジア遊学『東アジアを結ぶモノ・場』、二〇一〇年）である。「朝廷が市場における物品売買の公定価格を定める法」を「沽価法《こかほう》」というが、一〇世紀中期から何度も制定が提案されながら、「ついに発布に至らなかった」。治承《じしょう》三年（一一七九）にもそれが提案され、清盛はそれをいったんは潰したが、すぐまた制定に向かった。その背景には、次の事情があった。

国は地方からの租税を米や絹で納入させていたが、銭貨《せんか》の流通が盛んになってくると、米や絹の市場価格が低下していき、その銭貨との交換比率は高騰する。例えば銭貨一〇〇枚で済んでいたものが二〇〇枚となり、米や絹の公定価格は骨抜きになっていく。地方は米や絹での納入に困り、国も国家財政収入の減少となる。銭貨の流通が優勢となっていったために、外国の貨幣だからその流通を停止するなどということは、不可能になったのである。宋銭は公認され、宋銭を基準とする公定価格や、代納物のレートも設定された。

しかし、時すでに遅し。頼朝の挙兵で全国的な内乱がはじまり、「中央への貢納・年貢運上《うんじょう》自体が激減した。そのあげく、五年にわたる内乱の果てに、平家一門は壇ノ浦《だんのうら》で海の藻屑《もくず》と消える」。鎌倉時代に入って、銭貨停止の方針が打ち出されるが、「徒労」を繰り返しただけであった。

結論。「清盛が公認させようとした中国銭の流入と使用は、鎌倉期に入ってますます勢いを増す。畿内を中心にまず絹布、ついで米の順で物品貨幣の交換・支払手段機能を吸収、並行して両者の持っていた価値尺度・計算手段の機能を統合してゆく。さらに鎌倉末期になって富の蓄積手段としての機能を獲得する（松延康隆「銭と貨幣の観念―鎌倉期における貨幣機能の変化について―」『列島の文化史』六号、一九八九年）。その結果、周知のごとく中国銭が日本中世を通じて貨幣の中心的な担い手でありつづけることになった」。

9　「平氏の日宋貿易」への疑問

山内晋次《やまうちしんじ》「平氏と日宋貿易―通説的歴史像への疑問―」（『神戸女子大学　古典芸能研究センター紀要』六号、二〇一二年）は、「ほぼ通説化している平清盛・平氏と日宋貿易をめぐる歴史像に対して…いくつかの疑問を述べてみたい」という。①「大宰府の府官たちがどのようなかたちで貿易の支配権を握っていたのかという問題自体、具体的にはほとんど解明されていない」。②「通説」の先鞭を切った森克己《もりかつみ》は、「長承二（一一三三）年に肥前国神崎荘に来航した宋海商周新の貿易船をめぐって、後院領神崎荘の預所という自身［平忠盛］の地位を利用して大宰府の貿易権を否定し、私的な貿易を推進しようとした」と主張しているが、「近年の国際関係史研究においては、問題の宋海商周新の貿易船が入港したのは神崎荘現地ではなく、大宰府管理下の博多津であることがほぼ明らかになっているのである」。③「最近、渡辺《わたなべ》誠《まこと》により、平氏政権期の貿易状況に関する研究が進められているが、その渡辺の研究においても、〈日宋貿易と言えば平氏政権をまず思い浮かべるほど、平氏の貿易への関与は特別視されやすいが、実態をみればそれは、まったく新たに創出された仕組みによるものではなく、既存の貿易の機構と組織を整備・発展させたものであり、また院やその他の権門と共同した貿易経営とみなければならない〉、あるいは〈そもそも、平忠盛以来の平氏の貿易関与とは、院御厩別当としてのものであり、平氏独自の活動ではなく、院近臣としての院の家政機関の活動であるということを銘記しておくべきである〉などと述べられている」。④「管見の限りにおいても、清盛をさかいに日宋貿易の状況が劇的に変化したというようなことを物語る史料はみあたらない」。⑤通説は「日宋貿易に対する支配・統制を通じて得た莫大な貿易利益が平氏の財政基盤となった」としているが、これは「なんらかのかたちで貿易に関われればただちにそれが莫大な利益につながるかのような、きわめて素朴な貿易観が前提とされていると考えられる」。そして「平氏政権」が「貿易管理制度や専売制を実施したり、貿易統制権などを行使したことを明証する史料は管見の限りみあたらない」。⑥通説は「平清盛は大輪田泊を日宋貿易の拠点とすべく大規模な改修・整備をおこなった。その結果、その港はおおくの宋船の来航で賑わい、現在の国際貿易港・神戸の源流になった」とするが、その「場所や構造などについては明らかになっていない」し、

「大輪田泊における日宋貿易の盛行が主張される割には、意外に宋船来航の事例が少ない」（挙げられているのは一一七〇・七二・七九・八〇・八〇年のみであり、うち七〇・七二年は宋船来航の事例とはいえない）し、通説は「史料的根拠に欠け」成り立たない。⑦「最大の対中国貿易拠点であるハブポート博多」と比較すれば、「平氏政権絶頂期というごく短期間、一時的に瀬戸内海に伸びた支線＝大輪田泊」ということにしかならない。

まとめて、「平清盛を中心とする平氏一族およびその政権が、宋との外交・貿易にある程度関与していたことは事実である。しかしだからといって、平氏の支配のもとに当時、大輪田泊に宋商船が多数来航し、日宋貿易が活発におこなわれていたとか、その貿易港としての繁栄が近現代の貿易港神戸の発展に直結している、というような歴史像を描くことは、すくなくとも現在知られている文献史料・考古資料の双方からみて不可能ではないか、というのが本稿の結論である」。

かくして、「平氏の日宋貿易」についての通説は覆されている、と考える。

榎本渉《えのもとわたる》『解説　中世から現代人の対外観を問う一書』は、村井章介『増補　中世日本の内と外』（筑摩書房・ちくま学芸文庫、二〇一三年）の解説であるが、次のように述べている。「対外関係における平氏の画期性は古くからの通説的理解と言って良い。近年もこれを積極的に支持する見解（高橋昌明『平清盛　福原の夢』講談社選書メチエ、二〇〇七年）がある一方で、慎重な意見（山内晋次「平氏と日宋貿易」『神戸女子大学古典芸能研究センター紀要』六、渡辺誠「後白河・清盛政権期における日宋交渉の舞台裏」『芸備地方史研究』二八二・二八三。二篇とも二〇一二年）も表明されているが、その当否はここでは措《お》く」（二九六頁）。榎本は、「慎重な意見」もあることを指摘して、「通説的理解」にブレーキをかけているようだ。

10　平氏滅亡への道

平氏の権力は、仁安二（一一六七）年に清盛が太政大臣になり、治承元（一一七七）年に後白河法皇を幽閉したクーデターまでの、一〇年間ほどがそのピークであった。ピークはまた、下り坂の出発点でもあった。

平氏滅亡への道については、年表（治承・寿永の内乱）で示す。

11　「人商人」の登場

牧英正《まきひでまさ》『人身売買』（岩波書店・新書、一九七一年）は、一二世紀末に「人商人」が確認できるという。すこし遡って、本シリーズ第二巻（一八九－一九〇頁）でも触れたことではあるが、「律令制では人民を良と賤に大別し、良と賤はさらにいくつかの階層に区分され、その各々は法上の取扱いや権利義務を異にした。…賤民は陵戸《りょうこ》・官戸《かんこ》・家人《けにん》・公奴婢《くぬひ》・私奴婢《しぬひ》にわけられ、これらを五色《しき》の賤といった」。「五色の賤のなかで奴婢のみは法律上売買を認められていた」。それには「煩雑な形式」をとることが求められている。そして「奴婢以外の人身の売買」は、律令制では禁じられていたが、「親が子を売る」ことには寛容だったようである。「律令制の整然たる身分制度は、かならずしも日本の社会の実情に即しない唐制の翻案であったことと、律令制に内在し拡大した矛盾によって漸次崩壊することになる」。日本ではもともと「良と賤の生活に大差はなく、両者に排他的な身分としての社会意識が定着しなかった」(一八-三一頁)。

そこで、時代を進める。①治承二(一一七八)年の太政官符のなかに「奴婢を勾引《こういん》する者が京畿に充満す」という条項がある。②建久八(一一九七)年に、大隅・薩摩の守護島津忠久《しまづただひさ》にあてた下文《げぶみ》があり、そのなかに「売買人を停止せしむべき事」という条項がある。③嘉禄二(一二二六)年に、鎌倉幕府は「諸国の御家人に対し、人を誘拐する者ならびに人を売買する者を搦《から》め禁ずべき下文を出している」。このように、「**人商人**」に関わる法令があるが、このほか、『撰集抄』(仏教説話集)、『沙石集』(同)、お伽草紙の「ゆみつぎ」「さよひめ」「壺坂物語」、謡曲各種(「さんせう太夫」を含む)、古浄瑠璃各種などにも、「人商人」の話は頻出していること、さらに人身売買文書もあることを指摘している(三四-五〇頁)。

「中世の人商をめぐる文学にはある定型がみられる」として、牧は次のように述べている。「東国の人商人や北陸の人買舟が物語の展開に重要な役割を演じているのは、当時の人々の耳目にふれる機会も多かったのであろう。人売買の取引の場となったのは、要衝の運輸業者であった問丸《といまる》とか宿であり、京には人商人の総領が居をかまえていた(幸若舞『信田《しのだ》』)。売られて行く先は、東北、北陸、山陰、九州などの辺境の地域である。買われて下人となった者の郎等は、農耕、牧畜、柴かり、汐くみ、水くみ、鳥追《とりおい》、家庭の雑事、それにまれには遊女になる。実際、今日伝えられている人身売買文書は辺境地域が多い」。その訳は次のとおりである。「いわゆる先進地域においては名主の手

年表　治承・寿永の内乱（源平の合戦）

和暦	西暦	事項（数字は月）
1167	仁安《にんあん》2	2 平《たいらの》 清盛《きよもり》，太政大臣となる．
1168	仁安3	2 平清盛，出家．摂津国福原に移る．
1170	嘉応《かおう》2	9 後白河法皇，福原に行幸，宋人を謁見
1171	承 安《じょうあん》元	12 清盛の娘・徳子，高倉天皇に入内
1177	治承《じしょう》元	6 平清盛，平氏打倒の謀議を鎮圧（鹿ケ谷《ししがたに》の陰謀），俊寛僧《しゅんかんそう》都《ず》ら，鬼界《きかい》が島に流罪．
1179	治承3	7 平重盛《しげもり》（清盛の弟）没．11 平清盛，後白河法皇《ごしらかわほうおう》を幽閉（治承のクーデター）．
1180	治承4	2 安徳天皇（清盛の孫）即位．高倉院政開始．4 以仁王《もちひとおう》（後白河法皇の第三皇子），平氏追討の令旨《りょうじ》を出す．源頼政《よりまさ》同調．園城《おんじょう》寺・興福《こうふく》寺も味方．5 以仁王，平氏に討たれる．しかし，平氏に大きな衝撃．6 清盛，福原遷都《せんと》．軍事独裁政権となる．8 源頼朝，伊豆で挙兵するも，石橋山で敗れる．9 源義仲《よしなか》（頼朝のいとこ），信濃で挙兵．10 頼朝，鎌倉に入る．平維盛《これもり》（重盛の子）の軍，富士川《ふじがわ》の戦いで頼朝軍に敗北．11 平宗盛《むねもり》（清盛の子），清盛に還都《かんと》を要求，還都なる．12 平氏軍，近江《おうみ》・伊賀《いが》・伊勢《いせ》に進撃する．平清盛，後白河法皇の幽閉を解き，院政の再開を要請．平氏軍，園城寺・興福寺を焼打ち．東大寺大仏殿なども焼け落ちる．
1181	養和《ようわ》元	1 高倉上皇没，後白河法皇，院政を再開．宗盛《むねもり》，総官《そうかん》（畿内近国を統括）に就任，平氏家人・盛俊《もりとし》，丹波国諸荘園総下司《そうげし》となる．閏2 平清盛没．宗盛，政権返上．3 平氏軍，源行家《ゆきいえ》軍を墨俣川《すのまたがわ》で破る．
1183	寿永《じゅえい》2	5－6 源義仲，平氏軍を大破．平維盛《これもり》（重盛の子），越中砺波《えっちゅうとなみ》山《やま》と加賀篠原《かがしのはら》で大敗．7 宗盛ら平氏一門，西海に向かう．後白河法皇，比叡山《ひえいざん》に逃れる．義仲入京，平氏追討を命じられる．10頼朝，東海・東山の取締りの院宣旨を得る．11法住

		寺合戦，義仲，法皇御所を焼き討ち，法皇を幽閉．
1184	元暦《げんりゃく》元 寿永3	1源義仲，征夷《せいい》大将軍となるも，源義経《よしつね》・範頼《のりより》に敗れ，戦死．頼朝に平氏追討の宣旨《せんじ》．2平氏，一《いち》ノ谷《たに》で義経・範頼に敗れ，屋島《やしま》に逃れる．頼朝，義経に京都の警備を命ずる．頼朝，梶《かじ》原景時《わらかげとき》・土肥実平《どいさねひら》に山陽道5カ国の守護を命じる．10頼朝，公文所《くもんじょ》・問注所《もんちゅうじょ》を置く．
1185	文治《ぶんじ》元 寿永4	2義経，屋島で平氏を破る．頼朝，院に対し四ケ条（平氏追討の恩賞は頼朝が決める，寺院の武力禁止など）の要求．3長門《ながと》・壇《だん》ノ浦《うら》で平氏敗れ，滅亡．5義経，鎌倉入りを許されず．8院，義経を検非違使左衛門少尉《さえもんしょうじょう》に任ずる．10義経，内昇殿・院昇殿を認められる．義経・行家に頼朝追討の宣旨．11頼朝に義経追討の院宣《いんぜん》．頼朝，日本国総追捕《ついぶ》使・日本国総地頭に任命され，兵粮米《ひょうろうまい》徴収を認められる（守護・地頭の設置）．
1187	文治3	義経，奥州藤原氏・秀衡に庇護《ひご》される．秀衡没して泰衡が継ぐ．
1189	文治5	閏4藤原泰衡《やすひら》，源義経を討つ．7頼朝，奥州へ出兵．9泰衡討たれ，奥州藤原氏滅亡．
1190	建久《けんきゅう》元	11頼朝上洛，後白河法皇に謁《えみ》し権大納言《ごんだいなごん》・右近衛大将《うこのえのだいしょう》となる．12頼朝，それを辞す．
1192	建久3	3後白河法皇没．7頼朝，征夷大将軍となる．

（注）美川圭『院政』（中央公論新社・新書，2006年）などによる．

作地、直接経営は次第におとろえ、下人や所従は解放されてきたのであるが、辺境地域には下人を駆使するような経営方式が残っていたし、慢性的な労働力の不足があった」（四七頁）。また、『唐船』と題する謡曲は、「倭寇が掠奪してきた唐人の運命を示している」とも述べている（五一頁）。

牧英正などの「日本史における奴隷および人身売買の研究」を踏まえて、高橋公明「異民族の人身売買」（前出、『アジアのなかの日本史　Ⅲ海上の道』）は、その「概略」を次のように述べている。「いずれも中世についてであるが、第一に、中世の下人《げにん》・所従《しょじゅう》を客体とする譲状・売券の多くは、地頭など領主的存在が所有者で、田畑と合わせて相続される者、近隣の住人が債務奴隷化した者などが客体となっている。第二に、文学作品に登場する人身売買は、海・陸ともに重要な交通路を舞台とし、それに沿って人商人と客体は長い距離を移動する。第三に、鎌倉幕府は、人身売買のなかでもとりわけ人商人のそれを強く禁止する。一方、室町幕府は人身売買を禁止した形跡がほとんどない」。このうち、「下人・所従」は売買されることはほとんどなく、その他の人身売買は「移動距離は長く、客体の用途も農業とは限らず、転売もされるなど、流通性は高い」ので、両者の関連は低いと考えられる（二三〇頁）。

第二節　一二世紀の東アジア

1　「金」の成立と「南宋」への後退

宮沢知之・杉山正明「東アジア世界の変容」（前出、『中国史』）による。一一一五年に金国を建てた女真族は、宋と結んで遼を滅ぼしたあと、たびたび宋の「背信行為」にあい、一一二七年には宋の「徽宗《きそう》・欽宗《きんそう》ほか皇族・官僚ら数千人を北方へ拉致しさった。いわゆる**靖康《せいこう》の変**である。北宋の滅亡後、欽宗の弟趙構が南京応天府で即位し（高宗《こうそう》、在位一一二七〜六二）、宋を再興した。…宋が確実に華中南の地を占めると、中国には**南宋**と**金**と**西夏**の三国が鼎立した。中国がつぎに統一されるのは、一二七六年のモンゴルによる臨安《りんあん》占領のときである」。「江南半壁の地に追いやられた南宋は、初め越州を根拠地に立て直しをはかった。しかし金にとらわれていた秦檜《しんかい》が帰国し講和を主張してからは、主戦派と講和派の対立が激しく政局は安定しなかった」。曲折あって一一四二年に講和が成立した。「それから十数年、南宋は秦檜の強大な権力のもとで体制が整えられる」。南宋政権は、「国防・財政の整備」をすすめて、「東南会子《とうなんかいし》という紙幣」を発行したり、「農民の土地を測量や申告をへて土地台帳を整備し、税役の負担を公平に」するための「経界法」を実施したりした。

しかし、「一一六一年、金は海陵《かいりょう》王のもとで突如、講和を無視して南宋攻撃に乗り出した。ここにふたたび両国のあいだに戦端が開かれた」。この時も講和が結ばれ、「政局も社会も南宋でもっとも安定した時代」を迎えた（二〇六-二二二頁）。

2　高麗は武臣政権と内乱の時代に

武田幸男《たけだゆきお》「高麗王朝の興亡と国際情勢」（前出、『朝鮮史』）は、次のようにいう。「一二世紀の初頭以来、高麗の社会的矛盾が進行し、各地に流亡・逃亡の群れが発生し始めた。それらはまもなく反乱のかたちをとるようになり、とくに**武臣政権**が出現したあとは大小各種の反乱が頻発し、だいたい八〇件程が確かめられている。すなわち武臣政権の一〇〇年は、反乱に揺れた一世紀でもあった」（二四二頁）。

　そもそも武臣政権が生まれる過程は、朝鮮半島（韓半島）の北方で女真が**金**を建国し、**遼**を滅ぼしたこと、高麗はそれを攻めたが敗れ、「一一二八年に金の冊封を受けて臣属し、金の〈冊封体制に参入した〉」ことがあった。この情勢のなかで、二つの内乱が起こった。「一一二六年の李資謙《イジャギョム》の乱」では、門閥貴族の一派が「王位をうかが」い、いったんは「実権を掌握した」ものの捕らえられて終わった。「一一三五年の妙清の乱」では、僧侶の妙清が風水地理説を掲げて西京（平壌）への遷都を主張し、西京に独自の国家（大為国）を建てたが、開京派の反撃を受け、一年余りの戦闘の結果開京派が勝利した（一三六-一三八頁）。

「二つの内乱のあとを追うように、〈武臣政権〉の時代が到来した」。高麗の**両班**《ヤンバン》**体制**は文班官僚が武班官僚の上に立つものであり、一一世紀にも金訓《キムフン》の乱のような武臣の反発があったりしたが、「今度の武臣の叛乱では武臣が独自の基盤に基づいて、独自の〈武臣政権〉をつくりあげた」。一一七〇年に武臣の第一次クーデタ（庚寅《こういん》の乱）があり、七三年にも第二次クーデタ（癸巳《きし》の乱）が起きた。「そのあと武臣政権がたどった消長は、およそ三期に区分して整理される」。「出現当初の第一期（一一七〇～九六年）は、武臣政権の権力基盤が安定せず、有力武臣が対立・抗争するまま終始した」。「武臣相互が抗争・殺戮《さつりく》し合い、政権内部では凄惨《せいさん》な権力闘争が繰り返された」。「第二期（一一九六～一二五八年）」は、「武臣トップの権限を象徴する」「教定別監」（教定都監の長官）を世襲するようになった崔《チェ》氏政権の時代で、「ひとまず武臣相互の権力闘争は沈静し、それだけ政情が安定した」。モンゴルの侵入に対する対抗が課題となりつつあった。「第三期（一二五八～七〇年）」は、「一二五九年、高麗は抵抗を重ねたモンゴルに降伏し、ふたたび武臣間の権力闘争が始まっ」た。「これまで一〇〇年の歴史を刻んできた武臣政権は、モンゴルとの服属関係を構築するなかで崩壊した」（一三八－一四一頁）。

すでに指摘されていたように、「武臣政権の一〇〇年は、反乱に揺れた一世紀でもあった」。その反乱では「一般民衆や下層身分の者が…身分的・経済的な向上を要求した」。反乱の主体としては、「公私の奴婢」「官奴」「部曲民」「奴隷・雑類の下層民衆」がみられる。ほかに、「政治的主張をもって決起するもの」もあった（一四二－一四四頁）。

3　一一～一二世紀の中央ユーラシア

梅村坦《うめむらひろし》は、伊原弘《いはらひろし》との共著『宋と中央ユーラシア』（前出）の「第2部　中央ユーラシアのエネルギー」の「現代からの視点」で、総括的に次のように描いている。「日本では藤原氏全盛時代をすぎようとする、一一世紀から一二世紀ころの中央ユーラシアを俯瞰《ふかん》すると、ほぼ、つぎのような様子になっている。／東に、なかば自立した高麗をしたがえた**キタン**（契丹《きったん》）が華北《かほく》の一部とモンゴル高原をおさえ、ついでマンチュリアから**ジュシェン**（女真《じょしん》）が登場してくる。オルドスから河《か》西《さい》の甘粛《かんしゅく》地域に**タングート**（西夏《せいか》）が自立して、宋の東西貿易をさえぎり、天山一帯と今の新疆《しんきょう》には、やがてカラ-キタイ勢力が移植されようとする間に、**ウイグル**が混交文明を栄えさせていた。／その西には、カラ-ハン勢力のなかから**セルジューク-テュルク**が台頭してバグダードに進出し、さらにビザンツ帝国領のアナトリアに及んでゆく。アフガンからインドには、やはりテュルク系のガズナ朝が拡大し、エジプトにはファーティマ朝がある。一方、アラル海・カスピ海・黒海《こっかい》の北岸にもテュルク系遊牧民のオグズ、キプチャクが展開して徐々に草原はイスラーム化していく。その間にあって、ユダヤ教を奉じていたハザールという遊牧民たちも、次第にその波にのまれていく。／地中海・ヨーロッパ世界ではギリシア・ローマ両キリスト教教会が分裂して世俗権力との闘いがそろそろ表面化しつつある。そして、ヨーロッパから豊かな地中海東部にむかって十字軍活動がはじまっていく」（四九〇-四九一頁）。

なお、梅村は別のところで、「突厥《とっけつ》はテュルクという部族名の漢字表記である。トルコといいかえたほうが通りはよいかもしれないが、ここではほんらいの発音に近いテュルクをもちいよう」と述べている（二九二頁）。

そこで、地域名称の変遷に触れつつ、「このようなキタン、ジュシェン、タングートの歴史上のやくわりを、あらためて整理してみるならば、つぎのようなことがいえるだろう。／唐代までの中国史の流れに、つねに中央ユーラシアの人びとが関与してきた、その到達したひとつの段階として、この当時のキタンも、ジュシェンも、そしてタングートも、自立した〈国〉と、文字とを作りだしたのだ、と。すくなくとも軍事と華北の統治という実績をもって、宋という中華世界を南方へおしやった。この中央ユーラシアのエネルギー、それには当然ウイグルを含めなければならないが、これらを統合したのがモンゴル帝国となり、中国統治の面でいえば元朝になる、というのがつぎの歴史の筋書きである」（四九二頁）。

4　中央ユーラシアの躍動

梅村坦「中央ユーラシアのエネルギー」（同上）は、「中央ユーラシア」という語が、まだ広くは使われていなかった頃にこの語を使って、その「躍動」を描いた。

「宋を攻めて華北の地を支配した**キタイ**（契丹《きったん》、遼《りょう》）と**ジュシェン**（女真《じょしん》、金《きん》）、そして黄河上流の交易路をおさえたチベット系の**タングート**（党項《とうこう》、大夏《たいか》、西夏《せいか》）、さらにその西にあって草原とオアシスとをあわせもった**ウイグル**（回鶻《かいこつ》、廻紇《かいこつ》）。中国を守ろうとする万里の長城のかなたにひろがる世界は躍動していた」（二七九頁。「中央ユーラシアの人々」の項）。「ここで見ようとする世界は、中国の北方と西方にあたる。北方はおもに草原遊牧の人びとの活躍した舞台であり、西方は砂漠によってたがいにへだてられた農耕オアシス・都市の点在する地域である」（二八二頁）。「〈中央ユーラシア〉ということばは、耳なれないかもしれない。その語に地理学的な意味で、はっきりした定義があるわけではない。内陸アジアと呼びかえてもよいのだが、イメージとしてはそれより広い。北アジア、中央アジア、南ロシア、東ヨーロッパ、そして東北アジアをふくみこむ地域である。アメリカのアルタイ学者、デニス＝サイナーのいうように、ユーラシア大陸から次の諸文明地域を除いた地域と考えるのがよい。除くのは、中国沿岸部、東南アジア、南アジア、西南アジア〜地中海、そして西ヨーロッパである」（二八七―二八八頁）。

「一〇〜一三世紀の中央ユーラシアは、中央ユーラシアみずからの歴史展開のなかでもだいじな変容の時代であった。それは、大陸周縁の諸文明すべてとかかわりあっていて、諸文明圏をむすびつけるフィクサーでもあった」（二九〇頁）。「フィクサー」とは「（公正でないやり方で）陰で仲介・調停することで報酬を受ける黒幕的人物」と『広辞苑』にはあるが、ここでは「不正」というニュアンスは与えられていないであろう。

四世紀半ばから「ジュジェン（柔然）」があり、六世紀半ばに「突厥（テュルク）」がモンゴル草原を支配する。八世紀には突厥は滅ぶが、それにとってかわったのは同じテュルク系の「ウイグル」であった。漢人のための草原都市はそれ以前からあったのだが、彼らは遊牧国家でありながら、都城を建設した。そしてイラン系のソグド人が、モンゴル高原の文化に参加してくる。ソグド人は、いわゆるシルクロードの東西貿易にたずさわって中国にまでやってきた。八世紀半ばにおきた安史《あんし》の乱の主人公である安禄山《あんろくざん》も史思明《ししめい》もソグド人の血を引いていた（二九〇-三一〇頁）。

第三節　一二世紀の東南アジア

1　アンコール

桜井由躬雄・石井米雄「メコン・サルウィン川の世界」（前出、『東南アジア史①・大陸部』）は、一二世紀のアンコールワットの時代を、次のように描いている。一一一三年、スールヤヴァルマン二世が、東北タイからアンコールに入って王位に就き、一一六年には「中国宋朝へ使節を送り、直接国交を回復する」。東隣にはチャンパ（占城。桜井らは「チャンパー」と表記している）があり、そこを攻めて「四〇年代までチャンパーを占領した」。さらにチャンパの北方の李朝大越にも侵入している。「南シナ海への進出にきわめて積極的である」。西方の、今のタイのチャオプラヤー流域においては、「タイ諸族を服属させた」。こうして「アンコールはふたたび東北タイ、カンボジア西北平原、チャオプラヤー流域、メコン下流域を結び、タイ湾、南シナ海に面し、ベンガル湾に進む巨大なネットワークの統合に成功し、発展する国際交易に重大な地歩を築いた」。そこに**アンコールワット**が建設された。「ワット」は寺院のことで、アンコールワットは「スールヤヴァルマン二世王の寺院であり、墓所」である。また「それ以前の巨大ピラミッド寺院とはまったく違い、南北一・三キロ、東西一・四キロ、幅一九〇メートルという巨大な濠と城壁に囲まれた面積一四四ヘクタールのそれ自身が都城である。ほぼ全面磨かれた砂岩からなり、五基の砲弾形の尖塔、三重の回廊をもった寺院本体は東西二〇〇メートル、南北一八〇メートルの大きさをもつ。第一回廊は全面に物語性をもった浮彫にうずめつくされており、規模と設計、装飾の巧緻さにおいて、前代とは際立った深化を示している」(一〇六‐一〇七頁)。

桜井・石井は、続いてアンコールとチャンパの抗争に進めている。「一一世紀以降、アンコールの主敵はチャンパーになる」。それは、山地や平原から得た沈香《じんこう》・象牙《ぞうげ》などの産品が、対中交易品として輸送される過程で、メコン川を下って南シナ海を通るとき、チャンパと出会うからである。スールヤヴァルマン二世は一一五〇年ころに亡くなり、一一七七年にはアンコールはチャンパに占領されたが、八一年にはアンコールのジャヤヴァルマン七世(先王の子)が奪還し、続いて九〇年には「チャンパー全土を支配下におさめ、メコン川と中部沿岸のネットワークを独占した」。この時代に「最大の版図」を得て、「一〇二の病院を建設」し、「主要道路にはほぼ一六キロごとに宿駅が設定された」。また**アンコール・トム**という「石造りの城市」=「都城」を築いた。そこには「大乗仏教寺院バイヨン」も建設された。「この時期、華人が多くこの都城に住み、トンレ・サープを中国船がはしり、その華人は石造金箔のこの大都市を『富貴真臘』と褒め称えた」。トンレ・サープ(サップ)は、今のカンボジア中西部、アンコールの南にあって、東南アジア最大の淡水湖で、メコン川とつながっている。このようなアンコールを破壊したのは「チャオプラヤー水系、メコン水系の新しい支配者タイ人」であった(一〇八‐一一〇頁)。一三世紀初頭のことである。

2　大越と占城とアンコール・クメール

桜井由躬雄「南シナ海の世界」(前出、『東南アジア史①・大陸部』)は、一一～一二世紀の、大越と占城とアンコール・クメールとの抗争を次のように描いている。大越は今のベトナム北部の、占城は今のベトナム南部の、アンコール・クメールは今のカンボジアの勢力である。「大越の南下を中国に牽制させた**占城**は、つぎに内陸東南アジアへの進出を試みる。ビンディンから真西に進めば、中部高原地帯のプレイクを経由してメコン渓谷のストゥン・トラエンにでる。一〇七四年から八〇年にかけて、チャム[占―来間]軍はメコン上流の集約地サンボールを奪い、同じように拡大期にはいった**アンコール・クメール**と衝突する。一一一二年、アンコールにスールヤヴァルマン二世が即位する。アンコール・クメールは大拡大期にはいり、内陸東南アジアの全ネットワークをアンコールに集中させようとする。一一一六年以来、中国へ積極的に朝貢を始めて市場を確保し、二八年には東北タイを横断し、ゲアンで**大越**軍と衝突する。翌年、クメール水軍は南シナ海からゲアンを攻め、一一四五年にはヴィジャヤを攻めて陥落させた。/しかし南部のパンドゥランガ王ジャヤハリヴァルマン一世が占城の王位を受け継ぎ、クメールの擁立したヴィジャヤ王を倒し、大越の干渉を排除し、さらにアマラーヴァティーに進み、一一五一年、諸地域政体の連合に成功した。一一七〇年代から、占城はクメールへの干渉を開始する。一一七七年にはチャム人の水軍がメコンをさかのぼってアンコールを破壊している。ダラニーンドラヴァルマン二世後のクメールの混乱を利用して、メコン水系の独占を意図したものだろう。対チャム防衛戦のなかからジャヤヴァルマン七世がアンコールに登位する。ジャヤヴァルマンはもともとクメールのヴィジャヤ遠征軍を率いたことがあり、南シナ海の支配に執着していた。ジャヤヴァルマン七世は一一九〇年、ヴィジャヤ、パンドゥランガを征服し、義弟スールヤジャヤヴァルマデーヴァをヴィジャヤの王とし、腹心のチャム人をスールヤヴァルマデーヴァ王としてパンドゥランガを支配させた。パンドゥランガ王は一一九二年までに、ヴィジャヤ、アマラーヴァティーを征服し、クメールからの独立を示したので、ジャヤヴァルマン七世は一二〇三年以降、ふたたび、チャム全土を征服し、これを併合した。しかし、一二一八年のジャヤヴァルマン七世の死後、一二二〇年、クメール軍は新占城王ジャヤパラメーシュヴァラヴァルマン二世をヴィジャヤに擁立して撤退した。一〇〇年にわたるクメール・チャム戦争が終わった。両者は傷つき、内陸生産物独占の試みは新興のタイ人に受け継がれた」（七二―七三頁）。

このことは、桜井由躬雄・石井米雄「メコン・サルウィンの世界」（前出、『東南アジア史①・大陸部』）でも描かれている（一〇八頁）。

3　イラワジ川の世界

伊東利勝「イラワジ川の世界」（前出、『東南アジア史①・大陸部』）は、九世紀まで栄えたピューに代わって、「政治的・経済的中枢」を形成したのは「**パガン王朝**」であると、次のように述べている。「一一世紀半ばから王が立ち、イラワジ川流域中央部からスタートして、周辺に広がっていき、一〇四四年から一一六五年まで三代続いた。しかし、「一一六五年、パガンはスリランカの侵略を受ける」。王は殺され、空白があって、一一七四年に「スリランカの影響下に」新王が即位する。この時代に「ビルマ語」「ビルマ文化」が確立された。土地は厳密に測量され、登記もなされていた。稲作地帯と畑作地帯が結びついて「ひとつの大きな経済的統一体を形成していた」。隷民あるいは臣民は、「毎年決められた額の租税を納入」し、これに「交易その他による利潤」で国家が運営され、多くの宗教施設が造営された。その宗教は、仏教やヒンドゥー教、「ナーガ（竜）崇拝」など、いろいろな信仰が「未分化の状態にあった」ので、「ヒンドゥー仏教」とでもいうべきものである。「民衆が生み出した富は、いったんは支配者階級に吸い上げられるが、寄進行為を媒介として、民衆に再配分される」。これが一三世紀後半に元の支配下に組み込まれるまで続いた（一二一－一三二頁）。

4　上座仏教世界

「第六章　上座仏教世界」（飯島明子《いいじまあきこ》・石井米雄・伊東利勝、前出、『東南アジア史①・大陸部』）は、東南アジア大陸部の中央部、今のラオスとタイに相当する地域の初期王国を描いている。叙述は、「北方タイ人諸王国」（飯島）と「シャム諸王国」（石井）に区分されている。それは、大陸部東南アジアの北半に住む、南西タイ諸語の話者たちをカッコつき「タイ人」とし、民族的には同系でありながら、南方に進出して「港市国家アユタヤを担ったシャム人」とを区別するところから取られた方法である。「この地域の〈タイ人〉たちは、タイ王国とラオス人民共和国の主要構成員たる人々を除くと、自前の〈国民国家〉を形成していない」（一三三頁）。

しかし、このうちの「北方タイ人諸王国」の歴史は、一一世紀に「今日のベトナム東北部と中国の江西壮《チワン》族自治区の境界付近」からの「集団的大移動」のことから始められている。かつて中国雲南省の独立王国、南詔国を「タイ」人の「故地」とする考えがあったが、それは今日では「完全に否定されている」と述べている（一三六―一三七頁）。

他方の「現在のタイ国人口の中核をなすタイ人の祖先が、はじめて歴史の舞台に登場するのは、一一世紀なかばのことである」として、同様に、歴史の新しさが描かれている。「一〇五〇年、チャンパーの王が、ニャチャンのポ・ナガル寺院に奉納した寺院奴隷のリストのなかに、クメール人、ベトナム人、シナ人とならんでシャム人の名がみえるのが、これまで知られたかぎりではもっとも古いタイ人についての記述である」（一五七頁）。

なお、「上座仏教」「上座部（仏教）」について、『広辞苑』は次のように記している。「パーリ派仏教の一派。仏滅後一〇〇年頃、仏教集団は保守的な上座部と進歩的な大衆部《だいしゅうぶ》に根本分裂し、のち上座部はさらに説一切有部《せついっさいうぶ》などおよそ二〇の部派に分裂した。東南アジアに伝わる仏教はこの上座部の流れに属する」。

第四節　一二世紀の九州

1　平家の九州進出と平頼盛の大宰府赴任

外山幹夫『中世の九州』（前出）はまた、「平家の九州進出の経緯」を「正盛《まさもり》―忠盛《ただもり》―清盛《きよもり》」の三代について、次のように描いている。**正盛**は、肥前国藤津荘の荘官に乱暴を働いた前荘官の子の追討を命じられ、その任をはたし、その武威《ぶい》が西国で高まった。**忠盛**は、海賊を討伐してやはり武威を高めるとともに、皇室御領の肥前国神崎荘《かんざきのしょう》の管理を任された。一方、「長承《ちょうしょう》二年（一一三三）に宋船《そうせん》が博多《はかた》に来港したが、忠盛はこれを大宰府に報告せず、上皇の許可を得ていると偽《いつわ》ってこれと密貿易をやり、貴族達から非難される一幕もあった」。**清盛**は、「保元《ほうげん》の乱の功により同三年（一一五八）大宰大弐となり、さらに、その弟**頼盛**《よりもり》も仁安《にんあん》元年（一一六六）、同じく大宰大弐に補任《ぶにん》された。このことによって平家の九州支配は一層進んだ。と同時に、この地位を利用して行った対宋貿易の利益は莫大なものであった。特に頼盛はみずから現地九州に下向《げこう》してきたが、遥任《ようにん》制時代の当時、大弐の地位にある大宰府の高官の来任はまったく異例のことであった。それだけ対宋貿易に対する彼の熱意が並々でなかったことを示している。清盛は一族縁者を九州諸国の知行国主および国司に推薦し、任官させた。たとえば肥後国の場合、清盛の三男**宗盛**《むねもり》が寿永《じゅえい》二年（一一八三）に知行国主となり、国司には一門の平貞能《さだよし》が任ぜられた。貞能はそれまで筑前国司であったが、この年肥後の国司に転じたのである。これも平氏の対宋貿易の過大評価と思われる。

岡藤良敬「大宰府の成立・展開のなかで」（前出）も、平氏三代のことに触れ、「清盛・頼盛時代に、西国は平氏の確固たる基盤となった」という。その「平氏の西国支配の特色」として、①有力府官層（原田氏など）を掌握したこと、②大寺社（宇佐八幡宮・安楽寺）を把握したこと、③「九国二島のうちまず六カ国は平氏一門・家人の知行国となり、平氏の家人が受領《ずりょう》・目代《もくだい》として派遣され、在庁官人や郡司層を把握した。南九州の武士たちまで平氏と主従関係を結んでいる。平氏一門の九州での所領は、院領・権門寺社領などの荘園所職という性格をもつ」、④「対外貿易の積極的な推進」、を挙げている（五九-六五頁）。

武野要子『博多』（前出）も、このことについて論じている。「平**清盛**《きよもり》が自ら望んで大宰大弐《だいに》になったのは保元三（一一五八）年であった。清盛の後、同じく大弐になった弟**頼盛**《よりもり》は、これまでの長い慣習を破って大宰府にのりこみ、大宰府の人々を驚かせ、いたく感激させた。／平家台頭の基礎は、〈平氏にあらざれば人に非《あら》ず〉と豪語したことで知られる平**正盛**《まさもり》によって築かれた。正盛は伊賀の所領を六条院に寄進して白河法皇の寵《ちょう》をえた。また、瀬戸内の海賊を討ち法皇の造寺・造塔に協力した。その子**忠盛**《ただもり》も白河法皇に近く従い、山陽・南海の海賊を討伐し、白河院領肥前神崎荘（佐賀県神崎郡）の荘司《しょうじ》として、博多と密接な関係を持つに至った。／忠盛の子清盛は大宰大弐となるや、配下の者を大宰府に派遣した。清盛は日宋貿易を重視し、これを政権の財源にしようと企てた。さきの正盛や忠盛の海賊討伐は、博多に入る宋の貿易品や日本国内産物品の京都―博多間の運送の安全確保が目的であった［命を受けたのであって、自らの目的でもって討伐したのではあるまい—来間］。…／清盛も父同様に神崎との関係を保ち、博多の港、冷泉津《れいぜんつ》などを整備し、日宋貿易の一層の振興を図った。冷泉津一帯（現在の博多区川端町）に貨物を集蔵する倉を建て、その倉の鎮守として、神崎から櫛田《くしだ》神社を勧請《かんじょう》した。／こうして平家と博多の関係は本格的なものになる。一二世紀の初めころ、在京する大宰権帥《ごんのそち》（大弐）と大宰府在庁官人の職能が分かれ、警固所《けいごしょ》や蕃《ばん》客《きゃく》所などの運営を地域出身の府官層がやるようになる。府官層の中には…大蔵《おおくら》氏、原田《はるだ》氏、秋月《あきづき》氏、草野《くさの》氏、山鹿《やまが》氏などそうそうたる武士がおり、これら土地にしっかりと根をはった武士を傘下に置くことで、平家は力を急速に伸ばした。…／平氏はまた、大寺社の掌握に努めた。福岡市東区にある香椎宮《かしいぐう》は頼盛の所領であり、宗像《むなかた》社は盛俊《もりとし》が預所として守った。両社はいずれも博多湾にのぞむ荘園領主であり、かつ盛んに海外貿易を行った」（三三一—三五頁）。

平頼盛《たいらのよりもり》は、清盛の異母弟で、忠盛の五男である。大宰大弐《だざいのだいに》となり、慣例を破って現地に赴任した。高橋昌明『平家の群像』（前出）では、次のように描かれている。「五男頼盛も［三男・経盛《つねもり》、四男・教盛《のりもり》と同様に—来間］各国守を歴任。さらに越前・尾張・紀伊・加賀・佐渡の知行国主となる。…頼盛は仁安元年大宰府《だざいふ》の事実上のトップである大宰大弐《だいに》となり、同年八月従三位に進んだ。翌々年参議。この時三七歳だから教盛よりさらに若い［さらに若くして参議になった—来間］。寿永二（一一八三）年正二位・権大納言に昇った。清盛の弟中もっとも栄進したのは彼である。しかし、頼盛は清盛とそりが合わず、一門中に少なからぬ不協和音を奏《かな》でていた」。母は、忠盛の正室で修理大夫《しゅりのだいぶ》・藤原宗兼《むねかね》の娘・宗子《そうし》である。「彼の妻は、八条院［鳥羽天皇の子・暲子《しょうし》—来間］の乳母と法印寛雅《かんが》（鬼界島《きかいがしま》に流された俊寛僧都《しゅんかんそうず》の父）の間に生まれた娘である」。つまり、頼盛は院や女院《にょいん》に近い立場にあったのである。「伊勢平氏は、保元・平治の乱前後には、清盛と頼盛が二大内部勢力で、両者の関係は必ずしも良好ではなかった」のである（二一七―二一八頁）。

西谷正浩《にしたにまさひろ》「荘園制と西国社会」（前出、『西国における生産と流通』）は、次のように描く。「一二世紀後葉ころ、西国の在地勢力にもっとも頼もしく映ったのは、保元・平治の戦乱を勝ち抜き、昇進目覚ましい、平清盛を棟梁とする伊勢平氏の一門であっただろう。後白河院政期に清盛や頼盛は、白河・鳥羽院政期の院近臣と同じく、知行国制の仕組みを利用しつつ、王家領集積の動きに便乗して家領を増やしていった。永万《えいまん》二年（一一六六）七月、平氏では清盛に続いて、異母弟頼盛が大宰大弐となった。とくに**頼盛**は、当時としては珍しく現地に赴任し、きわめて旺盛に立ち回った」。その荘園や支配地域は次のごとくである。「当時大宰府領であった香椎宮《かしいぐう》を後白河院の御願寺・蓮《れん》華王院《げおういん》に強引に寄進し、自らは領家《りょうけ》となったほか、筑前国の安富《やすとみ》領・宗像社《むなかたしゃ》や筥崎宮《はこざきぐう》領、筑後国三《み》原《はら》荘、肥後国球磨臼間野《くまうすまの》荘、日向国国富《くにとみ》荘なども頼盛家領とされた。筑後国の巨大荘園、三潴荘・竹野《たけの》新荘・上妻《こうづま》荘も平家領荘園とみられる。また、平氏は、肥前国の平尚澄や藤原通良など、反抗する武士団を追討するとともに、宇佐大宮司の宇佐公通や、有力府官大蔵氏一族の原田種直《はらだたねなお》を異例の権少弐《ごんのしょうに》に任命するなど、在地勢力を優遇したので、大規模な武士団を形成する有力府官たちは、こぞって与党となった。平氏政権時代の〈地頭と称するは、たぶんは平家家人《けにん》なり〉という『吾妻鑑』文治元年一二月二一日条―西谷による」。こうした平家家人は、〈五百余所〉といわれる平家領の設立に荷担してその地頭となったほか、平氏の権威を後ろ楯として、平家領以外の荘園・公領の地頭にも補任《ぶにん》された」（二一一–二一二頁）。

2　平氏の佐賀進出

宮島敬一《みやじまけいいち》「源平の争乱と御家人の成立」（杉谷《すぎたに》明《あきら》・佐田茂・宮島ほか『佐賀県の歴史』山川出版社・県史41、一九九八年）は、平氏の佐賀進出を次のように描いている。保元三（一一五八）年に**平清**《たいらのきよ》**盛**《もり》は大宰府の**大弐**《だいに》に任命されているが、そのころの肥前国司は**橘以政**《たちばなのもろまさ》で、大宰府の少弐《しょうに》を兼任し、平氏と近い関係にあった。その翌年の平治元（一一五九）年のころ、肥前で日向《ひゅうが》太郎通良《みちよし》（通能《みちよし》）が謀反を起こし、朝廷はこれを清盛に鎮圧させた。その功で、清盛は二階級特進して正三位に、弟・教盛《のりもり》は従四位上になった。また、杵島《きしま》郡の過半を占める長島荘（一五一七町）を「大功田《だいこうでん》」として与えられた。長島荘の本家は蓮華王院《れんげおういん》で、それは清盛が造営したものである。長島荘の地頭職《じとうしき》は日向氏が持っていたようだ。「平氏の肥前進出・荘園獲得と日向通良の追討は直接関係すると考えられる」。佐賀郡の嘉瀬《かせ》荘も**平教盛**の所領となっているが、これももとは日向氏一族の荘園であったろう。日向氏一族の所領は肥前全域にわたっている。「綾部《あやべ》氏ら日向氏一族は、鎌倉幕府ができるといち早く御家人《ごけにん》になるが、これはまちがいなく平氏との確執がその背景にあろう」。また、肥前の有力者に**原田種直**《はらだたねなお》がおり、養和《ようわ》元（一一八一）年に大宰府の権少弐《ごんのしょうに》に任命された。隣接した神崎《かんざき》荘には江上《えがみ》氏もおり、平氏は彼らと連携して日向氏を平定したのであろう。神崎荘は、長承二（一一三三）年に、宋の船が着いた時、清盛の父・忠盛《ただもり》が、大宰府の官人を制して、自ら直接対応したとされる荘園である。ただし、宋船の着岸地は神崎荘ではなく博多だという説もある。ともあれ、「平氏の佐賀進出は大宰府を介して行われた」（八〇-八三頁）。

3　大隅・薩摩における荘園公領制の成立

日隈正守「律令国家の変質と中世社会の成立」（前出、『鹿児島県の歴史』）は、「中世荘園が形成される時期は、鳥羽院政期である」ことを踏まえつつ、まず大隅国のことを次のように述べている。「一一世紀段階に、大隅国内における荘園の拡大過程がうかがえる。長久《ちょうきゅう》年間（一〇四〇～四四）に大隅正八幡宮《しょうはちまんぐう》領姶良荘《あいらのしょう》が成立し、その後一一世紀段階で桑原《くわはら》郡から分出した栗野《くりの》院・蒲生《かもう》院、薩摩国鹿児島郡内の荒田《あらた》荘が大隅正八幡宮領化している。一二世紀前期になると、大隅国内に島津荘が形成されてくる。…保延《ほうえん》年間（一一三五～四一）以後に、深河院・財部院・多禰島が島津荘一円荘として立荘された…。しかし島津荘の場合、荘園化の一般的な事例と同様、〈寄郡〉［ルビは「よせ（り）ごおり」となっている―来間］という特殊型半不輸《はんふゆ》地が形成され、〈寄郡〉が一円荘化していく…。〈寄郡〉は半不輸地ではあるが、荘園領主の権限が強く、国衙の支配がおよびにくい領域であった。一二世紀前期に…［そ］の大半が形成されたと考えられる。…大隅国衙は、国内における〈寄郡〉拡大による国衙支配領域の縮小状態に対して、国衙の支配がおよぶ領域を少しでも確保するために、国衙領を大隅国一宮《いちのみや》である大隅正八幡宮の半不輸領として寄進し、郡郷院司の〈寄郡〉化を、宗教的権威を借りてでも抑止しようとしたのである。この結果、一二世紀前期には、大隅国内に大隅正八幡宮半不輸領も広く形成された。…こうして、大隅国内における中世の荘園公領制の骨格は、一二世紀前期、時期的には鳥羽院政期に形成されたと考えられる」（九一-九二頁）。続けて、薩摩国の場合である。詳細は略するが、「薩摩国における中世の荘園公領制の骨格は、保延期にはほぼ形成されていたと考えられる」（九二-九四頁）。すなわち、同じころのことであった。

4　九州随一の水軍・山鹿秀遠

服部秀雄『武士と荘園支配』（前出）は「九州随一の水軍・山鹿秀遠とその末裔」と題して、壇ノ浦の戦いで敗者となった九州の水軍のことを記している。それは、外山幹夫『中世の九州』によって、前章第四節1でみた武士たちの、その後の話である。

「平安末期、筑前国の遠賀川《おんががわ》下流域、および洞海《どうかい》湾に力をもった武士として、山鹿《やまが》荘の兵頭恒正《ひょうどうつねまさ》（経政・『宇《う》治拾遺《じしゅうい》物語《ものがたり》』に登場）、粥田 前武者所《さきのむしゃどころ》藤原経遠《つねとお》（『宇《う》佐《さ》大鏡《おおかがみ》』『続《ぞく》左丞抄《さじょうしょう》』に登場）、山鹿（山賀）兵頭次秀遠《ひでとお》（『平家物語』）らの名が知られている」。ここで「菊池《きくち》系図（『続群書類従《ぞくぐんしょるいじゅう》』）」を紹介して、これらの人びとは「みな一族で、さきの三人は伯父・甥あるいは親子であった。『平家物語』壇ノ浦《だんのうら》合戦に［の項に―来間］山賀《（山鹿）》兵頭次秀遠は〈九国一の強弓精兵〉であり、五〇〇余艘で先陣に漕ぎ向かったとある。ほかは松浦《まつら》党《とう》三〇〇余艘が二陣、平家公達《きんだち》二〇〇余艘が三陣を構成した。源氏方《げんじがた》の熊野《くまの》水軍が二〇〇余艘、河野《こうの》水軍が一五〇艘だったから、いずれも、はるかにしのぐ。〈平家の船は千余艘、唐船《からぶね》少々相交れり〉ともあるから、中国人船頭（鋼首《こうしゅ》）の船もまじっていた。おそらく山鹿秀遠は日宋《にっそう》貿易に携わる人にも、軍事的な指揮権を有していた。〈九州随一の水軍〉とあるが、実質は日本一の大船団を率いていた。／平家軍事力の主力を担った兵頭氏、粥田・山鹿一族はあえなく滅亡したかのようにみえる。粥田・山鹿一族がもっていた所職・利権は、そのまま勝者となった**源頼朝**のものになった。やがて山鹿荘・粥田荘など多くが**北条氏**の所領になっていく」（五八‐六〇頁）。外山は「菊池系図」も紹介しており、また「粥田」を「かゆた」と読んでいるが、服部は「かいた」と読んでいる（五一頁）。

「一一九七（建久《けんきゅう》八）年に作成されたと考えられる筑前国鞍手《くらて》郡図田帳《ずでんちょう》が、一三二五（正中《しょうちゅう》二）年の鎮西裁許状《ちんぜいさいきょじょう》（『鎌倉遺文《いぶん》』二九〇七九）に引用されている」として、粥田荘は巨大で、本庄《ほんじょう》（成立時の荘領）八〇丁、新庄《しんじょう》（＝加納《かのう》。後の増加分）六〇〇〇丁もあった、感田《かんだ》（直方《のうがた》市）、野《の》面《ぶ》＝野母（北九州市八幡西《やはたにし》区、旧鞍手郡）、楠橋《くすばし》（同地）、遠賀郡（旧御牧《みまき》郡）、豊前国田川郡などに広がっていた、という。また、「一一六〇（永暦《えいりゃく》二）年、遠賀川支流犬鳴《いぬなき》川沿いにあった金生封《かのうのふう》から年貢を送った記録がある」。送り先は東大寺である。つまり、荘園までが潰れたのではなく、頼朝や北条氏の手に移ったのである。そしてこれら一族「菊池一族は依然として遠賀川流域に息づいていた」と、一三一七（文保《ぶんぽ》元）年の関東下知状に認められる、という。あと、室町時代の様相が描かれているが、「平家滅亡後も菊池姓兵藤（山鹿・粥田）一族庶流は生き延びる。そして遠賀川の交通・流通に深く関与した。むろん先祖以来の蘆屋《あしや》津また洞海湾が根拠地であるが、有明海側でも日宋貿易に関与していた可能性が高い。ときには海賊・悪党《あくとう》にもなった。鎌倉時代を通じての長い雌伏《しふく》をへて、北条政権の打倒、御醍醐政権の樹立とともに、表舞台に登場した」と結ばれている（五八―六九頁）。

5　島津荘・阿多氏

永山修一《ながやましゅういち》「万之瀬川《まのせがわ》河口と倉木崎《くらきざき》から見えるもの」（松下志朗《まつしたしろう》・下野敏見《しものとしみ》編『鹿児島の湊と薩南諸島』吉川弘文館・街道の日本史55、二〇〇二年）は、次のように述べている。「鴨長明《かものちょうめい》の『無名抄《むみょうしょう》』には、「筑紫のしまと云ふ所に通ふ者の、ことの次に語り侍《はべり》しは、〈筑紫にとりて南の方、大隅・薩摩の程、いづれの国とかや忘れたり、大きなる港待り〉」とあって、一三世紀初期の段階で島津荘内に交易の大きな拠点があったことが知られている。日宋貿易の研究からは、文治五（一一八九）年ころ、**島津荘**の荘官らが荘内に来着した宋船に対する大宰府による管理を新儀として停止するように近衛《このえ》家を経て幕府へ訴えていることから、一二世紀後期に島津荘内で日宋貿易が行われていたことが推定されていたが、これが一二世紀半ばまでさかのぼる可能性がでてきた。さらに、これによって、石母田正《いしもだしょう》により古代末期を代表する人物とされ、在地領主制確立の動きとの関連で評価されてきた**阿多忠景**《あたただかげ》の勢力の背景に、日宋貿易による富があったのではないかという想定が現実味を増すこととなった。阿多忠景は、薩摩国内で大きな力をふるっただけでなく、源為朝の舅《しゅうと》としても影響力を持ったとされている。その初見史料は、保延《ほうえん》四（一一三八）年の観音寺への所領施入状《せにゅうじょう》であるが、観音寺に関しては、寛喜《かんぎ》三（一二三一）年にその別当公厳が、亡母孝養のために観音寺大門から浜に至る道をつくり、卒塔婆《そとば》一万本を建てたという。また、元亨《げんこう》元（一三二一）年に阿多北方地頭二階堂行雄が、東大寺修造の功に百貫文を支出したことが知られているが、こうした事業の背景には、この地域の交易の利を含む豊かな経済力があったと考えられる」（七七-七八頁）。

「阿多忠景は肥前平氏と系譜的につながるとされており（野口《のぐち》実《みのる》「鎮西における平氏系武士団の系譜的考察」『中世東国武士団の研究』高科書店、一九九四年）、硫黄島に流された藤原成経《なりつね》のもとには舅《しゅうと》平教盛《のりもり》の肥前加瀬荘から衣食が送られ、九国の商人が硫黄島に硫黄を買い取りに来ているという『平家物語』の記載、さらには南島の各地で肥前産の滑石製石鍋などが出土していることから（栗林文夫「滑石製石鍋出土遺跡地名表」『大河』第五号）、古代末期における肥前〜薩摩半島西岸〜南島という交易路も浮かび上がってきた。／すでに見ておいたように、得宗被官の千竈《ちかま》氏は、流刑地を管理するとともに、万之瀬川流域に所領を持ちその下流域で交易にも関与したことが想定される。このあり方は、同じく得宗被官である安東《あんどう》氏が十三《と》湊《さみなと》（青森県）を拠点として、北方の国家的流刑地である蝦夷島《えぞがしま》・外浜《そとがはま》を管理し、北方交易で巨富を得ていたことと対比することができる」（七八-七九頁）。

柳原敏昭《やなぎはらとしあき》「唐坊と唐人町」（荒野《あらの》泰典《やすのり》・石井《いしい》正敏《まさとし》・村井《むらい》章介《しょうすけ》編『倭寇と「日本国王」』吉川弘文館・日本の対外関係4、二〇一〇年）は、次のことを述べている。唐坊・唐房とは「一一世紀後半に成立した中国（宋）商人の居留地であり、貿易の一大拠点であった」。「唐」は中国、異国のこと、「坊」は町・市・店・場・部屋のこと、「房」は部屋・宿・住まい・建物のことで、すなわち「唐坊・唐房」は中国を中心とする異国人の居所・街のことである。

この唐坊・唐房が、九州各地に生まれていた。その先駆的研究は、工藤敬一《くどうけいいち》「鎮西島津荘における領家支配の変遷」(『九州庄園の研究』塙書房、一九六九年。初出一九六二年)であり、正木喜三郎《まさききさぶろう》「筑前国野坂別符と輸入陶磁器」(『古代・中世 宗像の歴史と伝承』岩田書院、二〇〇四年。初出一九九一年)、正木「宗像の海と大宮司」(同上書)、江平望「中世加世田別府史」(『笠利町郷土誌』鹿児島県笠利町、一九九一年)が続いているという。

「一一世紀～一四世紀前半に宋人居留地であったことが確実な博多唐坊と同じように、九州各地に残るトウボウもまた宋人居留地であった可能性が高い」。「博多以外の唐坊の成立は日宋貿易に対する国家管理が弛緩《しかん》する一二世紀半ば以降であり、博多唐坊＝本店、各地の唐坊＝支店のようなネットワークを形成していた可能性がある。消滅は、一三世紀後半～一四世紀前半で、モンゴル襲来とそれにともなう国際・国内情勢の変化が原因だった」(二〇八頁)。「中・近世において中国人を中心とする異国人が居留地を形成するような動向が、平安時代後半～鎌倉時代末～近世初頭の二回あった…。そして、前者に唐坊が、後者に唐人町が対応する」(二一二頁)。

6 薩摩半島・阿多氏

柳原敏昭「中世日本の北と南」(歴史学研究会・日本史研究会編『日本史講座・第四巻・中世社会の構造』東京大学出版会、二〇〇四年)は、表題にあるように、「中世日本の北と南」を論じたものであるが、ここではそのうちの、一二世紀の「南」に焦点を当てて紹介する。「一二世紀の東北地方に覇を唱えていたのは、平泉に本拠をおいた奥州藤原氏である」、「では同じ頃、南の周縁部や境界領域の領主は誰だったのだろうか。それは、**薩摩平氏**と呼ばれた一族であった。薩摩平氏は、一〇世紀末〜一一世紀初頭に大宰府へ進出した伊佐平氏〔伊勢平氏―来間〕に出自をもち、一二世紀前半に薩摩国南部に土着した〔野口一九九一〔野口実「鎮西における平氏系武士団の系譜的考察」、『鹿児島経大社会学部論集』一〇-一、→『中世東国武士団の研究』高科書店、一九九四―文献指示による〕〕」。「薩摩平氏のなかで一際光芒を放ったのが、薩摩半島南西部の阿多郡を本拠とした**阿多《あた》忠景《ただかげ》**である〔石母田正一九五六〔「内乱気における薩摩地方の情勢について」、『古代末期政治史除雪下』未来社、→『石母田正著作集7』岩波書店、一九八九〕、江平一九七二〔江平望「古代末期の薩摩平氏」、『知覧文化』九〕、五味克夫一九七四〔「平安末・鎌倉初期の南薩平氏覚書」、鹿児島大学法文学部紀要『文学科論集』九」〕。一二世紀半ば、忠景は一族内で主導権を握り、永暦《えいりゃく》元年（一一六〇）前後に薩摩一国を制圧、大隅国にも支配を及ぼした。また、河辺郡司《かわなべぐんじ》から支配権を簒奪《さんだつ》して、鬼界島＝南の境界をおさえていたことも確実である（「指宿《いぶすき》系図」）。ところが、間もなく忠景は平家貞《いえさだ》率いる追討軍の攻撃を受け、鬼界島への逐電を余儀なくされた（『吾妻鏡』文治三年九月二二日条）」。

柳原は、「一二世紀、とくにその後半期には」奥州藤原氏や阿多忠景のような「領主」が「日本各地に相当数存在した」という。その中で奥州藤原氏と阿多忠景の特徴は、「それぞれの本拠地が、国家周縁部の陸奥国・薩摩国で、国衙とは別個のもう一つの中心だったこと」、「日本中世国家の境界地域をまたいで展開した交易を統括する立場にあったと考えられること」、この二点を指摘している。

7　阿多郡＝万之瀬川下流域は交易の拠点

永山修一「万之瀬川河口と倉木崎から見えるもの」（前出）は、次のように紹介している。万之瀬川は、薩摩半島の中部を流れる川である。「一九九六（平成八）年から本調査の始まった持躰松《もったいまつ》遺跡（日置《ひおき》郡金峰町《きんぽうちょう》）で、古代末から中世前期にかけての多量の輸入陶磁器が見つかり、これを契機に万之瀬川下流域に関する研究が急速に進んだ」。「中世の包含層から出土した**貿易陶磁器**は、一二世紀中頃から一三世紀前半のものが数量的にもっとも多かった。また、国内産としては瓦器《がき》や一二世紀後半ごろの東播磨《はりま》でつくられた須恵器《すえき》や、常滑《とこなめ》焼、古瀬戸《こせと》など一四世紀代にいたる広域流通品が出土している（宮下貴浩「持躰松遺跡の遺物から見た中世の南薩摩について」『鹿児島中世史研究会報』五二号）。貿易陶磁器の出土量は博多《はかた》と比較すればずいぶん少ないが、その組成は貨物船のコンテナに相当する陶器壺・甕《かめ》類が多いなど博多と相通じる要素をもっているため、小規模な交易の拠点であったという考えも示されている（大庭康時「集散地遺跡としての博多」『日本史研究』四四八号）」（七六頁）。

　また、「文献の面からは万之瀬川下流域に関して、旧流路や市場・寺社・領主居館・道などの復原が試みられ、その中で加世田《かせだ》市に残る当房と唐仁原という二つの地名が注目されることになった。この二つの地名は中世には**唐坊**《とうぼう》・**唐人原**《とうじんばる》と書かれており、これらは万之瀬川の旧流路の河畔（左岸）の、中世の湊の立地にふさわしい場所に位置している。そして、加世田唐坊は、博多唐坊と同じく中国人の居留地であった可能性があり、住蕃貿易が行われた可能性を説く説も示されている（柳原敏昭「中世前期南薩摩の湊・川・道」藤原良章・村井章介編『中世のみちと物流』、同「中世前期南九州の港と宋人居留地に関する一試論」『日本史研究』四四八号）」（七六-七七頁）。

このように、一二世紀は、宋人を中心とする外国人が日本の各地、とりわけ博多など九州各地に住みつき、交易に従事していたのである。

柳原敏昭「中世日本の北と南」（前出）も、阿多郡について次のように書いている。「阿多郡は、薩摩半島第一の河川、万之瀬《まのせ》川下流域にあたる。この地域では最近、持躰松《もったいまつ》遺跡など一二世紀半ば～一三世紀に対外交易が活発であったことを示唆する遺跡が相次いで発掘されている（古代学協会二〇〇三）。また、万之瀬川旧河口部左岸（加世田《かせだ》別府側）には唐坊《とうぼう》と称される場所があった。唐坊は古代・中世最大の貿易港博多にもあり、宋商人の集住する交易の中心であった。この地名は九州各地でみられ、博多よりはるかに小規模であったにしても、その多くが宋代の経済発展に伴って進出した中国商人の居留地であった可能性がある。加世田別府唐坊も同様に考えてよかろう。このほか、万之瀬川下流域からは北九州・畿内・東海地方との関係を示す遺物も数多く出土している。阿多氏の本拠地も中世国家の周縁部にできた交通の要衝であり、交易の拠点だったのである」（八三-八四頁）。

ここから交易の問題につないでゆく。「万之瀬川河口には中国船が直接入貢する港があったと考えられる。また、奄美大島宇検《うけん》村の倉木崎《くらきざき》海底遺跡からは、持躰松遺跡と年代・構成がよく似た輸入陶磁器が二〇〇〇点以上引き上げられている（宇検村教育委員会一九九九＝『倉木崎海底遺跡発掘調査報告書』）。沈没船の存在が想定され、メインルートとはいえないものの、中国南部―南西諸島―万之瀬川河口部という航路があったことが有力視されている。なお従来、坊津《ぼうのつ》が南九州唯一最大の国際貿易港のようにいわれてきたが、少なくとも鎌倉時代以前は万之瀬川河口港の周辺に位置する一時的停泊地とするのが妥当であると考える」（八五頁）。

村井章介「鬼界が島考」（前出、『東アジアの古代文化』二〇〇七年）も、薩摩半島の持躰松遺跡について、「はるか中国までつながる海の道の一ターミナル、という位置づけのできる遺跡」であり、「万之瀬川下流域一帯が複合的な交易拠点だった可能性が浮かんできた」と評価している。この点からすれば、屋久島の岡《おか》遺跡もおなじような遺跡と考えられる、とする（一八七頁）。

8　薩摩半島を支配する阿多氏

村井章介「古代末期の北と南」（前出）も同様に書いている。「阿多忠景は薩摩平氏として南九州に勢威をふるい、源為朝《ためとも》の女婿となったが、一一五六年の保元の乱で為朝が敗れると、忠景も勅勘を蒙って貴海島へ逐電した」（五頁）。すなわち、阿多忠景《ただかげ》は薩摩にいた平氏系の武士であったが、源為朝を「女婿《じょせい》」（娘むこ）としたものの、保元《ほうげん》の乱でその為朝が敗れたために、忠景も「勅勘《ちょっかん》」（勅命による勘当、処罰）を蒙《こうむ》って、「貴海島」（鬼界が島）に「逐電《ちくでん》」（逃亡）したのである。

阿多氏については、真境名安興《まじきなあんこう》『沖縄一千年史』（一九二三年）も重野安繹《しげのやすつぐ》『薩摩史談集』の内容を紹介する形で、触れている。「豪族に阿多と申すものがあります。是は平姓の者でありまして、阿多に居りまして、阿多忠景と申す者が、保元平治の時分に割拠《かっきょ》しました」。以下、要約して紹介する。源為朝（当時一六歳）が父・為義《ためよし》に追われて九州に来たとき、阿多忠景が自分の娘の婿《むこ》とした。為朝は「九州追捕《ついぶ》使」となり、忠景とともに「九州中を政略してまわ」った。そのうち「**琉球**などもその属下に」おいた（真境名は為朝渡来伝説と関わってこの話を紹介している）。為朝の九州「跋扈《ばっこ》」（勝手気ままな振る舞い）が朝廷に知れ、父・為義は免職となった。為朝は都に上って謝罪したが、そこに平治《へいじ》の乱が起こり、その結果、「遠島《えんとう》」（島流し）となった。当時の「阿多」という地域は、薩摩半島全域と、そこに関連する島々をも含んでいた。その島々の範囲は、種子島・屋久島・上下の甑島《こしきじま》・硫黄島・七島三島（トカラ列島＋三島村）・**琉球・宮古・八重山**に至っている。「それ故に為朝が**琉球**に渡るなどといふことも起るのであります」。平清盛の時代になると、阿多忠景は追われて、為朝とともに「島々を方々駆歩《ほうぼうかけある》いて居りました」（四六-四七頁）。以下、真境名は為朝渡来伝説の検討に進めているが、それはここでは省略する。このなかで「阿多」の支配地域が「琉球・宮古・八重山」にまで及んでいるとあるが、その根拠は見当たらない。

　この阿多忠景のことで注目されるのは、柳原敏昭「中世日本の北と南」によれば、次のことにある。まず第一に、阿多郡の性格が、一般の国衙領や荘園とは異なって、「薩摩国一宮《いちのみや》新田八幡宮の所領が高城《たかぎ》郡と阿多郡に集中していること、平家没官《もっかん》領が両郡周辺に集まっていること」から、「平安後期・鎌倉初期の薩摩国で、阿多郡が高城郡とならぶ中心であった」と考えられ、このような「一宮領の集中」と、「ほぼ全域で島津荘が成立した薩摩国にあって、唯一、同荘［薩摩荘—来間］を含まない領域であった」こと、「大宰府領であった」ことなど、「大宰府や国衙と飛び地的に強く結びついた特別な地域であった」ことである（八二―八三頁）。第二はすでにみた「阿多氏の本拠地も中世国家の周縁部にできた交通の要衝であり、交易の拠点だった」ことである。

9　宋商人が住みついていた松浦・五島列島

九州各地に宋商人が住みついていたことを踏まえつつ、佐伯弘次《さえきこうじ》「中世の三島地域と東アジア」（佐伯弘次編『壱岐・対馬と松浦半島』吉川弘文館・街道の日本史49、二〇〇六年。八五―一〇一頁）は、次のように述べている。「中世の初頭、平戸《ひらど》には〈蘇船頭《そせんどう》〉という宋商人が住んであり、その未亡人は松浦党一族と婚姻関係にあった。〈船頭〉は、中国の貿易船の経営責任者を意味する〈鋼首《こうしゅ》〉の日本的な表現とされている。平戸は日宋貿易の中継港であり、そこに日宋貿易に従事する宋人鋼首が住んでいたのである」。

その根拠となる事例として、①松浦市楼楷田《ろうかいだ》遺跡で墨書陶磁器を含む多数の中国陶磁が出土している、②「五島列島の小値賀島《おぢかしま》には日中貿易船の碇《いかり》と考えられる碇石が、海中から多く引き揚げられている」、③二人の入宋《にっそう》僧が渡海した時に、延久《えんきゅう》四（一〇七二）年の成尋《じょうじん》は「肥前《ひぜん》国松浦《まつら》郡壁島《かべしま》（加部島）で鋼首曽聚《そしゅう》の船に便乗し、中国に渡海している」、永保《えいほう》二（一〇八二）年の戒覚《きょうがく》は「博多津で宋商客劉琨《りゅうこん》の船に乗り込み、…肥前国上部泊（加部泊か）に寄港し、中国に向けて出港した」、④「九世紀代の史料によると、肥前国の〈値賀島《かかしま》〉や〈値賀島鳴浦《なるうら》〉に寄港し、中国に渡海している。この〈値賀島〉は五島と思われる」、⑤「鎌倉時代の初めごろ、対馬で日宋貿易船からの得分をめぐって、対馬国司と対馬守護の間で紛争が起こった。…中国から日本渡航する時に対馬にも寄港することがあったものであろう」などを挙げている。

また、日宋貿易ほど盛んではなかったとしながらも、「高麗との貿易の中心的な担い手は、対馬の人びとであった」と指摘している。

第五節　一一～一二世紀の九州より南の島々

1　滑石製石鍋の流通と琉球列島（一一～一四世紀）

長崎県産の滑石製石鍋《かっせきせいいしなべ》が、琉球列島の石垣島にまで流通していた。「滑石」は「主としてマグネシウムとケイ素とから成る。軟らかくて、蠟《ろう》のような感触があり、白色・帯緑色などを呈する」ものである（『広辞苑』）。

鈴木《すずき》康之《やすゆき》「滑石製石鍋のたどった道」（前出、『東アジアの古代文化』九六―一〇四頁）は、「これまでの研究によって、石鍋は一一世紀頃に出現し、一四世紀頃まではさかんに使用されるものの、一五世紀以降には減少していくことが明らかになっている」、この石鍋は「滑石製石鍋」と呼ばれているが、「中世遺跡から出土する石鍋は、原材料である滑石を刳《く》り抜いて製作したもので、生産地は長崎県の西彼杵《にしそのぎ》半島一帯や、山口県の宇部《うべ》市域などで確認されている」という。石鍋には「方形の耳をもつもの」と「口縁部《こうえんぶ》外面に鍔《つば》のめぐるもの」があり、前者が初期段階＝石鍋出現期のもの、後者が石鍋普及期のもので、それは「一一世紀から一二世紀前半にかけての石鍋流通の構造と、一二世紀後半から一四世紀にかけての構造とは異なっていた」ことと関連していると説く。

まず「一一世紀から一二世紀前半にかけての方形の耳をもつタイプの石鍋」は、北部九州すなわち博多・大宰府で出土量が多く、その「流通ルートが**琉球列島**に延びている」とする。その「博多は、古代末期から中世にかけては日本を代表する国際貿易港であり」、「集散地」でもあった。このタイプの石鍋は「博多・大宰府という対外貿易に関与する都市の住人を主要な消費者としていた」。そこで「博多を拠点に活動した貿易商人たち」、博多に住んでいる「宋商人たち」、「文献に〈博多綱首《ごうしゅ》〉と記されるような人々」が想起される。

そこから、「出現期の石鍋が琉球列島からも出土することの意味も理解できるようになる」として、そのころの「琉球列島は、貝塚時代からグスク時代への移行期と理解されている」し、そのころの琉球列島（奄美諸島より南の島じま）が、奄美諸島（喜界島、奄美大島、徳之島など）を介して博多につながり、そこから畿内・高麗・宋へとつながる「環東支那海域の活発な交流の渦」のなかにあって、そのような状況の中で、石鍋が「琉球列島へ運ばれたことは間違いないであろう」、新里亮人《しんざとあきと》も「こうした流通を担った主体を〈博多を拠点に置く商人〉と推測している」という。

この石鍋の産地は西彼杵半島であるが、それは「西彼杵半島を含む肥前《ひぜん》地域一帯が対外交渉において重要な位置を占めていたこと」とともに、「対外貿易に関与する商人たちにとっても中継地の一つとして重要視されていた」こと、そして「原材料」がここにしかなかったことから説明できるとする。そして宋商人たちが「主要な消費者だった」ことから、「可能性」として、「石鍋は、貿易陶磁などとは異なり、商品としての性格を有していなかった」こと、「列島［日本列島—来間］外のいずれかの地域から石製煮炊具《にたきぐ》を利用する風習や製作技術などがもたらされた」ことを指摘している。

琉球列島では「小さな破片の状態で出土するもの」や、「石鍋の形態を模倣《もほう》した土器」（石鍋模倣土器）や、「滑石の粉末を混入した土器」（滑石混入土器）が多い。そのことは、「琉球列島において石鍋が実用的な煮炊《にたき》具の一つとして受容されたのではなく、何らかの象徴的な意味をともなって受容されたことを想定する必要がある」とする。

新里亮人「琉球列島出土の滑石製石鍋とその意義」（谷川健一《たにかわけんいち》編著『日琉交易の黎明《れいめい》』森話社、二〇〇八年、五八-六九頁）は、この石鍋の普及によって、それまで「奄美、沖縄諸島との交流関係が異なる文化圏に属していた」先島諸島（宮古諸島、八重山諸島）が、「奄美、沖縄諸島と同じ文化圏に統一される」という。また、その普及は、「琉球列島における…農耕社会の成立と足並みを揃えるように出現してくる」ともいい、これらの点で「非常に意義深い出来事であった」とする。

導入時期については、「九州において把手付《とってつき》石鍋が一般的な集落へと広がる」のは「一一世紀後半代から一二世紀前半代頃」であるが、その「頃に、これらは琉球列島へ持ち込まれ」、そして「その模倣土器も同じ時期から作られた蓋然性《がいぜんせい》が高い」という。また、その流通については、「生産地（西北九州）から都市（北部九州）に石鍋が集められたのち、九州各地へと広がっていく」と想定する。「博多を中心とした経済関係が次第に中国へと傾斜していった可能性がある。琉球列島における滑石製石鍋の出現と消滅は、対日本列島との経済関係の強弱を示すものであるという点において非常に意義深いのである」。

ただし、「琉球列島における滑石製石鍋の流行は、農耕社会の成立と関連していたことは間違いないが、商業集団の活動と農耕の導入がどのような関係にあったのかは、まったく不明である」といい、「琉球列島」の草創期の歴史において、農耕と交易がどのような位置を占めていたかについては留保している。

2　カムィヤキ＝亀焼の流通と琉球列島（一一〜一三世紀）

一九八四年に、奄美群島の徳之島で、一一世紀から一三世紀にかけての「**カムィヤキ＝カムィ焼＝亀焼**」の窯跡が大量に発見された。それは、九州の薩摩半島から八重山諸島に至るまで流通していた。焼物そのものは以前から知られていたものであるが、須恵器に似たものという意味で「類須恵器」といい習わされていた。しかし、ここにきて産地が明確になったため、新しい名称が使われるようになってきたのである。

吉岡康暢《よしおかやすのぶ》「南島の中世須恵器―中世初期環東アジア海域の陶芸交流」（『国立歴史民俗博物館研究報告』第九四集、二〇〇二年）は、これを「カムィ焼」と表現して、次のような諸点を明らかにした（四〇九‐四三七頁）。①「カムィ焼は、甕・壺・鉢・椀の四機種よりなり、一七種三一種類に分類したが、多様な壺類は高麗の陶技［陶芸技法―来間］を基調とし、波状文の加飾も高麗系で、窯構造は九州南部と共通するなど、朝鮮半島（高麗）、南九州（日本）、奄美諸島（琉球）を包括する広大な南の境界域で誕生した海洋性の濃厚な中世陶器である」。②「琉球王朝の成立に先行する中世初期、琉球海九〇〇㎞圏に大流通したことは、南西諸島がヤマト列島の中世食器様式を生みだした物流のネットワークに連動しつつ、アジアの海洋国家の枠組みに組み込まれたことを物語っている」。

③「高麗からの陶工を招寄した［招き寄せた―来間］と考えられるカムィ窯の経営形態は、状況的に、対宋・高麗貿易とかかわる港湾を掌握した**薩摩南部の有力武士**の主導下に、**奄美諸島の按司《あじ》層**と連携しつつ推進された、中世前期の〝倭寇的世界〟の所産と推定する」。④「中世初期の日麗間の文物・技術の交流」は、これまでの理解以上に「広がりと深みをもつと評価してよいであろう」。以上は、「論文要旨」から引いたものであるが、他にも次のような指摘がある。⑤「カムィ焼は、東日本太平洋域の常滑《とこなめ》・渥美《あつみ》両窯、日本海域の珠洲《すず》窯、西日本の東播《とうばん》諸窯とともに、南西諸島を一円流通圏とした四大広域中世陶器窯であ」る。⑥（③と関連）「朝鮮人陶工が招寄されたと考えられる」ものの、「南西諸島と高麗の直接交渉を裏付ける物証は乏しい」ので、「南西諸島の食（器）様式と無縁の外来系陶技が突然導入されたことになり、カムィ窯の経営主体を奄美諸島の在地勢力に求めることを躊躇《ちゅうちょ》させる」。⑦「長崎県西彼杵《にしそのぎ》半島産の**滑石鍋**が南西諸島へもたらされ、在地で滑石粉を混和剤とする**石鍋模倣土器**が普遍的に生産・消費されている」、このことは「九州西岸から南西諸島に至る〝石鍋の道〟の実在を示」しており、「カムィ開窯が、九州から南下するインパクトに触発されたことを示唆する」。

　吉岡の議論は、しだいに中世前期の南九州、そしてその南の島々における、「在地支配層」「在地領主」をめぐって展開していく。⑧奄美大島の伊津部勝《いつぶかち》グスク（初期の按司館跡があった？）や、徳之島の伊仙《いせん》ミンツキタブク遺跡（多量の中国陶磁、カムィ焼が出土する）などでは、「**在地支配層**の成長をうかがわせ」ているが、カムィ開窯は、肥後を含む「南九州勢力の主導下に進められたとしても、在来土器工人および補助労働力の編成などの前提として、**在地支配層**との連携が不可欠だった」であろう。カムィ窯が開かれたということは、その推進者が南九州勢力であったとしても、在地の人々、すなわち在来土器の工人（陶工）などと連携せねばならず、そこには「在地支配層」ともいうべき勢力者がいた、というのである。⑨「奄美人が遠洋での軍事・経済活動を行う集団を組織していたことは、長徳二・三年（九九六、九九七）、肥前に侵入し財物・男女を奪取した事件から知られる（『小右記』、『権記』）。農耕などの労働力確保が主因のようである」。第一章第六節で論じた「奄美島人の西海道乱入」である。⑩鹿児島県持躰松《もったいまつ》遺跡でも、「在地領主層の動向」が注目される。「南薩平氏系武士団の棟梁的地位にあった」阿多忠景のことである。「石鍋の生産域をおさえた肥前平氏と薩摩平氏が、同流の伊佐系平氏［伊勢系平氏―来間］として、緊密な関係を保持していたとされることから、配下の**海民集団**に、石鍋・鉄器をはじめとする日常物資の物流ネットワークが存在したことは推察に難くない」。石鍋や鉄器の生産地を支配している肥前平氏が、薩摩平氏（阿多氏）とも提携して、物流ネットワークを形成し、その中に「海民集団」を繰り込んでいる、というのである。⑪「この段階の先島諸島を包括する物流網の形成は、中継島を結ぶリレー式のモノの移動だったにせよ、貝塚時代の文物の移動・伝播と異なり、中国を核とする東アジア貿易圏の北辺に組みこまれたヤマト列島の海洋国家化に連結する**南方按司層**のネットワークによる流通と推定される」。中国を中心に東アジアの交易体制が生まれ、それにヤマト列島も組み込まれて「海洋国家」となっていき、その中間に位置する南西諸島も、その流れに加わって、そこの「按司層」が育っている、というのである。⑫「政治・経済が流動的で、中世的社会体制が未定立な、一一世紀後半ないし一二世紀前葉にみられる徳之島カムィ窯の突然の開窯は、南薩在地領主が主導し、按司層との連携を図り、招寄された高麗陶工の指導をうけて、南九州の陶工が在地の土器工人とともに編成され、南島型の中世須恵器が創成されたと想定しておきたい」。これは⑧と同様の趣旨である。

⑬「中世初期の日麗の文物の技術交流」には二つあって、ひとつは京都を核とする「公的なもの」、もうひとつは民間ベースであり、後者は「南薩を核とする南九州勢力と、高麗・南西諸島が連係した職能民の移動を伴う、カムィ焼のよう」なもののことである。それは「中世前期の〝倭寇的世界〟の実像の一端を語る動向」である。

要約すれば、こうなる。カムィ焼の流通は、南九州の在地領主層が主導しているが、それだけではなく南島・南西諸島にも在地支配層があって、彼らとの協力関係で支えられていた。その道はまた、中国大陸へもつながっていた。いうなれば、南島・南西諸島に階層が生まれ、支配層が育っていく過程と、このようにカムィ焼や滑石製石鍋の流通していく過程とが、重なり合って進行したということである。

新里亮人「カムィヤキとカムィヤキ古窯跡群」（前出、『東アジアの古代文化』）は、「カムィヤキ古窯跡群の歴史的意義」を、次のように総括している。「カムィヤキ古窯跡群は琉球列島最古の窯業生産跡であり、文献資料が希少な当該地域の生産と流通経済を考察する上で非常に重要な遺跡である。カムィヤキはトカラ列島から先島諸島の地域を主な流通範囲とし、徳之島における窯業生産のはじまりは琉球列島一円を市場に睨んだ陶磁の尖端事業であったと考えられる。／カムィヤキは、器の種類が日本の中世須恵器と類似し、技術系譜は朝鮮半島に求められ、中国産陶磁器を模した碗が存在するなど、東アジアにおける食器文化を複合的に取り入れた〈南島の中世須恵器〉である。

琉球列島における遺跡からは九州産の滑石製石鍋、中国産陶磁器とともに発見される例が多く、九州を介した経済関係によって流通していたと考えられる。カムィヤキ古窯群は日本列島の南縁における経済動向を追求する上で非常に重要な遺跡である」（一四二―一四三頁）。

3　喜界島の城久遺跡群（一一～一二世紀）

喜界島の城久《ぐすく》遺跡群については、シリーズ2『〈流求国〉と〈南島〉』第八章第三節でも、「九～一一世紀」を取り上げたが、澄田直敏《すみたなおとし》・野崎拓司《のざきたかし》「喜界島城久遺跡群」（前出、『古代中世の境界領域』）で、少し補足しておく。「遺物面から各遺跡の展開時期を見ると、越州窯《えっしゅうよう》系青磁《せいじ》や土師器《はじき》、須恵器《すえき》など、古代相当の遺物や一三～一四世紀頃とみられる龍泉窯《りゅうせんよう》系青磁などから、若干の時期幅は見られるものの、半田遺跡を除いて、各遺跡の中心時期はおおむね一一世紀～一二世紀前後に比定される。半田遺跡では、白磁《はくじ》よりも龍泉窯系青磁が多く出土していることから一二～一四世紀前後と考えられる。各々の遺跡においては遺構の切り合い関係などもあり、当然ながら微妙な時期差を内包しつつも、大局的にはほぼ同時期に、相互に関連性を持ちながら展開した、一連の遺跡群として評価できよう」。半田遺跡は、海側の遺跡である。「各遺跡の内容については、日本本土産の遺物や大陸系の遺物が占める割合が非常に高く、これらの物資の集積地としての評価は揺るぎないものとみられる。さらに想像をたくましくすれば、城久遺跡群には須恵器や土師器を含め、これらの非在地系の物資を集積しうる集団が居住し、維持・管理を行っていたと推測され、従来池畑耕一

[一九九八＝「考古資料から見た古代の奄美諸島と南九州」、渡辺誠先生還暦記念論集『列島の考古学』］や池田栄史［二〇〇五＝「兼久式土器に伴出する外来時の系譜と年代」、『名瀬市文化財叢書7 奄美大島名瀬市小湊フワガネク遺跡群Ⅰ』名瀬市教育委員会］らによって指摘されてきた、喜界島の特殊性を具体的に示す資料となりうる」（一六九頁）。

また、中島恒次郎《なかしまこうじろう》「大宰府と南島社会―グスク社会形成起点―」（前出、『古代中世の境界領域』）も、次のように述べている。「城久遺跡群に見られる外来要素は、八世紀中葉から一五世紀まで確認できるが、盛期は一一世紀後葉から一二世紀前葉の時期で、平安時代後期に位置し、他の時期とは比較にならないほど突出した量と質を有している。本土産土器には供膳具から貯蔵具まで、多岐にわたるものが搬入されているが、貿易陶磁器については、供膳具に偏在し、陶器類が極めて少ない傾向にあるといえる」（一七五頁）。

4 村井章介の「日本中世の境界」論

(1) 「古琉球と列島地域社会」（一九九一年）

村井章介《むらいしょうすけ》「古琉球と列島地域社会」（『新琉球史―古琉球編―』琉球新報社、一九九一年）は、中世日本の国家領域を考えると、「北海道の大部分と奄美諸島以南は明らかに日本からはずれる」という。ただし「中世の国家領域は、現代のような明確な国境線で囲まれた均質な空間ではなく、その周縁部には外なのか内なのかあいまいな地帯があった」し、「例えば現在の薩南諸島あたりを指す

〈鬼界島〉がそうだ」と付け加える（二九七頁）。すなわち、「中世」という時代では国境線はあいまいであるが、「**鬼界島**」はそういう「あいまいな地帯」の一つであった、もっとも「鬼界島」といっても特定の島を意味するのではなく、その範囲自体が「あいまい」であり、「現在の薩南諸島あたり」を広くとらえていた、しかし「**奄美諸島以南**」はその国家領域から外れていたのである。

また、次の指摘もある。「中世の同心円的世界像において、内外の境目は、東の外が浜〔北東北―来間〕、西の鬼界島（硫黄島）に代表される帯状のひろがりをなしていた。そこの住人は内と外、人と鬼の双方の性格をあわせもつ存在だった」、「〈南島〉と一括されていた琉球弧の列島は、大隅国の所管にはいって内国化した多祢《たね》・掖玖《やく》、境界としての鬼界島、異域としての琉球に三分されることになった」（三〇三頁）。すなわち、「南島」として古代国家にとらえられた「琉球弧の列島」は、①「日本」の領域に入った多祢（種子島）と掖玖（屋久島）、③「日本」の領域に入らず「異域」のままであった「**琉球**」、②その中間にあって、あいまいな「境界」領域としての「鬼界島」の三つの地域に分かれた、というのである。奄美諸島は③に属していた。

このような「異域としての琉球」に住む人びとは「鬼」であり、「食人の習俗」をもつものとされたが、それは「天皇の支配に服するものが人、支配からはずれたりそむいたりするものが鬼」という観念に基づいているのであった（三〇四頁）。

(2)　『境界をまたぐ人びと』（二〇〇六年）

村井章介『境界をまたぐ人びと』（山川出版社・日本史リブレット、二〇〇六年）は、「前近代の国境と境界人」を取り上げている。日本中世では、「外浜《そとがはま》」と「鬼界島《きかいがしま》」が日本の境界であった、という。「外浜」は津軽半島の青森湾側の名であるが、当時は「日本の東の境界」をばくぜんと指していたし、「鬼界島」は、奄美諸島の喜界島や、三島村の硫黄島の名であるが、当時は「日本の西の境界」をばくぜんと指していたのである。そして、「蝦夷《えぞ》と**琉球人**《りゅうきゅうじん》は日本中世における…〈境界人〉を代表する存在である」という。その場合の「境界」は、確定した線があるわけではなくて伸び縮みするものであり、「境界人」も、その内の人になったり外の人になったりする「境界の内と外の媒介者」であるとする（三頁）。

そのうちの西の境界については、『平家物語』によって次のように描いている。一一七七（治承《じしょう》元）年に平家打倒の陰謀を察知されて、その首謀者とされる俊寛僧都《しゅんかんそうず》、平康頼《たいらのやすより》、藤原成経《ふじわらのなりつね》の三人が、絶海の孤島「鬼界が島《きかいがしま》」に流された（なお、この鬼界が島は今の喜界《きかい》島ではなく、今の硫黄《いおう》島のことである）。翌年、二人には赦免《しゃめん》が出たが、俊寛はただ一人島に残された。ずっと後に、俊寛の弟子の有王《ありおう》が島を訪ねてくるが、まもなく俊寛は亡くなる。「さてこの文学作品に歴史研究の立場からなにを読みとるか」。①この島には「人は住んでいるものの、この土、つまり日本の人にもにない［似ない―来間］。色が黒くて牛みたいだし、毛深くて、しゃべる言葉は全然理解できない。そのうえ中世の日本のまっとうな男であればかぶる烏帽子《えぼし》もかぶっていないし、まっとうな女であれば髪を束ねて背にたらすのだがそうもしていない」とある。「鬼界が島の住人は、都近辺に住む普通の人とは違っていても、けっして鬼や人ならぬものではない」と描いているのであって、「この島は、中世の日本にとって、境内と異域との境界にある場所」であった。②『平家物語』のなかで、〈鬼界〉という言葉はさらに三か所に見える」。一つ、「高麗《こうらい》や契丹《けいたん》という外国とならんで鬼界がでている」。二つ、「この世の果てまでもというニュアンスで、高麗・天竺《てんじく》・震旦《しんだん》とならんで鬼界がでている」。三つ、「義経が平家を攻め落とすために、…どこまでも追いかけていくぞ、といっている部分に、鬼界・高麗・天竺・震旦という同じ場所がでてくる」。「これらの用例から鬼界という場の特徴を抽出すると、かぎりなく異域に近い日本のさい果てというイメージがえられる」。しかしながら別の顔もある。③「流され人の一人の成経の岳父平教盛《のりもり》が所有する鹿瀬庄《かせのしょう》［肥前国］という荘園から、生活必需品を島に送っていた」ともある。絶海の孤島ではなかったのである。④「鬼界が島は、商人がかなりの頻度で立ち寄る、航路上の一地点を占めていた」。この島は「硫黄の交易によって生計を立てていた」のである（六二-六七頁）。

村井章介は、『海東諸国紀』（一四七一年）の地図から、時代は下るが、「一五世紀にも硫黄島産の硫黄を買いつけに日本人が船でやってきていた」し、「硫黄島から坊津《ぼうのつ》をへて九州の西海岸を北上して上松浦《かみまつうら》へいたる航路があった」ことがわかる。この地図からはまた、硫黄島から、奄美大島を経て、**那覇**に至り、さらに中国につながる「海の道」がつながっていて、「境界としての鬼界が島のもう一つの側面」がみえる、とする（六七-七〇頁）。

(3)「鬼界が島考―中世国家の西境―」（二〇〇七年）

村井章介「鬼界《きかい》が島考―中世国家の西境―」（前出、『東アジアの古代文化』）は『平家物語』の俊《しゅん》寛《かん》流《る》刑譚《けいたん》を紹介して、流された「鬼界が島という場所が、中世の日本において、境内と異域との境界にあって、両方の性格をかねそなえた空間であること」を指摘する。また、『平家物語』には「鬼界」という言葉がさらに三か所に出ているとの紹介もしている。ただ鬼界が島はこのように「境界」であるだけではなく、「もう一つの側面」もあるとして、つまり、鬼界が島は、地の果てでありながら、外とつながりを持った島だったことを指摘する（一七九-一八〇頁）。ここまでは、すでにみた『境界をまたぐ人びと』と同じ趣旨である。

さらに、「一一世紀なかばころの『新猿楽記《しんさるがくき》』に、〈八郎真人《はちろうまひと》〉という商人が登場する」が、その行動範囲の西端に「貴賀の島」、つまり鬼界が島が出てくること、「鎌倉時代の『保元物語《ほうげん》』半井本《なからい》（内閣文庫所蔵）にも…〈西にいると聞けば鬼界が島へでも行く〉」とあり、その「『金刀比羅宮本《こんぴらぐう》』という写本」にも「西は鬼海・高麗」と出てくること、『曽我物語《そが》』には、源頼朝の側近が見た夢に、左足で外の浜（東の境界地名）を踏み、右足で鬼界が島を踏む頼朝が出てくること、「薩摩国入木院《いりき》（今の鹿児島県入来町）を領した渋谷氏が伝える〈入木院家文書〉に…西の果ては硫黄島あるいは鬼界が島」と出ていること、を示しつつ、「俊寛が鬼界が島に流されたのも、そこが最初の武家政権である平氏によって、流刑の地として位置づけられていたからなのであった」という（一八〇-一八二頁）。この論考では、西の境界としてのキカイガシマではなく、今の硫黄島を論じている。

5　永山修一の「一一世紀転換」論（二〇〇七年）

永山修一「文献から見るキカイガシマと城久遺跡群」（前出、『東アジアの古代文化』）は、「平安中期までの南島と南蛮襲来記事」、「キカイガシマをめぐって」、「城久遺跡群について」を論じてきて、「おわりに」で、次のようにまとめている（一五三—一六七頁）。

「九世紀半ばに喜界島（喜界町）に、大宰府の出先機関的なものが設定され、おそらくは南島産物を周りの島々から集め、政府に貢進するなどの任務にあたったと思われる」。

「一〇世紀末には、こうした交易に変化が現われる。いわゆる南蛮襲来事件がたびたび起こるようになった。この時点で、キカイガシマは、アマミとは区別されて南蛮追討の下知を受ける存在であり、ここには大宰府の出先機関が存在したと考えられる。こうしたことからもキカイガシマは、南島を代表する島名となり、いくつかの島をあわせて集合名称的にキカイガシマの名称が用いられるようになったと思われる。また、この領域は、赤木・夜光貝・檳榔などの王朝貴族の珍重する品々を産出することから、喜界島は「貴」「喜」というプラスイメージの文字を用いて表記されていた」。

「大宰府の出先機関的なもの」は九世紀半ばからあり、一〇世紀末にはそれは「大宰府の出先機関」そのものとなった、としている。なお、「キカイガシマ」という呼び名は、「アマミとは区別されるようになったのか、相変わらず「南島を代表する島名」「いくつかの島をあわせて集合名称的に」使われるものであり続けたのか、あいまいである。

「一二世紀中期の『新猿楽記』のキカイガシマは、俘囚の地と並んで記され、境界的性格の強い領域として現われている」。やはり、「アマミとは区別され」ていないのであろう。

「一二世紀初頭になると、キカイガシマの住民の来着は陣定《じんのさだめ》の対象となってしまい、宋や高麗などの異国と同じ扱いを受けるようになったことがわかる」。この時点では、「大宰府の出先機関」はなく、「異国と同じ扱い」をされるようになった。次の「一二世紀中期」も「一二世紀後期」も同様に「勅勘《ちょっかん》の及ばないエリア」「日域《にちいき》の外」となっている。

「また一二世紀中期の平忠景逐電《ちくでん》に関しキカイガシマは勅勘の及ばないエリアとされており、一二世紀後期に、源頼朝のキカイガシマ征討に反対する摂関家は、キカイガシマを三韓と同列に論じ、日域の外との認識を持っていた。源頼朝の厳命による征討の結果、キカイガシマはあらためて日本の西の界［境―来間］として位置づけられることになったが、幕府はキカイガシマを統治するための所職を置いていない」。頼朝の時代になって、再び「日本の西の境」となった。

以下は一三世紀以降のことであるが、一つの論文であるので、そのまま続けて紹介する。

「したがって、一三世紀中期の『漂到流球国記』や、元寇［一三世紀後期―来間］以後の地理認識を示すと考えられる『妙本寺本日本図』でも、キカイガシマは琉球国・南蛮国、タムロサム（たんら=済州島）・琉球国と並んでえがかれている」。一二世紀の延長線上に、キカイガシマは日本の国内とされ、対比して「琉球国」があり、また「南蛮国」や「済州島」があるとされている。

「集合名詞としてのキカイガシマの北端に位置する硫黄島（三島村）は、一一世紀後期以降日宋貿易の中で注目されるが、日本の南辺に位置していることや、火山島であること、流刑地として利用されたこと、異域に対する恐怖心が増大したこと、地獄観が浸透したことなどによってキカイガシマは〈鬼〉の字を用いた表記［鬼界島―来間］へと変化していく」。これは、キカイガシマの一員である硫黄島が、鬼界島と呼ばれた所以を述べている。

かくして、「一一世紀転換」論が次のように主張される。「キカイガシマを以上のように理解した場合、一〇世紀の下知を受ける存在から、一二世紀の異国としての扱いへとキカイガシマの性格が変化する時期としては**一一世紀**をあげなければならない。南島の一一世紀については、滑石製石鍋の流入、一一世紀後半のカムィヤキ類須恵器の成立など大きな変化が起こっていた。こうした動きの背景には、博多に拠点を置く商人の活動があるとされており、〈住蕃貿易〉の段階にあることから、具体的には宋商人の活動によるともされている。また、夜光貝螺鈿の技術的革新が起こり、硫黄が重要な貿易品目となるのも一一世紀のことであった。一方、大宰府に注目してみると、貿易陶磁については一一世紀中頃に画期があり、鴻臚館が廃絶し、貿易の中心地が博多遺跡群に移る。また、大宰府の第Ⅲ期政庁は一一世紀初頭までにはその機能を失ったようである。さらに、受領化した大宰府長官が府官を手足として管内諸国への支配強化をはかり、一〇世紀末以降、管内諸国の国司や宇佐宮・安楽寺などと激しく対立するが、中央の裁定により往々にして大宰府官長側の敗北に終わり、徐々に大宰府の統制が有名無実化していく」（二六四-一六六頁）。

6　谷川健一の「奄美が沖縄より先行」論（二〇〇八年）

谷川健一は、自らの編著である『日琉交易の黎明―ヤマトからの衝撃―』（前出）の「序　日宋貿易と日琉交易」の冒頭で、毎日新聞編集委員伊藤和史の議論をくわしく紹介している。

「〈喜界島ショック〉が考古学、歴史学の世界を揺さぶっている」（八頁）。城久遺跡群の発見のことである。「ここ数年、歴史の中の沖縄像が大きく変わってきた。長くヤマト（日本）の一地方として描かれてきた沖縄を単なる周縁ではなく、自立した地域世界として描き出す試みが急速に進んでいるのである。日本史の通史シリーズでも、沖縄を独立した一巻として編集する流れが目立っている。この新しい沖縄像にはひとつの枠組みがあった。ヤマト中心史観からの脱却を目指す意識が強いためか、沖縄地域の自律的な発展を重視する傾向がある。その際、南西諸島の中心に常に沖縄本島が想定されている。文化の流れも本島から周縁へ向かう」（九頁）。ここまでは、日本の歴史論が、「沖縄は日本の周縁」論から沖縄独自論へと展開したことを指摘している。

「ところが今回、その歴史観から見れば辺境に位置する奄美大島の、そのまた〈属島〉とも称される喜界島からヤマトが、それも最先端のヤマトが現れたのだ。喜界島や奄美大島の方が先に発展し、沖縄本島の国家形成を促したといった見解が今後は力を得るかもしれない」（九-一〇頁）。

そのうえで、谷川は「伊藤氏の指摘は的を射たものと思われる」とし、二〇〇七年に出版した、自らの『甦《よみがえ》る海上の道・日本と琉球』（文芸春秋社・新書）の記述を、次のように引用する。「琉球社会は一一、一二世紀に入ると劇的に突如変化を見せる。それまで、沖縄本島では貝塚時代、先島では無土器時代がつづいた。八重山ではそのような石器時代が千年もの間存在した。この気の遠くなるような原始生活の長い眠りからゆり覚まされたのは、日本から与えられた文化の衝撃によるものであった」（一〇-一一頁。原著、二二二-二二三頁）。「奄美大島にほど近い喜界島には台地の上に城久と呼ばれる集落があり、そこの遺跡から大量の石鍋の破片やカムィヤキ土器、または青磁や白磁などが出土した。それと奄美大島のヤコウガイ、徳之島のカムィヤキ土器などを合せて考えると、大宰府や薩摩の豪族による南島経営の最前線、あるいは博多商人や宋商の南島交易の尖端拠点として、城久遺跡はきわめて重要な位置を占めていたことが見えてくる。／これからすれば、一一、一二世紀の奄美諸島は、琉球弧の中で最も早くから開けた地域であったことは明らかである」。沖縄の「グスク時代の黎明期においては奄美のほうが沖縄本島よりもはるかに先進地帯であったことを、喜界島の城久遺跡は如実に物語っている。そして城久遺跡の背後には、博多の日本商人群や宋商の影がちらついている。商人たちの南島交易への飽くなき欲望は、喜界島や奄美大島をステップとして、南島交易をついには琉球弧の南の果ての八重山まで押し進めている」（一一頁。原著、二二四－二二五頁）。

谷川は「私説は伊藤氏の説とほぼ同じである」としつつ、「従来からの説」を「琉球社会はみずからの内発的発展によって三山統一にいたり、琉球王国を開化させた」ものと要約して、このような「意見に組する［与する－来間］ことはできない。琉球国形成に日本からの影響の大きさを痛感せざるを得ない」と断じている（一一－一二頁）。

いわれるように、沖縄の歴史は北からしだいに展開してきたもので、奄美諸島以北の歴史が先行して、それが波及してきたのである。

7　『新猿楽記』の八郎真人の行動範囲と取扱商品

一一世紀の『新猿楽記』に八郎真人という日本中を駆けめぐる商人像が描かれている。木村茂光『中世社会の成り立ち』（前出）は、次のように述べている。「一一世紀前半、当時著名な文人貴族であった藤原明衡《あきひら》が著した書物に『新猿楽記《しんさるがくき》』がある（『古代政治社会思想』日本思想体系）。これは、ある夜、猿楽を見にきた京都西京に住む右衛門尉《うえもんのじょう》一家に託して、当時の〈一一《いちいち》の所能同じからざる〉合計二五人の人々の職業を描き分けた興味深い書物である」（一七頁）。「本人を除いた一家は、妻三人・娘一六人・息子九人の計三一人で構成され、四〇を超える職業が書き連ねられている」（七三頁）。「主人公右衛門尉の八男は、〈利を重くして妻子を知らず。身を念《おも》ひて他人を顧《かえり》みず。一を持て万と成し、壌《つちくれ》を摶《う》ちて金と成す〉と評された〈商人の首領〉であった。彼は〈東は俘囚《ふしゅう》の地に臻《いた》り、西は貴界が嶋に渡〉ってさまざまな商品を交易したという。その時、筆者藤原明衡が列挙した商品には〈唐物《からもの》〉と〈本朝の物〉とがあった」。木村は、それを一覧しているが、その「唐物」の中には、赤木《あかき》、檳榔子《びんろうじ》が、また「本朝」の中には、夜久貝《やくがい》、流黄《いおう》が、含まれていて（以上、二五七-二五八頁）、沖縄諸島周辺の産物と考えられる。もちろん、これは創作であるが、当時の都人に知られていた南北の境界と、また流通する商品の数々が、ここに表れているということになる。

安里進「琉球王国の形成と東アジア」（前出、『琉球・沖縄史の世界』）は、「一一世紀の『新猿楽《しんさるがく》記《き》』の中に、琉球列島と日本との交易関係を示す記述がある」。八郎真人《はちろうのまひと》の交易活動が「南は琉球列島の一部である〈貴賀《きかい》が島《しま》〉」にまで及んでいたこと、その商品の中に「螺鈿《らでん》の材料である夜久《やく》貝《がい》（ヤコウガイ）や、硫黄、赤木など、琉球の物産がある」。また、長崎の西彼杵《にしそのぎ》半島産の石鍋が「琉球列島最南端の波照間島《はてるまじま》まで」流通していることを指摘して、「この石鍋は八郎真人のような日本商人が一一世紀ごろに、ヤコウガイなどとの交易品として持ち込んだと考えられる」という。

安里は「琉球」「琉球列島」として、その中の一部である沖縄諸島が、『新猿楽記』の記述に含まれていると描いているが、例えば真栄平房昭《まえひらふさあき》は同じことを取り上げて、「奄美で南海産のヤコウ貝を取引した可能性が高い。おそらく〈硫黄〉も奄美あたりで仕入れたのであろう」と論じている（「琉球の形成と東アジア」、下條信行《しもじょうのぶゆき》・平野博之《ひらのひろゆき》・知念勇《ちねんいさむ》・高良倉吉《たからくらよし》編『九州・沖縄』角川書店・新版『日本の古代』③、一九九一年。四七〇頁）。琉球諸島ではあるが、せいぜい奄美までという理解である。安里は、奄美をはるかに飛び越えて、波照間にまでこの理解を引き延ばしている。

また安里は、真人が扱う商品の中には「夜久貝（ヤコウガイ）や、硫黄、赤木など、琉球の物産」が含まれているとして、これも真人が琉球と直接交易していたかのように受け止めている。さらには、滑石製石鍋についても、「八郎真人のような日本商人が一一世紀ごろに、ヤコウガイなどとの交易品として持ち込んだと考えられる」とも述べている（一〇一－一〇二頁）。記述されている八郎真人の行動範囲は、当時の「日本」の領域を広く描いてみせたものであり、京都の人びとにも、その範囲のことは知られていたという情報ではあるが、現実に、ある商人が「俘囚の地」から「貴賀が島」まで渡り歩いていたことを描いているものではないし、この文章から、「日本商人」というぼんやりした言い方で、中央と琉球列島を直接結びつけて理解するのは、過ぎている。滑石製石鍋の流通は、「日本商人」がもたらしたものではあろうが、それは「九州商人」にほぼ限定されるはずである。

安里進「大型グスクの時代」（安里・高良倉吉《たからくらよし》・田名真之《だなまさゆき》ほか『沖縄県の歴史』、山川出版社・県史47、二〇〇四年）も同様の議論をしている（四一-四四頁）。

なお、高良倉吉「琉球の形成と環シナ海世界」（大石直正《おおいしなおまさ》・高良倉吉・高橋公明《たかはしきみあき》『周縁から見た中世日本』講談社・日本の歴史14、二〇〇九年。初出は二〇〇一年）で、このような安里説を「独創性がある」とし、「私は安里氏の見通しに共感を覚える」と述べている（一五九-一六〇頁）ことも紹介しておきたい。

五味文彦『躍動する中世』（前出）は、『新猿楽記』の八郎真人の行動範囲を示して、「当時の日本の国土として意識されていた」範囲は、北は「蝦夷《えぞ》との境界の地にある現在の東北地方」、南は「九州の薩摩《さつま》国の南西の島々」であり、一一世紀ころには「古代国家の支配の領域とは違った、日本列島を活動の場とする人々にとっての国土が生まれていたことがわかる」という。その上で続けて「こののちに国土はやや拡大していったが、鎌倉時代になっても、東北地方では津軽《つがる》の外ヶ浜《そとがはま》（青森県陸奥《むつ》湾岸一帯）まで、西南では奄美《あまみ》諸島までであった」と述べている（三六頁）。沖縄諸島以南は、鎌倉時代になっても、まだ「日本」ではなかったと理解すべきものなのである。

なお、一一～一三世紀の沖縄については、第五章で取り扱う。

[著者紹介]

来《くり》間《ま》泰《やす》男《お》

1941年那覇市生まれ．1970-2010年沖縄国際大学．現在は名誉教授．著書に『戦後沖縄の歴史』（共著，日本青年出版社），『沖縄の農業（歴史のなかで考える）』（日本経済評論社），『沖縄経済論批判』（同社），『沖縄県農林水産行政史　第1・2巻』（農林統計協会，九州農業経済学会学術賞を受賞），『沖縄経済の幻想と現実』（日本経済評論社，伊波普猷賞を受賞），『稲作の起源・伝来と“海上の道”』（同社），『〈琉求国〉と〈南島〉』（同社），『沖縄の米軍基地と軍用地料』（榕樹書林）など．

e-mail: kurima_yasuo@nifty.com

グスクと按司（上）

日本の中世前期と琉球古代　シリーズ沖縄史を読み解く／3

2013年11月25日　第1刷発行

定価（本体3200円＋税）

著　者　来　間　泰　男

発行者　栗　原　哲　也

発行所　株式会社日本経済評論社

〒101-0051 東京都千代田区神田神保町3-2
電話 03-3230-1661／FAX 03-3265-2993
E-mail: info8188@nikkeihyo.co.jp
振替 00130-3-157198

装丁＊奥定泰之　太平印刷社／根本製本

落丁本・乱丁本はお取替えいたします　Printed in Japan

ISBN978-4-8188-2303-7

来間泰男著　シリーズ　沖縄史を読み解く〈全八巻予定〉

1　**稲作の起源・伝来と〝海上の道〟**　本体上3200円、下3400円

2　**〈流求国〉と〈南島〉**——古代の日本史と沖縄史　本体3800円

3　**グスクと按司**——日本の中世前期と琉球古代　本体上3200円、下3400円

4　**琉球王国の成立**〈予定〉